Introduction to Physical Education,
Sports and Health Sciences

体育・スポーツ・健康概論

関 朋昭 編 Tomoaki Seki

ナカニシヤ出版

まえがき

本書のねらい

「体育」を学び,「スポーツ」に親しみ,「健康」を願って多くの人が生きています。本書「体育・スポーツ・健康 概論」は,これらの学問を総合的かつ統一的に勉強したいと願う読者へ向けたテキストです。

本書のタイトルの「体育・スポーツ・健康」は,多くの研究者が活動する「一般社団法人日本体育・スポーツ・健康学会」という学術研究団体の名称を基礎に置いています。この学会は,「体育・スポーツ・健康」に関する科学的研究の関心を高めること,そして学際的な交流を促進するために1950年に設立されました（発足時の名称は日本体育学会）。本書の執筆者たちはみなこの学会で活躍しています。偶然ですが,執筆者たちが活動する地域は,北は北海道から南は沖縄まで及び,地域的にも色彩豊かになりました。

今日まで「体育・スポーツ」に関するテキストはいくつか刊行されていますが,「健康」を加えた「体育・スポーツ・健康」を称するテキストは少ないです。本書は百花繚乱な教養テキストではなく,複数の専門科目間を関連づけて活用できることをねらいとし,昨今,求められている学際的交流を強く意識するものです。そのためすべての章の最初に「本章と関連する章」を置いています。例えば,「第3章　健康」では,関連する章として「第11章　発育発達」「第14章　保健」「第18章　介護予防・健康づくり」などを挙げておりますので,各章を横断的に学ぶことによって,よりいっそうの学びを深めることができます。各章をタテ割に学習するのも一つの学び方ですが,各章をヨコに関連づけながら学習すれば,より深い学びが得られるでしょう。そうすることによって,読者のみなさんには「新たな気づき」や「新しいアイデア」が創意されることでしょう。これが本書の究極的なねらいです。各章を関連づけ学んでくれることを執筆者一同期待しております。

本書の構成

本書は「基礎領域」「専門領域」「応用領域」の3部で構成されています。「基礎領域」では「第1章　体育とは何か」「第2章　スポーツとは何か」「第3章　健康とは何か」を独立させ,それぞれの特異性を紹介しています。「専門領域」では「一般社団法人日本体育・スポーツ・健康学会」の16の専門領域をそのまま章立てにしています。そのため「スポーツ○○」ではなく「体育○○」となり,「体育」が前面に出ているため,少々堅苦しい印象を持たれるかもしれません。なぜ「スポーツ」ではなく「体育」が前面に出ているのか?　それを考えることも本書のねらいの1つです。そして「応用領域」については,多くの読者が関心をよせる「コーチング」「運動部活動」「女性スポーツとジェンダー」の3章を用意しました。この3章に関しては,「基礎領域」「専門領域」と関連づけながら学ぶには最適だと考え選びました。全22章からなる本章の構成はとても豊かです。各章を行ったり来たり自由に読んでいただけたら嬉しいです。

本書の特徴

本書は教養を深めるテキストです。そのため時事的なトピックや最新のデータはできるだけ使用せず,現時点における普遍的な学術情報を記載しております。本書ではすべての章の始めに「予習課題」を設けております。示唆に富んだ面白い「予習課題」が用意されていますので,まずは飾らずに自然体で考えてみてください。各章を学び終えた後には違う自分に出会っていることでしょう。

すべての章の終わりには「Key word」「ブックガイド」が用意されています。「Key word」は必要最低限の専門用語,「ブックガイド」は，紙幅の関係上，説明しきれない部分を補填するための推薦図書です。読者のみなさんが「ブックガイド」の書籍に手を伸ばしてくれたら執筆者一同，この上ない幸せです。

想定する読者

本書は，大学や専門学校の初年次に開講されている「体育概論」「スポーツ概論」等の授業で使用することを想定しています。また日本スポーツ協会公認指導者資格の共通科目にも対応させているため，この資格を目指す読者にも役立ちます。そして教職課程（保健体育以外も含む）を専攻する学生も，もちろん本書が想定する読者層です。

本書のオリジナリティは,「体育・スポーツ・健康」に関連する科目において積極的に活用できる構成になっているところです。下の表は一例ですが，読者の学びを促進する横断型テキストであることを理解いただけると思います。

本書	第 1 章（体育とは何か）	第 2 章（スポーツとは何か）	第 3 章（健康とは何か）	第 7 章（体育心理学）	第 8 章（運動生理学）

（例：各大学の専門科目）

体育概論／スポーツ概論	第 1 章	第 2 章	第 3 章	第 7 章	第 8 章
スポーツ心理学		第 2 章		第 7 章	
健康教育学	第 1 章		第 3 章		第 8 章
スポーツ史	第 1 章	第 2 章			
生涯スポーツ論	第 1 章	第 2 章	第 3 章	第 7 章	

本書	第 10 章（体育経営管理）	第 13 章（体育方法）	第 16 章（スポーツ人類学）	第 18 章（介護予防・健康づくり）	第 22 章（女性スポーツとジェンダー）

（例：各大学の専門科目）

体育概論／スポーツ概論	第 10 章	第 13 章	第 16 章	第 18 章	第 22 章
スポーツ心理学		第 13 章			
健康教育学				第 18 章	
スポーツ史	第 10 章		第 16 章		第 22 章
生涯スポーツ論	第 10 章		第 16 章		第 22 章

末筆となりますが，本書の出版にあたってはナカニシヤ出版の山本あかね様に多大なお力添えをいただきました。ここに記して感謝申し上げます。

2023 年 6 月 24 日

関　朋昭

目　　次

第1部　基礎領域

第2部　専門領域

第3部　応用領域

第 1 部

基礎領域

第1章 体育とは何か

本章と関連する章

【第2章】【第3章】【第4章】【第5章】【第6章】【第10章】【第12章】【第13章】【第14章】【第15章】【第19章】【第21章】【第22章】

予習課題

①「体」から連想することを書き出してみよう。【言葉の書き出し　90秒】
②「育」から連想することを書き出してみよう。【言葉の書き出し　90秒】
③「体育」から思い付くいろいろなことを，書き出したり線で結んだりしてみよう。
【ウエビング（イメージ，マインド）マップの作成　3分】
④次のア）～カ）の「体育」と「○○」の関係を図解するとどのようになるか考えてみよう。
ア）「体育」と「教育」　イ）「体育」と「遊び」　ウ）「体育」と「スポーツ」
エ）「体育」と「武道」　オ）「体育」と「保健」　カ）「体育」と「健康」

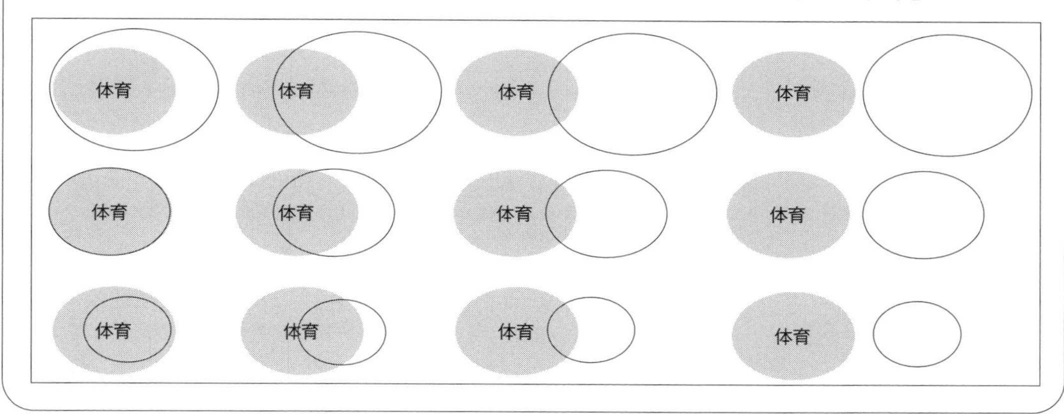

「体育とは何か」についてあれこれ考えてみると，その説明に少なからず困惑するのではないだろうか。予習課題①～③で，「体」と「育」から連想することと「体育」から思い付くいろいろなこととで結び付くことと，そうでないことがあると感じ取った方は少なくないであろう。また，予習課題④の結果を他者と比較してみると，「体育」と「○○」の関係についての捉え方は多様であることに気付かされる。日本では，「体育」と「スポーツ」について様々な考えがあり，その定義は曖昧に捉えられていたり，混同して用いられたりしている。実際に，文献の中でも日常会話の中でも多様な使い方がされている。体育・スポーツ・健康の教養を深めるために本書を読み進めようとする方においては，まず，「体育とは何か」について，整理してもらいたい。

1. 教育の定義

「体育」が「教育」の範疇にあることは容易に想像がつくであろう。そこで，まず教育の概念を確認しておく必要があるのではないだろうか。教育基本法第1章「教育の目的及び理念」から，「教育とは，人格の完成を目指し，平和で民主的な国家及び社会の形成者として必要な資質を備えた心身ともに健康な国民の育成を期して行われるもの」とまとめられる。表1-1は，辞書・辞典類に記載された「教育」の定義（抜粋）である。ここでは，わかりやすい解説をすることを意図して，辞書・辞典類の定義の最大公約数的なものを整理することとした。表 1-1 に見られる「教育」の定義の特徴を要約すると次のようになる。

○望ましい姿への変化をねらいとして，知識・技能・人間性等を身に付けさせるための意図的，計画的な働きかけ。また，その成果。制度化された典型として学校教育がある。

制度化された典型が学校教育であるので，狭義の教育として，「学校教育」をイメージするとよい。豆知識として，「教育」という言葉の出典は，『孟子』の悉心章上に，「得天下英才而教育之 三樂也」とあるのが初めてであること（諸橋，1983，p.414），日本で一般的に用いられるようになったのは江戸時代以降であること（石川，1983，p.414）を知っておくとよい。語源等に興味がある方は詳しく調べてほしい。それでは，これらの定義を踏まえて「体育」の定義について整理していきたい。

表 1-1 「教育」の定義（抜粋）

辞書・辞典	定義
国語大辞典（1986） 第３版　角川書店	①教え育てること。知識をつけること。 ②人間形成の過程を目的意識的に統御しようとする活動。（p.532）
広辞苑（2018） 第７版　岩波書店	①教え育てること。知識・技能・規範などの学習を促進する意図的な働きかけの諸活動。 ②①を受けた実績。（p.754）
広辞林（1986） 第６版　三省堂	①善徳に導くこと。教えて知識を啓発させること，教え育てること。 ②まだ成熟していない者の身体上および精神上の諸性能を発展させるために，諸種の材料や方法によって，比較的成熟した人が，ある一定の期間，継続して行う教授的行動。（p.477）
大辞泉（1995） 第１版　小学館	①ある人間を望ましい姿に変化させるために，身心両面にわたって，意図的，計画的に働きかけること。知識の啓発，技能の教授，人間性の涵養などを図り，その人のもつ能力を伸ばそうと試みること。 ②学校教育によって身につけた成果。（p.683）
大辞林（1989） 第 13 版　三省堂	他人に対して意図的な働きかけを行なうことによって，その人間を望ましい方向へ変化させること。広義には，人間形成に作用するすべての精神的影響をいう。（p.626）
日本語大辞典（2000） 第２版　講談社	①教えて知識・能力をのばすこと。また，それによって身についたもの。 ②才能・技能をのばすために教えること。（p.544）
学校教育辞典 （1988）教育出版	広義：社会における人間の形成作用の全般を意味し，極限では社会生活そのものと等置される。 狭義：一定の目的をもって人間の諸能力と人格を形成する意図的計画的活動を指す。その制度化された典型が学校教育である。（p.91）
現代学校教育大辞典２ （1993）ぎょうせい	先立つ世代が新しく生まれてくる世代に，保護的・指導的および陶冶的に影響を与えて，その社会的同化を図る作用を言う。（p.153）
現代教育用語辞典 （1973）第一法規出版	広義：人間形成に作用するすべての精神的影響をいう。 狭義：意識的に人間形成に働きかける過程または社会的機能をいう。（pp.103-104）

2. 体育の定義

教育の定義を手がかりとした上で，教育の定義と同様の手順で，わかりやすい解説をすることを意図して，辞書・辞典類の定義の最大公約数的なものを整理することとした。表 1-2 に見られる「体育」の定義の特徴を要約すると次のようになる。

○運動やスポーツ等の身体活動を手段または媒介として，心身を育むことをねらいとする教育。制度化された典型として学校体育がある。

1963年10月14～19日の体育術語国際会議報告による「体育とは…（中略）…主として，さまざまな共同体の形態，たとえば，学校，クラブ，家族，職場等々の中でそれぞれの特色を持って行われるもの」（片岡，1981）を適用し，広義は，社会，地域，学校，職場，家庭等の中で行われるもの，狭義は学校で行われるものと整理しておきたい。本書を読み進めるにあたっては，章や節，項によって，いずれかを想定するのがよいであろう。体育○○学については広義を，体育科教育学をはじめとする学校教育の範疇にあるものについては狭義を想定するとよい。広義については（1）で，狭義については（2）で詳しく解説する。

表1-2　辞書・辞典類に記載された「体育」の定義（抜粋）

辞書・辞典	定義
国語大辞典（1986） 第3版　角川書店	身体活動を手段または媒介として心身を育成することを目的とする教育。(p.1239)
広辞苑（2018） 第7版　岩波書店	健全な身体の発達を促し，運動能力や健康で安全な生活を営む能力を育成することを目的とする教育。小学校の教科の名称でもある。(p.1738)
広辞林（1986） 第6版　三省堂	身体の健全な発達を図ることを目的とする教育。また，その教科。(p.1191)
大辞泉（1995） 第1版　小学館	知育・徳育に対して，適切な運動の実践を通して身体の健全な発達を促し，運動能力や健康な生活を営む態度などを養うことを目的とする教育。また，その教科。(p.1587)
大辞林（1989） 第13版　三省堂	スポーツ・体操などの身体活動により，健康の保持・増進と体力の向上をはかるための教育・教科。知育・徳育と並び教育の重要な位置側面をなす。(p.1430)
日本語大辞典（2000） 第2版　講談社	①健康なからだをつくるための教育・教科。 ②体操。(p.1279)
学校教育辞典 （1988）教育出版	1963年の国際術語研究会での位置づけ ①身体や運動に関する社会的諸文化の総体を意味する大概念 ②人間の多面的形成のために身体に向けられた教育的影響を意味する小概念 ③①の現象形態であるとともに，②の重要手段である（手段概念）(p.259)
現代学校教育大辞典5 （1993）ぎょうせい	人間の人格の形成に関与する教育的作用を有する一つの教育領域。身体の教育から身体による教育へと新たな展開をみることになり，単に身体の発達にとどまらず，人間的資質を高める教育的作用を含めて，人格の形成に関与する教育領域の一つとして定義づけられるにいたっている。(p.1)
現代教育用語辞典 （1973）第一法規出版	発達と生活という2つの観点から捉えることができる。また，対象領域によって，学校体育と社会体育とに分かれる。 ①一定の方式による身体的活動によって，身体の形態や機能の発達を図り，その成果を健全に維持するための教育。 ②各人が運動生活をもつことによって，生活内容を深め，健康の維持増進を図るための教育。(p.345)

(1) 広義の体育

広義の体育とは何かについては「体育＝社会，地域，学校，職場，家庭等で行われる体育」という図式をイメージするとよい。スポーツ庁スポーツ審議会スポーツ基本計画部会において，阿江（2016）は，広義の体育を「スポーツを含む身体活動および身体的活動を，人生を豊かに生きる，人間の能力を高める，維持する，低下を防止するために使う。身体的側面からの人間の開発及び育成」と定義している。

広義の体育に関しては，先史時代における宗教的信仰の身体的表現法であるダンス，他の社会との衝突に備えた武技，成人の儀式での未成年者への教育の出現が原初形態とされている。シーデントップ（1981）は，古代文明社会において，体育活動に大きな関心が注がれていたことを指摘し，とりわけ，古代ギリシャを「体育を価値づけた典型」として挙げている。このことは国内外の体育学研究者の一般的な共通認識となっている。

ここでは，日本における体育について，江戸時代末期まで，明治～昭和初期，それ以降に分けて解説する。

日本では，『古事記』，『日本書紀』に相撲の原型とされる描写が，『日本書紀』，『万葉集』，『続日本後紀』，『類集国史』などにポロまたはホッケー風の競技とされる打毬の描写がある。8～9世紀，中国文化の影響を受け，体育的遊戯が展開されるようになったという説が有力である。

鎌倉時代以降，戦術の変容に伴い武術が発達するとともに多くの流派が生まれ，江戸時代には，武士が武芸を教養として学ぶようになり，形式に流れ遊芸化したり，安全な稽古のために防具が開発されたりした。また，幕末には洋式訓練が行われるようになった。庶民の間では，鎌倉時代から室町時代にかけて田楽や猿楽が流行し，笹竹にまたがって遊ぶ竹馬や石を投げ合う田地打，相撲，綱引き等が盛んに行われた。神社や寺院に参詣する旅も活発になった。江戸時代には，年中行事や縁日の折に相撲，綱引き，たこ揚げ，舟こぎ，盆踊り等を行い，神社や仏閣の建立，道路や河川の修理等に際しては寄付を目的とした勧進相撲が興行された。子どもたちの間では印地打や打毬等が行われ，竹馬は2本の竹にまたがって遊ぶようになった。信仰と旅を兼ねた神社参詣や霊場巡り，霊峰登山等も広く普及した（藤堂，1988）。

明治時代に入り，学校教育制度が整備されるさなか，スペンサーの教育思想が日本にも紹介され，多くの教育関係者がその影響を受け，知育・徳育・体育の調和や体育の重要性を説いた。1872年の学制発布に際しては，この三育思想の枠組みにおける体育の概念に基づく教育活動として，現在の「体育・保健体育」に繋がる教科「体術」が採用された。1878年，体操伝習所が設立され，教師として招聘されたリーランドが，医学的な見地からまとめた体育論や体操を指導した。その指導を受けた卒業生や伝衆員の指導により全国に「普通体操」が普及し，1900年頃まで行われた。なお，教科名は1873年に「体操」となり，1886年学校令公布に伴い，その内容は森有礼の企図により兵式体操が加えられ，必修化された。

図1-1　学校体操運動図

（歌川国利「学校體操運動圖」玉川大学教育博物館所蔵）

図1-2　小学体操図解

（「小学生徒体操之図」文部科学省，online）

五・六年の頃の体操の時に堅木で作った「アレー」体操があって，カチンカチンと音がするのが楽しい科目であった。（明治37年4月　尋常小学校入学生）

図1-3　当時の小学生の回想（豊小学校（福井市），1973）

その後，スウェーデン体操を中心とする体操，教練，遊戯等を加えられ，課外活動としてスポーツが奨励されることとなった。嘉納治五郎らの尽力により，1911年に大日本体育会が設立され，1912年には日本としてオリンピックに初参加したり，1915年に全国中等学校野球大会，1918年に全国中等学校陸上競技大会が開催したりするなどスポーツの隆盛が見られた。

以降，日本では学校を中心として体育が展開されることとなるが，時の国家の政策，特に軍事的な影響を色濃く受け，そのねらいや内容を変えていくこととなった。転機は終戦である。

1947年，戦前の体操中心の「身体の教育」から，スポーツ中心の「運動による教育」へ転換を図る形で必修教科「体育」が採用され，1949年には，中・高等学校は保健衛生も含めて「保健体育」に改称され，大学でも必須化された。その後，運動そのものの価値を重視した「運動の教育」へとねらいや内容を変えながら，今日に至っている。その間の社会の変容により，「体育」は，教育の範疇を外れ，スポーツなどの身体活動を意味する用語としても機能するようになったことが，複数の研究者（竹之下，1972；ジーグラー，1979；佐藤，1993；金原，2005など）により指摘されている。このことに関して，「3. おわりに」で私見を述べたい。

(2) 狭義の体育（学校体育）

狭義の体育とは何かについては「体育＝学校体育」という図式をイメージするとよい。スポーツ庁スポーツ審議会スポーツ基本計画部会において，阿江（2016）は，狭義の体育の定義を「体育＝体育教育，教科教育」，「教育としての体育」と示している。

友添は，戦後体育に影響を与えた代表的な体育研究者の体育概念を概観した後で，体育の辞書的定義に検討を加え，体育概念の歴史的系譜を考察する形で体育概念を「前もって設定された目標に条件づけられながら，小・中・高等学校等の学校で体育科および保健体育科という正課時に体育教師が学習者にスポーツを媒体にして成立する教育的な営み」（友添，2009），「スポーツ（運動，遊戯，武道などを含む）を教材として行われる人間形成を目的とする教育の一領域である。（中略）学校で行なわれる教科としての体育や運動部活動，つまりこれらをあわせた学校体育の意味」（友添，2016）と定義している。

読者が予習課題①で書き出した「体育」から思い付くいろいろなことのほとんどは学校体育に関する内容であったのではないだろうか。日本においては，明治時代に外国人教師や海外留学から戻ってきた日本人によって体操やスポーツが行われたことに始まり，そのねらいや内容を変えながら現在に至っている。ブルガーとグロル（1981）の「一国の体育のシチュエーションは，その国の伝統的な精神的系譜の表出であり，教育の現実を写し出している」という指摘にもあるように，「体育」の概念は国によって様々である。小学校から大学まで正課として体育授業が行われているのは日本だけであるので，その捉え方について，日本と海外とで差異が生じるのは当然といえる。日本では，いわゆる三育の一つとしての体育と教科としての体育が混立する形で，学校教育を中心に発展したことから，狭義の体育の定義を「体育」の定義とする向きがあると考える。

佐藤（1993）の考えをもとに，友添（2009）は体育概念の関数的定義を次のように示しているので，紹介しておく。

> PE＝f（a，b，c｜P）
> （PE：体育，a：作用項＝教師（体育教師），b：被作用項＝学習者，c：媒体項＝スポーツ及びスポーツ（運動）教材＝学校スポーツ教材，P：目的・目標，｜：条件）

3. おわりに

体育の日からスポーツの日へ，日本体育協会から日本スポーツ協会へ，国民体育大会から国民スポーツ大会へといったように，「体育」から「スポーツ」への改称が進んでいる。社会においてスポーツのチカラが再認識されたり，スポーツへの多様な関わりが焦点化されたりするにあたり，「体育」とは何か，「スポーツ」とは何かということを個々が考えたり，他者と意見交換する場が増えることを期待する。

Key word

身体の教育・運動による教育・運動の教育：身体の教育とは，体の発育・発達を促し，健康の増進や体力の向上を図るための手段として運動を行う体育。運動による教育とは，人間の様々な側面の発達を促進させるための手段として運動を行う体育。運動の教育とは，運動そのものを目的，内容とする体育。それぞれの考え方は，互いに結合できる部分をもっている。

ブックガイド

■ 体育とは何かを広く学ぶために

宇土正彦・加賀谷凞彦・落合　優・高橋健夫（1994）『楽しい体育・スポーツ理論』大修館書店
嘉戸　脩（1990）『話題源体育 心を揺する楽しい授業』東京法令出版
シーデントップ：前川峯雄監訳・高橋健夫訳（1981）『楽しい体育の創造』大修館書店
白旗和也・岡出美則・今関豊一（2021）『中学校・高等学校 体育科教育法』建帛社
杉山重利・井筒次郎・時本識資（1996）『キーワード保健体育科教育』不昧堂出版
鈴木直樹（2008）『関係論に立つ小学校体育の授業づくり』大学教育出版
関　朋昭（2015）『スポーツと勝利至上主義――日本の学校スポーツのルーツ』ナカニシヤ出版
友添秀則・岡出美則（2016）『新版 教養としての体育原理』大修館書店
成田十次郎（1988）『スポーツと教育の歴史』不昧堂出版
フェイト：大石三四郎監訳・三井淳蔵訳（1982）『心身障害児の体育・スポーツ』ぎょうせい

引用参考文献

阿江通良（2016）意見伺いの会メモ（抄），スポーツ庁審議会スポーツ基本計画部会（第2回）配付資料 一般社団法人日本体育学会．https://www.mext.go.jp/sports/b_menu/shingi/001_index/bunkabukai/shiryo/1375312.hht，（参照日 2023 年 1 月5日）．
石川　謙（1983）教育．阿部重孝・城戸幡太郎・佐々木秀一・篠原助市編，教育学辞典 第一巻．岩波書店：東京，pp.414-415.
片岡暁夫（1981）体育．松田岩男・宇土正彦編，新版 現代学校体育大事典．大修館書店：東京，p.52.
金原　勇（2005）二十一世紀体育への提言．不昧堂出版：東京．
佐藤臣彦（1993）身体教育を哲学する―体育哲学叙説―．北樹出版：東京．
佐藤臣彦（1999）体育．松岡重信編，保健体育科・スポーツ教育 重要用語 300 の基礎知識．明治図書：東京，p.60.
ジーグラー：阿部忍ほか訳（1979）体育スポーツの哲学．不昧堂出版：東京，pp.23-24.
シーデントップ：前川峯雄監訳・高橋健夫訳（1981）楽しい体育の創造．大修館書店：東京，pp.15-16.〈Siedentop, D.（1976）Physical education introductory analysis,（2nd ed）. Cincinnati.〉
竹之下休蔵（1972）プレイ・スポーツ・体育論．大修館書店：東京．
藤堂良明（1988）中世・近世日本のスポーツ．成田十次郎編，スポーツと教育の歴史．不昧堂出版：東京，pp.30-31.
友添秀則（2009）体育の人間形成論．大修館書店：東京．
友添秀則・岡出美則（2016）新版 教養としての体育原理．大修館書店：東京．
ブルガー・グロル：稲垣正浩訳（1981）体育の教授学．不昧堂出版：東京，p.19〈Burger, E. W. und Groll, H.（1972）Leibeserziehung: Historische, didaktische, methodische, organisatoeische Grundlagen der Leibeseziehung an den Schulen. Wien.〉
豊小学校（福井市）（1973）福井市豊小学校百年史．豊小学校：福井．
諸橋轍次（1983）教育．阿部重孝ほか編，教育学辞典 第一巻．岩波書店：東京，p.414.
文部科学省ホームページ　https://www.mext.go.jp/，（参照日 2023 年 4 月 18 日）．

第2章 スポーツとは何か

本章と関連する章 【第1章】【第3章】【第4章】【第5章】【第6章】【第7章】【第9章】【第12章】【第16章】【第17章】【第19章】【第20章】【第21章】【第22章】

予習課題

①鬼ごっこ，釣り，キャンプファイヤー，入浴，これらはスポーツでしょうか？
②「ゴルフ」「バドミントン」「相撲」に共通する事柄を考えてみよう。

1. はじめに―スポーツの捉え方と考え方

私たちはふだん，「スポーツ大会」「学校スポーツ」「生涯スポーツ」等々，日常生活で何気なくスポーツのことを話題にしたり，無意識に話をしたりしているが，そもそも「スポーツとは何か」と問われて，すぐに明快な回答ができる人は少ない。この単純そうに見える問いに対し，誰もが納得する説明を与えることは実は難しい。そのため人の数だけスポーツの定義があるともいわれている。「スポーツとは何か」は難問なのである。

さて，高等学校の保健体育の時間の「ライフステージ別にみたスポーツの楽しみ方」という内容をみなさんは覚えているであろうか？　驚かれるかもしれないが「予習問題①」で挙げたものはすべてスポーツとして捉えられている（図2-1）。この背景には，スポーツの語源（disport ラテン語）は「気晴らし」「楽しみ」「遊び」といった意味があり，これらの要素を含む身体活動のすべてをスポーツとして私たちは捉え考えているからである。年齢，体力，障害の有無にかかわらず，広く国民がスポーツを身近に感じ，生涯を通じてスポーツに親しんで欲しいと願う国策と深く関係している。スポーツをする実施率を上げることによって，健康の維持増進，そして様々な疾病に対する予防，人々の生活の質の向上が期待される。このようなスポーツの捉え方や考え方は「体育（第1章）」「健康（第3章）」と密接に関わり合うため，「スポーツとは何か」を改めて考えるよい契機になる。「健康のためのウォーキング」「気晴らしのスキー」などの身体活動は，仕事や労働に付随しているのではなく，生活上は体を動かす必要はないのに，敢えて身体運動を強いるので「スポーツ」という概念に学問的にも含められている（清水，2017などを参照）。

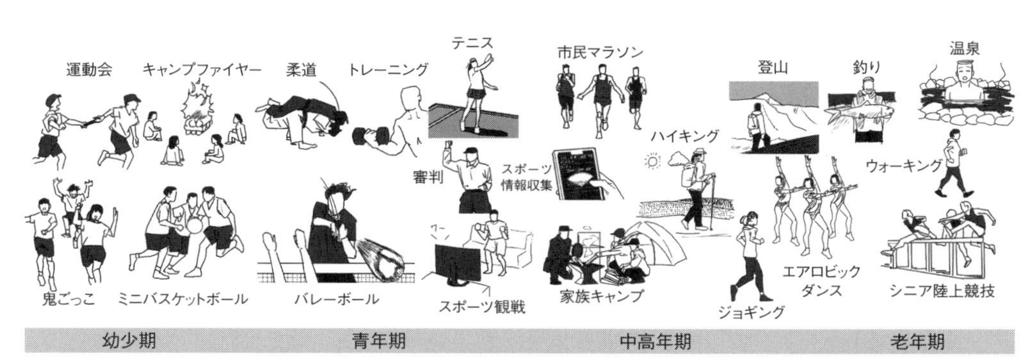

図2-1　ライフステージ別にみたスポーツの楽しみ方の例（和唐・高橋，2019，pp.158-159. を参考に作成）

しかしながら，図 2-1 に挙げるようなスポーツをすべてスポーツとして捉えてしまえば，スポーツではないものを見つけ出すことの方が難しい。スポーツの捉え方や考え方を拡張させてしまえば，本来，スポーツがもつ価値がぼやけてしまい，スポーツの本質を見失わせてしまう。そこで本章においては，「スポーツ」を「体育」「健康」とは分けて捉えるために，スポーツの定義づけを行い，そこから導き出されるスポーツの本質を解説する。

2. スポーツの定義

(1) 新しいスポーツの定義の意図

はじめに少し学術的な話をしよう。「スポーツとは何か」については，古今東西から多くの識者が頭を悩ませ考えてきた。すべての研究を紹介することは不可能であるが，その一部をまとめたものが表 2-1 である。これらに共通するすべての事柄を取り上げ，誰もが納得する統一したスポーツの定義を提唱することはむしろ不可能に近い。何かを取り上げることによって，他の何かが剥ぎ取られてしまうからである。ゆえに難しいのである。しかしながら本書では，敢えて表 2-1 の中で共有する概念として「競争」を取り上げる。「競争」とは，広辞苑第七版によれば「勝負・優劣を互いにきそい争うこと」とある。これによって「競争」を伴わない「健康のためのウォーキング」「気晴らしのスキー」などは，本書のスポーツの定義からは外れる。図 2-1 の「入浴」「家族キャンプ」も立ち退くことになる。これらは「健康（第 3 章)」の概念とし

表 2-1 スポーツとは何かに関する研究（友添秀則の研究より）

	スポーツの概念
Diam, C.	スポーツとは遊びがルールに規制されて競争されたものである。
Coubertin, P. de	進歩への欲求に立ち，危惧を冒しても先に進もうとする集中的な筋肉の努力に対する自発的で日常的な信仰である。
Lüschen, G.	スポーツとは身体的な技術を用いる活動である。
Edwards, H.	スポーツとは身体的努力の発揮を強調する活動である。
Roy, J. W.	スポーツとは身体的卓越性を表す活動である。
Weiss, P.	スポーツとは身体的卓越性をめざす人たちが示す，ルールによって伝統化されたひとつの形式である。
Keating, J. W.	スポーツの本質は競争だが，「競技（Athletics)」とは反対に，穏やかさや寛大さとともに楽しさの特徴をもつ。
Gillet, R.	スポーツとは遊戯，闘争，激しい肉体活動の３つの要素で構成される身体活動である。
Traleigh, W. P.	スポーツとは同意したルールの下で，身体的卓越性を相互に追求することである。
Guttman, A.	現代のスポーツを特徴づけるメルクマールとして「世俗化」「競争の機会と条件の平等化」「役割の専門化」「合理化」「官僚的組織化」「数量化」「記録万能主義」を挙げた。
友添秀則	近代スポーツが保持してきた資本の論理，自由競争の論理，平等主義の論理，禁欲的な論理，モダニズム等のスポーツ独自の論理を中核にしながら，人類が長い歴史的過程の中で醸成されてきた可変性をもった人間の身体運動に関わる文化の総体である。
	スポーツの定義
広辞苑（第七版）	陸上競技，野球，テニス，水泳，ボートレースなどから登山，狩猟などにいたるまで，遊戯，競争，肉体的鍛錬の要素を含む身体運動の総称。

(注 1）友添（2009，p.31）をもとに筆者が加筆修正した。
(注 2）友添（2009，p.56）による「定義」とは，ある「概念」の内包と外延を確定したものであるとし，辞書，辞典類において示されたものである。
(注 3）この表は関（2023）に掲載され詳しく解説されている。

て捉えたい。

(2) 数学・物理学・スポーツ

例えば「鬼ごっこ」をスポーツ研究として扱っていたとしよう。そのとき「鬼ごっこ」の作戦や技術について「ああでもない」「こうでもない」という話し合いとなり，議論の方向性を見失った。ふと急に我に帰り，そもそも「鬼ごっこはスポーツなの？」という疑問が出てくる。こうした事態に陥らないためにも，研究をする上では「定義」が必要不可欠となる。しかし実は，定義を定義することは非常に面倒なのである。クランストン（1976，p.35）は「自由」に関する定義の考察として，「自由」という語を定義することなく「自由とは何か」に答えることは困難だとし，「自由」という語に定義を与えるとなると，どのように定義するのかという奇妙な問題が生じると述べている。そもそも「定義」とは，1つの考え方ではあるが，中畑（1998，pp.1103-1104）によれば，「定義」とは言葉や物事を明確に規定し説明することを目的とした手続きであり，「X とは何であるのか」つまり「A = B」の数学的な形式をとるものであるという。つまり，曖昧かつ多様な解釈が成り立つ定義は，学術的な定義として相応しくないということである。スポーツの定義として「爽快感」「健康の保持増進」「青少年の健全育成」「国際的な友好と親善への寄与」「夢や感動」等々の目的目標や情緒的で曖昧な記述は避けるべきであろう。

スポーツを学術的に定義するためには，数学，物理学と同様に，種類が異なる具象のものをある概念で抽象化しなければならない。図 2-2 の「数学」では種類が異なるものを「数」という概念で抽象化し「1」と一般化させた。「物理学」では種類が異なるものを「運動」という概念で抽象化し「F = ma（ニュートンの運動の法則）」と一般化させた。そして「スポーツ」に関しても，同様の手続きで，種類が異なるものを「競争」という概念で抽象化させる。わかりやすく解説すれば，「ゴルフ」「バドミントン」「相撲」などといった一瞥すると異なるように見えるものを，「競争」といったコンセプト（概念）で一般化させる。さらに「健康（第3章）」の中に出てくる「シッティングバレーボール」「ブラインドサッカー」「車いすテニス」にも共通するものを見つけようということである。つまり「スポーツって？？だよね」という共通した法則を導き出すのである。ここで「？？」とは何かを，読者のみなさんにもまずはここで考えてもらいたい（予習課題②）。この解説は次節以降となる。

(3) スポーツの定義（5つの条件）

「競争」という概念から「スポーツ」を抽象化させた場合，以下の5つの条件が必要となる。この5つの条件が「どこから」「どのように」「どのような根拠で」導き出されたのかについての詳細は，筆者（2023）を参照して欲しい。

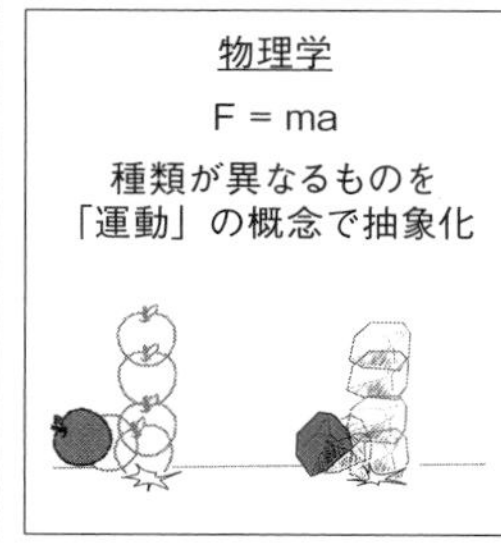

（注1）数学の「1」，物理学の「F = ma」は一例であり，数学，物理学の学問全体を説明するものではない。
（注2）詳しくは関（2023）の 26 頁を参照。

図 2-2　数学・物理・スポーツの抽象化

スポーツとは，（条件 1）から（条件 5）を充たすものである。
（条件 1）完結性：開始と終了で閉じている
（条件 2）競争性：勝利を求めて 2 人以上で競う
（条件 3）規則性：スポートマン同士が同意したルールから成る
（条件 4）自主性：自主的である
（条件 5）完備情報性：不完備情報ゲームは含まない

各条件についての意味解釈を次に整理する。

（条件 1）完結性の条件は，スポーツは任意の開始と終了で閉じていることを意味し，野球の「プレイボール／ゲームセット」，徒競走の「スタート／ゴール」などである。例えば「ラジオ体操」も開始と終了の音楽で閉じているので，一瞥すればスポーツといえるが，次の（条件 2）の定義より棄却される。

（条件 2）競争性の条件は，勝利を求めて 2 人以上で競う活動のことであり，「競争（competition）」とは，闘争と協調の中間に位置づけられ，元来，複数のスポートマンが一定の明示的・非明示的ルールの下で何らかのマナーを守りながら勝利を求めて競うことを意味する（嶋津，1998）。このように定義することによって，先の「ラジオ体操」がスポーツではないことを証した。また 2 人以上という定義より，「1 人で登山する」「1 人でベンチプレスのトレーニングをする」「1 人で泳ぐ」「親子で何となく散歩する」「複数で単にスキーをする」などの活動はスポーツに含まない。これらは運動（活動）である。それでは，「戦争」はスポーツといえるのであろうか。次の（条件 3）の定義からの吟味が求められる。

（条件 3）規則性の条件は，スポートマン同士が同意したルールから成る活動のことである。まずは「ルール（rule）」の「辞書的定義」を確認するが，「ルール」は「規則。通則。準則。例規（広辞苑第七版）」である。つまり各種目の「競技規則（Rule Book）」のことであり，普遍的に認知できるものである。「ルール」は，任意の選手，審判のみならず，用具メーカーや観戦者などすべてのスポートマンが同意したものである。既述で問題提起した「戦争」では当事者の同意の有無もさることながら，兵士数，武器の規制などを明記した競技規則がないことから，（条件 3）の規則性よりスポーツには該当しない。さて「条件 1」「条件 2」「条件 3」を充たす「裁判」はどうであろうか。

（条件 4）自主性の条件は，あくまでも自主的である。「自主」の定義を施すことさえが相当の困難を伴うが，取り敢えず広辞苑第七版では「他人の保護や干渉を受けず，独立して行うこと」である。さて，「裁判」であるが，訴えられた被告人は本人の「同意」ではなく，法（無条件）の強制による出廷が義務づけられ自主的ではない。ゆえにスポーツではない。さらにスポーツと同義に扱われる学校教育における「体育」から，この条件を検討してみたい。小学校，中学校，高等学校における「体育」は必修のカリキュラムであり，履修に対して自主性を問われることはなく強制である。しかしながら，「体育」が好きな生徒にとっては自主性を伴う活動となりスポーツのように見える。しかしながら，「体育」は正規カリキュラムであるがゆえに，学業成績が付与され干渉を受けるためスポーツではない。ただし，「或る体育」の授業内の「或る時間帯」において，（条件 1）から（条件 5）を充たすバスケットボールの試合を行う際，その「或る時間帯（空間）」は「スポーツ」である。つまり「体育」には「スポーツ」を包含する空間（時間帯）があるといえる。

（条件 5）完備情報性の条件は，必要となる情報が完全に備わっており可視化できることである。不完備情報ゲーム（game with incomplete information）はスポーツに含まない。不完備情報ゲームとは，相手の取りうる戦略や利得関数がわからないゲームのことである（例えば鈴木，2016 などを参照）。スポーツは，お互いの情報（例えば，スターティングメンバー，バックアップメンバーなど）が，すべてのスポートマンに完備された情報のもとで競うから公平性が備えられていよう。つまり「スポーツ」は「完備情報ゲーム（game with complete information）」でなければならないというのが，本書の積極的な主張である。そうした意味において，「麻雀」「花札」「ポーカー」「ボードゲーム」などはスポーツに含まない。

3. スポーツの第1定理（予習課題②の答え）

スポーツには物理学のような数学モデルがある。「スポーツ関数」である。

> R＝S（p）
> R＝result（結果）　S＝スポーツ関数　p＝performance（パフォーマンス）

スポーツの定義「条件3」から，任意のスポーツは大きく3つのルールが存在する。1つめのルールは競技規則に記載されている用語（定義）である。例えば，バレーボールであれば，「ネットの高さ」「コートの広さ」などの環境面，そして得点による勝敗の決定などである。2つめは「行動の制限」である。例えば，サッカーであれば「ボールを手で扱ってはいけない（ゴールキーパーを除く），「相手を蹴ってはいけない」などである。3つめは「判定」である。任意のパフォーマンスに対する判定であり，例えば，フィギュアスケートであれば，任意のジャンプに対して「○点」を与えるなどのことである。

スポーツの定義「条件2」に従えば，2人以上が，任意のルールの中で何かしらのパフォーマンスをする。そのパフォーマンスの結果，勝敗を決めなければならない。1つ1つのパフォーマンスは単なる物理現象であるが，その物理現象を抽象化する関数が必要である。この「スポーツ関数：R＝S（p）」がなければ勝敗を決することができない。ゆえに，スポーツには必ず「スポーツ関数：R＝S（p）」が存在する。

仮にこの「スポーツ関数：R＝S（p）」が存在しなければ，何かしらのパフォーマンスが存在したとしても，それは単なる物理現象でしかない。例えば「ラジオ体操」であれば，曲の初めから終わりまで，1つ1つのパフォーマンスは存在するが勝敗を決するものではない。ゆえに「スポーツ関数：R＝S（p）」はなくスポーツではない。この証明方法は背理法と呼ばれる。

4. おわりに

本章の冒頭に記載した「ウォーキング」「スキー」をなぜ私たちは，特に日本人は「スポーツ」という概念で捉えてしまうのであろうか。その理由は教育と環境である。日本では，スポーツは体育と運動部活動に紐づけされ育まれてきたので，そこで学んだ身体活動や練習を「スポーツ」として概念化し捉えているのである。そのため1人で行う運動（エクササイズ）や鍛練（ワークアウト）なども「スポーツ」として考えてしまう。また遊びや舞踊なども広義なスポーツとして捉えられている（第16章）。このように読者が認識してしまうことはやむを得ないことである（第1章，第21章などを参照）。

紙幅の関係で紹介できなかったが，「スポーツ」と「遊び」は実は相性がよい。ブックガイドにて紹介するカイヨワの「遊びと人間」は，スポーツを違った視点で捉えることができる古典的な名著である。「体育・スポーツ・健康」を深く考えるための教養が得られるので，是非とも手に取って読んでいただきたい。

Key word

スポートマン（sportman）：スポートマン（sportman）とは，スポーツ（sport）にかかわり合うすべての人（人間）を対象とした概念であり，スポーツマン（sportsman）とは異なる。尚，「man」は男性をさすのではなく「人（人間）」を示している。

スポーツの定義：スポーツとは，（条件1）から（条件5）を充たすものである。（条件1）完結性：開始と終了で閉じている。（条件2）競争性：勝利を求めて2人以上で競う。（条件3）規則性：スポートマン同士が同意したルールから成る。（条件4）自主性：自主的である。（条件5）完備情報性：不完備情報ゲームは含まない

スポーツ関数：R = S（p）

R = result（結果）　S = スポーツ関数　p = performance（パフォーマンス）

「スポーツ関数」は，スポーツが存在するならば，必ず存在するものである。

ブックガイド

■ スポーツとは何かを広く学ぶために

カイヨワ, R. 著多田道太郎・塚崎幹夫訳（1990）『遊びと人間』講談社
久保正秋（2010）『体育・スポーツの哲学的見方』東海大学出版会
関　朋昭（2015）『スポーツと勝利至上主義』ナカニシヤ出版
多木浩二（1995）『スポーツを考える―身体・資本・ナショナリズム』筑摩書房
玉木正之（1999）『スポーツとは何か』講談社
中村敏雄（1973）『スポーツとは何か』ポプラ社
Elias, N., & Dunning, E.（1986）*Sport and Leisure in the Civilizing Process*. Blackwell.（大平章訳『スポーツと文明』法政大学出版局（1995））

■ スポーツのルールをより深く理解するために

生島　淳（2003）『スポーツルールはなぜ不公平』新潮選書
大村敦志（2008）『ルールはなぜあるのだろう―スポーツから法を考える―』岩波ジュニア新書
中村敏雄（1995）『スポーツルール学への序章』大修館書店
守能信次（1984）『スポーツとルールの社会学』名古屋大学出版会

引用参考文献

クランストン：小松茂夫訳（1976）自由―哲学的分析―．岩波新書：東京．
嶋津　格（1998）競争．廣松　渉ほか編，哲学思想事典．岩波書店：東京，p.344.
清水紀宏（2017）体育・スポーツ経営の概念と構造．柳沢和雄・木村和彦・清水紀宏編著，テキスト体育・スポーツ経営学．大修館書店：東京，pp.13-24.
鈴木　豊（2016）ゲーム理論・契約理論．勁草書房：東京．
関　朋昭（2023）スポーツ原論―スポーツとは何かへの回答―．ナカニシヤ出版：京都．
友添秀則（2009）体育の人間形成論．大修館書店：東京．
中畑正志（1998）定義．廣松　渉ほか編，哲学・思想事典．岩波書店：東京，pp.1103-1104.
和唐正勝・高橋健夫ほか（2019）現代高等保健体育改訂版．大修館書店：東京．

第3章 健康とは何か

本章と関連する章 【第１章】【第２章】【第11章】【第12章】【第14章】【第18章】【第19章】

 予習課題

①「健康とはどんな状態をいうのか」を考えてみよう。
②「自分にとっての健康の定義」を考えてみよう。（授業の始めに考え，それをほかの人が考えた定義と比べてみよう。）

健康という言葉は，現代社会を生きる私たちが普通に使用している言葉である。ところが，健康という言葉の意味するところをお互いに出し合ってみると，それが必ずしも共有されていないことがわかってくる。

例えば，「健康な人とはどんな人か？」と問われたとき，あなたがまっさきに思い浮かべた人はどんな人だろうか。まず思い浮かべるのは，病気をしない人や，体格がすぐれた丈夫な人であったかもしれない。ところが，このような「からだ」の持ち主であったとしても，いつもくよくよして悩みごとをしている人は，はたして健康な人といえるのだろうか。

こう考えると健康は，病気などに対しての健康や体力的な意味の健康だけでなく，精神的な意味が加味された健康の考え方が存在することがわかってくる。そして現代では，この「からだ」と「こころ」が健康という考え方が，さらに変化してきている。

この節では，古代・中世から現代までの健康に関する考え方がどのように変遷してきたのか，健康はどのような要因で成立しているのかの概要について学んでいく。

1. 健康の考え方の変遷

健康についての考え方は，古くは原始信仰を中心としたものから始まり，文明や宗教，思想や生活の仕方に反映されながら，医学や科学の進歩につれて移り変わり，そして次第に新しい健康観が確立されてきたといってよい（表 3-1）。

(1) 古代・中世の健康の考え方

飢えや疫病が身近に存在していた時代には，人々に苦痛や死をもたらす病気は，常に意識せざるを得ないものだった。その一方で健康は意識しにくく，病気でない状態が健康という消極的な考え方であった。

病気は，人々に苦しみをもたらすため，人知を超えた神や悪霊の「たたり」によるものと考えられており，そのため病気にかからないよう神仏に祈願することや，神や悪霊の仲介者とされる神官（しんかん）や巫女（みこ）の祈祷（きとう）を受けたりすることで追い払おうとしていた。諸説あるが，京都祇園祭の起源は，疫病の流行で亡くなった人たちの怨霊を鎮めるために始まったものであり，また，博多祇園山笠の起源も，その地域で疫病が流行した際に水を撒きながら町を清めて廻り，疫病退散を祈願したことを発祥としているという。このような時代には，健康は神から与えられた賜物（たまもの）であるという受動的な考え方に支配されていた。

表 3-1 健康についての考え方の推移（おもにヨーロッパ）

時代		背景	考え方
古代	前６世紀以前	原始信仰	健康を支配するものが体外にあると考え，元気に狩りができるのが健康で，それを失うのは神の怒りや悪魔の仕業によるものして，信仰が行われた。
	前５世紀～３世紀	ギリシャ文明 ローマ文明	健康を支配するものを体内に求め，体液成分の調和の必要性が叫ばれた。
中世	４～15 世紀	キリスト教の権威確立	健康をキリスト教の教義によって解釈し，批判が許されなかった。
近世	16～17 世紀	生理学・解剖学の進歩	からだの仕組みや働きの研究が進み，健康を医学的に説明することがいくらかできるようになった。
	18～20 世紀中頃	産業の発達と都市の拡大 公衆衛生の進歩と普及	顕微鏡の発明により，病気の原因や予防法が次第に明らかにされた。その結果，個人ばかりでなく集団の健康も考えられるようになり，そのために対策が講じられるようになった。心の健康についても科学的に研究されるようになった。
現代	20 世紀中頃～現在	世界保健機関の活動	健康を心身（主体）と社会（環境）及びその相互作用の側面から考える科学的な健康観が確立し始め，疾病の有無を重視する考え方から，精神的な豊かさや良好な人間関係など生活の質（QOL），さらには生きがいを重視する包括的概念となっている。

(2) 近世・近代の健康の考え方

この時代に，合理的，実証主義的な思想が根差すようになってきた西欧では，近代的な医学の発達とともに，人体の構造や機能，および諸器官の病気の状態やその変化についての科学的事実を基盤とした客観的な知識が明確になり始めた。このことは，人体の正常な状態からの逸脱した異常な状態が病気であるという考え方を強くした。また，病気の概念が確立されるようになり，異常イコール病気とみなされるようになった。それは逆に，病気（異常）がないことを健康と考えるようになり，正常と健康とが強く結びつくようになった。

さらに生理学や解剖学の研究も進み，顕微鏡の発明により病気の原因や予防法が次第に明らかにされるようになってきた。その結果，個人ばかりではなく集団の健康についても考えられるようになり，公衆衛生の対策も講じられるようになる。フロイトやユングなどによる心の健康についても科学的に研究されるようになった。

(3) 現代の健康の考え方

1) 世界保健機関の定義

健康を心身と社会の面から考える科学的な健康観が確立し始め，疾病の有無を重視する考え方から，精神的な豊かさや良好な人間関係など生活の質（QOL：Quality of Life）や生きがいを重視する包括的概念となってきた。現代の健康についての考え方は，WHO が定めた「世界保健憲章」の中にある下記の定義に最もよく表れている。

> 健康とは，身体的・精神的，そして社会的に，すべてが満たされた状態にあることであって，たんに病気でないとか，虚弱でないということではない。
> (Health is a state of complete physical, mental and social well-being and not merely the absence of disease or infirmity.)

この世界保健憲章は，第二次世界大戦が終わった翌年（1946）に採択された。健康の定義に「社会的に（social）」という語が入れられたのは，会議の中で，その国の人々の健康を保証するためには社会保障などの整備が必要かつ重要である，という議論を踏まえたものといわれている。当初日本では「社会的に良好な状態（social well-being）」を理解できず，「社会福祉」と翻訳されていたこともあった。この定義は，健康が身体的・精神的のみならず，社会的にも影響を受けるものであり，社会的な条件を整えることが健康の獲得に大きな影響を与えるという考え方を表している。

2）社会的権利としての健康の考え方

20世紀も中頃に入ると，人間の生存そのものへの配慮に対する社会的要求の高まりと，予防医学や公衆衛生の発達とともに，国民の健康を守る義務が国に課されるべきとする考え方が強まってくる。特に第二次世界大戦後には，世界的な民主主義の高揚とともに国際連合が世界人権宣言を採択し，WHOが「世界保健機関憲章」の前文での健康の定義に続き，「到達しうる最高水準の健康でいられることは，人種・宗教・政治信念・経済的ないし社会的地位にかかわらず，誰もが有する基本的権利の一つである」「政府はその国民の健康に対して責任を負うものであるが，その責任は適切十分な保健的・社会的施策を行うことによってのみ果たすことができる」との宣言にも見ることができる。

同様な動きは日本国憲法にも見られ，その第二十五条では，すべての国民に「健康で文化的な最低限度の生活を営む権利」を保証し，「国は，すべての生活部面について，社会福祉，社会保障及び公衆衛生の向上及び増進に努めなければならない」と，健康を国の義務として述べるようになる。

このような考え方は学校教育の理念にも影響を与え，教育基本法の第一条では，「教育は，人格の完成を目指し，平和で民主的な国家及び社会の形成者として必要な資質を備えた心身ともに健康な国民の育成を期して行われなければならない」と規定し，「心身ともに健康な国民の育成」は，教育の目的として期待されることになった。このように現代では，健康は社会的な権利としても考えるようになってきている。

3）生きがいを重視した健康の考え方

現代の健康の考え方はさらに，疾病の有無を重視するものから，精神的な豊かさや良好な人間関係など，生活の質（QOL）や生きがいを重視する包括的な考えへと至っている。その一方で，精神的な豊かさや良好な人間関係は主観的であり，個人のライフステージ，疾病や障害の有無，およびその人の価値観などの影響を受けることになる。ひとり一人にそれぞれの人生があるように，個人の生き方に内包された健康もまた，画一的には捉えられない多様性が保証される時代になってきている。

自分がもつ人生の目標を実現するために，生活の質を高める努力をしながら，生きがいを感じる生活を送ることのできる状態こそが，現在の社会を生きる私たちにとっての健康な状態といえるであろう。WHOも1986年のオタワ憲章で，「健康は生きる目的ではなく，よりよく生きるための資源である」と宣言している。障がいや慢性的な疾病をもっていても健康であり，それらを抱えていても，人生の目標を持ち，やりがいのある仕事や役割を見つけて，いきいきと生活を送っていれば健康だと考える人もいるようになっている。

（4）この節のまとめ

本書を読んでいるみなさんの多くは，運動やスポーツに関わっている人だと思われる。そのため，障がい者スポーツやパラリンピックの公式競技になっている，ゴールボールやブラインドフットボール，車いすバスケットボール，ボッチャなどを知っているだろう。スポーツをすることは，障がい者にとって決して困難な目標ではない。補助的な役割を果たす器具を使用したり，周囲の物理的な環境を改善したりすることによって容易にスポーツに参加することが可能となる。また，ボランティアが支援したり，規則を障がい者にとって寛容にしたりすることなどで社会が支援をするようになれば，障がい者は人生にスポーツを加えることが可能となる。それは，たとえ病気や障がいがあったとしても，それぞれが力を発揮できる社会がすべての人にとっての健康な社会でもある。身体的な状況に応じてすべての人が生きがいを持ち，目標に向かって毎日チャレンジしている，これもまた生きがいを重視した健康の考えといえる。現代の健康は，社会の在り方や関わり方がなければ考えられなくなっている。

2. 健康成立の要因

健康がどのような要因によって成立するかを考えてみることは，健康を守り高め，さらに支えていくための基盤を考える上で大切なことである。一般的に健康の成立には，次の三つの要因の関係のあり方が関わっているといわれている。この節では，これら各要因を個々に述べていく。

⑴主体要因（われわれ自身の心とからだに関わる要因）
⑵環境要因（われわれをとりまく各種の環境に関わる要因）
⑶相互作用要因（主体と環境の相互作用で生じる要因）

(1) 主体要因

主体に付帯している健康に関する基礎的な要因である。これらは大きく二つの要因に分けられる。一つは，年齢，性別，免疫，遺伝などの生体に関わる要因である。もう一つは，食事や運動，休養，睡眠などの状況や，喫煙，飲酒などの生活習慣に関わる要因である。特に二つ目の生活習慣に関わる要因は，後天的な学習によって変容可能なことが多いため，学校で行われている保健教育，地域で行われている健康教育の充実が重要となってくる。

(2) 環境要因

環境は主体を取り巻くすべての要因のことである。これらは，大きく四つの要因に分けられる。一つ目は，天候，温度，湿度，気圧，紫外線，放射線，騒音などの物理的環境要因である。二つ目は，有害な薬品や化学物質，空気や水，土壌に含まれる有害化学物質（窒素酸化物，ダイオキシン，ホルムアルデヒド，カドミウム，水銀など）の化学的環境要因である。三つ目は，病原体（ウイルスや細菌など），有害動物，有害植物，有害昆虫などの生物学的環境要因である。最後に四つ目が，住居環境，運動施設や図書館，美術館・博物館などの文化的環境，ゴミ収集や上下水道整備など衛生環境，労働条件や産業保健などの労働環境，さらには保健医療機関の整備状況やそこへのアクセスといった保健医療環境などの社会的環境要因である。これらすべては環境要因と呼ばれ，単独あるいは複合して主体の健康に影響を与える。

(3) 相互作用要因

相互作用とは，主体要因と環境要因が重なり合う部分であり，多くの疾病や障害はこの重なり合った部分で生じる。この相互作用の良否が，健康の成立におよぼす影響が大きい。例えば大腸がんの発生や進行には，大腸がんを引き起こしやすい遺伝子を持っている主体要因が関係しているが，一方で欧米型の食生活や喫煙などの生活習慣の他に，多忙のため大腸がん検診を受診できないといった労働環境も影響している。さらに，大腸がん検診や乳がん検診，子宮がん検診で異常が発見された場合には，電子カルテの共有によって医療機関から再検査の受診日のいくつかが提案通知されたり，その受診日には職場で休暇が取得しやすいようになったりといった医療環境や労働環境の整備も，がんの発生や進行を低減させる上で重要となる。

(4) この節のまとめ

健康は，主体要因（性別，年齢や個人の生活習慣）のみならず，個人を取り囲んでいる（物理的，化学的，生物的，社会的）環境要因などによって形成されている。特に社会的環境要因である住居環境，文化的環境，衛生環境，労働環境，さらに保健医療環境などは，政治・行政とも密接にかかわっており，健康を支える上で最も重要な要因となっている。

Key word

健康観：健康観とは，健康についての見方や考え方，価値や概念などを指す。健康をどう捉えるかは，国によっても異なり，文化や歴史の影響を受け，同じ国であっても時代によっても変化する。

QOL（Quality of Life）：ひとり一人がどれだけ人間らしい生活や自分らしい生活を送り，人生に幸福を見出しているか，ということを尺度として捉える概念である。

ライフステージ：人の一生におけるそれぞれの発達段階で，例えば，乳幼児期，学童期，思春期，青年期，成人・壮年期，高齢期がある。

がんの早期発見・早期治療：がんの種類によっては，親から子へと世代を超えて遺伝子によって引き継がれるものもある。家族や親せきにがんを発症した人がいて，がんの家族歴がある人が多い場合には，関連する遺伝子を保持する可能性があるため，早期発見・早期治療のためにもがん検診を受け，何か異常があった場合は再検査する必要がある。ただし，がん検診の再検査はそれほど心配する類のものではない。2019年のデータを紹介すると，日本で大腸がん検診を受けた約396万人のうち，要精密検査になった人は5.9%。そのうち実際にがんと診断された人は，精密検査を受けた人の2.8%である。がん検診は「かもしれない人」まで大きく網を広げて拾い上げている。

ブックガイド

■ 健康について広く学ぶために

立川正二（2007）『病気の社会史—文明に探る病因』岩波書店
山本太郎（2011）『感染症と文明—共生への道』岩波新書

■ 健康をより深く理解するために

中山富雄（2021）『知らないと怖いがん検診の真実』青春出版

引用参考文献

藤田和也（2004）健康とは何か．保健教材研究会編，最新「授業書」方式による保健の授業．大修館書店：東京，pp.8-11.

第 2 部

専門領域

第4章　体育哲学

本章と関連する章　【第１章】【第２章】【第５章】【第20章】

予習課題

①スポーツの試合・練習中に起きている倫理問題について考えてみよう。
②試合・練習以外で起きているスポーツの倫理問題について考えてみよう。

1. 体育哲学とは何か

これまで体育やスポーツに強い関心を抱き，実践してきた人であっても，体育哲学という学問分野にふれる機会は多くはないだろう。体育哲学とは，体育を研究対象として，哲学的方法によって研究していく学問分野である（佐藤，1993，p.10）。哲学者である中島義道を参考にすると，哲学とはすべてのことを徹底的に疑うところから出発し，普通の人々が前提としている善悪の骨格を揺さぶる（中島，2001，p.229）。体育哲学は，体育に対して徹底的に疑うところから出発し，普通の人々が前提としている善悪の骨格を揺さぶる学問分野である。また中島は，哲学について次のように述べている。

> 哲学とは，高尚な真理を説くものではない。それは，誰でも知っていること，だが社会が必死の思いで封じていることを抉り出して，明確に言語化することに尽きる。これは，社会に生きているほとんどの人を不快にすることであり，社会の安泰を揺るがすことであり，一口で言えば非（反）社会的なことですが，だからこそ価値のあることなのです（中島，2009，p.166）

しかしながら，筆者が体育哲学という学問にふれ，その研究成果を学ぶ過程は，不快という感情よりも驚きと楽しみの連続であった。一方で，体育を絶対的な善と考え，体育に傾注している人々が，体育における善悪の骨格が揺さぶられることにより，不快な感情を抱く点も十分に理解できる。現実に，体育哲学で論じられている内容に対して不快な感情を抱く人々に，これまで幾度となく出会ってきた。本章の内容を読んで，そのような感情を抱く読者の方々もいるかもしれない。いずれにしろ，体育哲学の課題の第一は，体育についての思いなしや先入見の現状を批判することであるといえる（佐藤，1993，p.13）。

体育とは身体活動を通して行われる教育であり（前川，1981，p.56；阿部，2018，p.44），身体活動の中にはスポーツが包含される。スポーツは体育において，教材として用いられる機会が多い。上述のように，体育哲学の第一の課題は，体育についての思いなしや先入見の現状を批判することにある。この課題を達成するためには，身体活動であるスポーツについても，思いなしや先入見の現状への批判が必要になってくる。

東京2020オリンピックでは多くの問題が顕在化し，五輪の存在意義について，スポーツ関係者ではない人々も再考する機会になった。五輪終了後も贈収賄事件に代表されるように，蓋をされていた問題が明るみになった。しかしながら，スポーツの在り方や存在意義について議論されるケースは少なく，スポーツは望ましいものであるという前提は揺らいでいない。体育哲学領域においては，スポーツの在り方や存在意義を問う，スポーツ倫理に関する少なくない研究成果が生みだされている。本章では，体育哲学領域における近年のスポーツ倫理に関する学術的成果を中心にレビューする。

■ 2. スポーツに関する3つの場面

まず，スポーツに関する3つの場面を設定する。その上で，各場面における近年のスポーツ倫理に関する学術的成果を概観していく。荒井貞光による『クラブ文化が人を育てる：学校・地域を再生するスポーツクラブ論』と，拙著『野球における暴力の倫理学』を参考に，3つの場面を設定する。

荒井（2003）は，スポーツにおける場面を「コートの中」，「コートの外」，「実社会」の3つに区分した。「コートの中」は，テニスをするコートやサッカーをするピッチが挙げられる（荒井，2003，p.61）。「コートの外」は，「コートの中」と「実社会」の間にあり，ロッカールームやシャワールームの場面にあたる（荒井，2003，pp.65-66）。「実社会」とは日常世界であり，大人にとっては職場や家族，子どもにとっては学校の場面にあたる（荒井，2003，p.61）。一方で荒井の空間モデルは，スポーツにおける倫理問題を対象に設定されていない。そのため，筆者は荒井の空間モデルを参考に，それぞれの場面で倫理性が異なってくる3つの場面を設定した（大峰，2016b，p.10）。1つ目はスポーツの試合を行っている試合場面，2つ目はスポーツの練習に取り組んでいる「練習場面」，3つ目は実社会である日常生活場面である。図4-1に示した。

本章では，3つの場面に分けて，近年のスポーツ倫理に関する学術的成果を概観する。

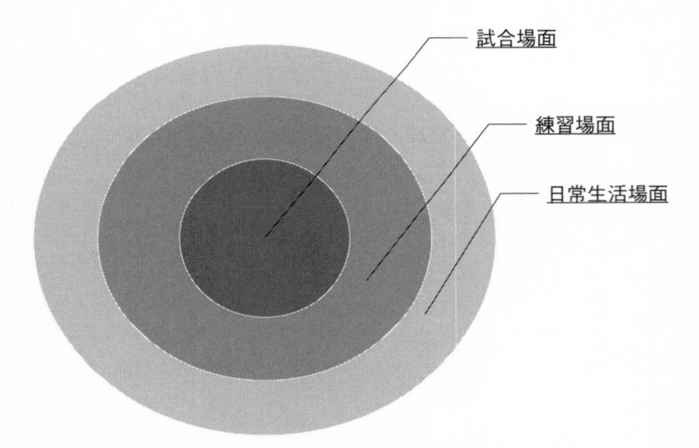

図4-1 本章で用いる3つの場面（大峰，2016b，p.10）

■ 3. 各場面における近年のスポーツ倫理に関する学術的成果

(1) 試合場面のスポーツ倫理

1) 意図的ルール違反（報復死球とトラッシュトーク）

近年では，野球における報復死球，さらには，サッカーにおけるトラッシュトークといった意図的ルール違反が論じられてきた（大峰ほか，2013；大峰，2015）。報復死球とは，ピッチャーが対戦チームや選手に対する報復として，故意にデッドボールを行う行為である。トラッシュトークとは，競争上の優位性を獲得するために，対戦相手に与えるプレイヤーによる言葉の攻撃である（Dixon，2007，p.96）。報復死球とトラッシュトークは，現在進行形で生じている事象であり，野球とサッカーにおけるスーパースターたちも例外ではない。

大谷翔平選手は，2021（令和3）年9月に行われた試合において，ホワイトソックスの投手から9回に報復死球を受けた（日刊スポーツ，2021）。エンゼルスがホワイトソックスの選手に与えた死球に対する報復であった。大谷選手は，2018（平成30）年8月に行われた大リーグの試合においても，アストロズの投手から８回に報復死球を受けていた（朝日新聞，2018）。アストロズの主力打者であるアルトゥーベ選手への７回の死球に対する報復であった。国民栄誉賞を受賞した元ヤンキースの松井秀喜氏も，メジャーリーグの試合において，自身のチームのピッチャーが与えた死球に対して，報復死球を受けている（毎日新聞，2003）。さらには，日本ハムファイターズの監督である新庄剛志氏も選手時代に，メジャーリーグの試合で報復死球を受けている（読売新聞，2001）。自身のチームが８点のリードを保っていた際に，カウント0-3からスイングを行い，その行為に対する報復として死球を受けた。大量得点差が生じている状況においては，リードしているチームは積極的な攻撃を控えるべきとする暗黙のルールが存在する（ディクソン，2010，p.93）。当該ルールを新庄氏は破ったため，報復死球を受けた。

2006（平成18）年のサッカーワールドカップの決勝戦における，ジダン氏の頭突き事件の背景には，対戦相手であるマテラッティ氏との間に口論が存在した（毎日新聞，2006a）。マテラッティ氏は，中傷した行為はいいことではないが，多くのプレイヤーがよりひどい発言をしているとコメントした（毎日新聞，2006b）。

報復死球については，筆者は責任という概念に着目し，メジャーリーグにおいて対戦チームから故意死球を受けたチームのピッチャーが，報復死球に対して，どのような責任を負っているのかに焦点を当てた（大峰ほか，2013）。野球規則を遵守する責務と，意図的に対戦チームを傷つけない自然的義務を包含する，報復死球を抑止する責任を示した。一方で，メジャーリーグのチームという共同体の一員であることからもたらされる連帯の責務によって，対戦チームからの故意死球に対して，報復死球を行うという不文律を遵守する，報復死球を促進する責任の存在も指摘した。結果として，ピッチャーのジレンマを生む，対立する責任の構造を明らかにした。

トラッシュトークについては，当該行為によって対戦相手のパフォーマンス発揮を妨げる能力や，トラッシュトークに対して耐えうる能力が，競技上の卓越性の１つとして包含されるか否かについて考察した（大峰，2015）。サッカーの試合に研究対象を限定し，「攻撃的な，侮辱的な，または下品な発言」を行ったプレイヤーは試合から退場させられ，禁止された行為への制裁としての罰則が課されている点を示した。また，スポーツ哲学領域における「失敗した試合」に関する論議から，トラッシュトークを検討した。「失敗した試合」とは，競技上の優越性（卓越性）を決定することに失敗した試合（failed athletic contests）である（Dixon，1999，p.10）。結果として，プレイヤーの攻撃的な発言や侮辱的な発言に対して，審判が適切に罰則を与えていれば「失敗した試合」ではない点を明らかにした。一方で，攻撃的な発言や侮辱的な発言は露見しにくい反則行為であるため，適切な罰則が与えられず，勝敗によって卓越性を決定するという試合のエートスを間接的に破壊し，「失敗した試合」を生み出す行為であると示した。攻撃的な発言や侮辱的な発言は「失敗した試合」を作り出す可能性から，トラッシュトークに対して耐えうる能力は競われる卓越性には該当しないが，実質的には，必要とされる能力の１つになっている点を明らかにした。

2）なぜ人は勝ちたいという欲望をもつのか

Sakamoto（2017）は，なぜ人は勝ちたいと思うのか，なぜ人は勝ちたいという欲望をもつのかという問いを立て，競争関係における欲望の本質を描き出したルネ・ジラールの欲望論から，現代スポーツの残虐性を解釈している。Sakamotoの研究は，競技者の欲望における理論の基本的な枠組みを提示しようとするものである。

ジラールは，人間の欲望はある人が他の人の欲望を模倣するものとして理解されなければならず，私たちの欲望は三者関係（主体，媒介者，客体）で構成されていると主張する。一方で，私たちは他者の欲望を模倣することを意識せず，自分の欲望が自律的であるかのように錯覚しているという。ジラールによれば，勝利への欲望は自律的なものではなく，他者の欲望の模倣として存在する。三角形の欲望はライバル同士の問題だけではなく，スタンドで観戦しながら興奮するファンや，テレビなどで試合を見る視聴者にも伝わり，拡大していく点をSakamotoは明らかにしている。

以上のように欲望を捉えると，オリンピックや各種スポーツのワールドカップなどの大イベントは，私たちの勝ちたいという欲望を恐ろしいほど喧伝しているとSakamotoは指摘する。競技者だけでなく，観客や視聴者も，三角形の欲望を強化することに寄与しているという。また，現代スポーツは資本主義経済と密接に関係し，相乗的に欲望を強化する点も示している。

(2) 練習場面のスポーツ倫理—体罰・暴力

2012（平成24）年12月，大阪市立桜宮高校のバスケットボール部主将が，顧問による体罰から命を絶ったことを機に，体育学領域で体罰に関する研究は増加した。多くがアンケートやインタビューといった方法によって，体罰の実態に迫っていく研究である。体育哲学の領域においては，アンケートやインタビューといった方法はとらずに，運動部活動における体罰にアプローチする。筆者は，運動部活動における指導者の体罰を生徒が肯定・受容するメカニズムを検討するために，哲学者であり心理学者であったエーリッヒ・フロムによる権威論を用いた（大峰，2016a）。特に，権威に服従しようとする性格構造である「権威主義的性格」や，人間にとって何が善であるかを権威が示し，行為の法則と規範を授けてくれる「権威主義的倫理」の概念に着目した。結果として，運動部活動における生徒は孤独や不安を解消するために，権威者である指導者に服従し，体罰に対して肯定的な考えを抱いていく過程を明らかにした。また，このような過程を通して形成される体罰受容は，個人の表面的な苦痛を取り去ることはできるが，奥深い葛藤を動かすことができない点をフロムの権威論から示した。

一方，松田による研究は，体罰が指導者と生徒にとってどのように意味づけられているのかに着目し，運動部活動における体罰の意味を考察している（松田，2016）。松田は哲学者であるジュディス・バトラーを参考に，運動部活動は「いい選手」へと自己規律的に主体化を目指すような「良心」を，生徒内部に形成させるものであると捉える。その上で，体罰は「いい選手」という道徳性の下で行使されるため，苦痛を与えることによって「いい選手」という価値を生徒に内面化させることが体罰の目的であると指摘する。また，人間は何者かとして世界で生きていたいという自己保存の欲望をもつ存在であり，その点において，運動部活動の暴力性への生徒の服従化＝主体化の姿が見えてくるという。生徒は体罰による苦痛において，自己を生きることになると述べる。さらには，生徒だけでなく指導者と体罰の関係においても，自己保存の欲望が重要な役割を果たすと松田は指摘している。体罰の行使は，ある種の運動部活動の顧問らしさを獲得し，自己の指導者性を回復させる点を明らかにしている。

(3) 日常生活場面のスポーツ倫理—連帯責任

日本学生野球協会は，部員による不祥事が生じた場合に，不祥事を起こした部員の所属するチームに対して，対外試合禁止処分を課すことがある（産経新聞，2020）。近年においては，複数部員による組織的な関与が認められない場合，チームの責任は問われない方向にシフトしているが（毎日新聞，2011），連帯責任の在り方については論点が定まっていないケースが多い。筆者らは，野球部員による個別具体の不祥事において，直接的に不祥事を起こしていない部員の連帯責任に着目し，学生野球協会が科す対外試合禁止処分の是非について論じた（大峰・友添，2014）。連帯責任に関する精緻な分析を行った政治哲学者であるミラーやライッカの所論を精査することによって，連帯責任を問う上での論点を抽出した。それらの論点から，学生野球協会が現実に処分を科す対象となる，不祥事事例について考察した。具体的には，①深刻なリスクなしに，反対する機会を持っているか，②容易に入手できる知識によって，反対する機会を持っているか，③反対することが完全に無益なものでなく，何らかの貢献できる見込みがあるか，④集団内において反対の行動を示したか，の4つの論点を中心に，高校野球における個別具体の不祥事事例について検討した。

結果として，学生野球協会が部内での暴力やいじめの事例に対して，より期間の長い対外試合禁止処分を課していることは妥当ではあるが，上級生から下級生までのヒエラルキー構造が存在している部の場合においては，反対の行動を起こすことができなかった下級生に対外試合禁止分を科すことは妥当ではない点を示した。また，喫煙や飲酒のような，他者に直接的に危害を加える行為ではない不祥事事例においては，喫煙や飲酒を促進させる慣習が部内に存在しないかぎり，対外試合禁止処分を科すことは妥当ではない点も指摘した。さらには，被害者が一般人の事例においては，当事者には重い処分を下すことは妥当であるが，直接的に関与しない部員に対して，対外試合禁止処分を科すことは妥当ではない点を示した。

4. おわりに

本章では紙幅の都合上，日本体育・スポーツ・健康学会の機関誌である『体育学研究』と『International Journal of Sport and Health Science』において近年に掲載された，スポーツ倫理の研究成果を中心にレビューを行った。そのため，本章では紹介しきれなかったスポーツ倫理や体育哲学に関する研究成果は存在する。さらに学びを深めたい方は，下記のブックガイドを参照していただければ幸いである。

中島は，哲学の論争に決着をつける最終的な基準はなく，いつまでも底が見えないと指摘している（中島，2001，p.120）。底がないゆえに，哲学の問いに最終的な答えはなく，最終的な勝負も決着もつかないという。これらの点が，体育哲学の研究を行う面白さであると思う。

Key word

エートス：哲学者である川谷は，スポーツの目的はそれぞれの試合で誰が卓越しているのかを決めるという，卓越性（強さ）の決定にあると主張する（川谷，2013，p.35）。卓越性は試合の勝敗によって決定され，このようなスポーツにおける内在的目的を川谷は，スポーツのエートスと呼称する。一方でスポーツのエートスについては，川谷以外の研究者によっても多様な定義が示されており（D'Agostino, 1981；Loland, 2002；Tamburrini, 2010），多義的な概念である。

ブックガイド

■ 体育哲学をより深く理解するために

佐藤臣彦（1993）『身体教育を哲学する：体育哲学叙説』北樹出版
阿部悟郎（2018）『体育哲学：プロトレプティコス』不昧堂出版

■ スポーツ倫理を広く学ぶために

川谷茂樹（2005）『スポーツ倫理学講義』ナカニシヤ出版
大峰光博（2019）『スポーツにおける逸脱とは何か：スポーツ倫理と日常倫理のジレンマ』晃洋書房
大峰光博（2022）『これからのスポーツの話をしよう：スポーツ哲学のニューフロンティア』晃洋書房

引用参考文献

朝日新聞（2018）大谷，報復死球の洗礼　苦手バーランダーを攻略，14 号　野球・大リーグ　25 日．8 月 27 日　朝刊　p.13.
阿部悟郎（2018）体育哲学：プロトレプティコス．不昧堂出版.
荒井貞光（2003）クラブ文化が人を育てる：学校・地域を再生するスポーツクラブ論．大修館書店.
大峰光博・友添秀則・長島和幸（2013）野球における報復死球の是非について：責任概念からの検討をとおして．体育学研究，58（2）：473-482.
大峰光博・友添秀則（2014）不祥事に対する学生野球協会の対外試合禁止処分の是非に関する研究：野球部員の責任に着目して．体育学研究，59（1）：149-157.
大峰光博（2015）サッカーの試合におけるトラッシュトークの倫理．体育学研究，60（2）：489-495.
大峰光博（2016a）運動部活動における生徒の体罰受容の問題性：エーリッヒ・フロムの権威論を手掛かりとして．体育学研究，61（2）：629-637.
大峰光博（2016b）野球における暴力の倫理学．晃洋書房.
川谷茂樹（2013）ゲームの同一性とその目的：「両立不可能性テーゼ」再考．体育・スポーツ哲学研究，35（1）：31-43.
佐藤臣彦（1993）身体教育を哲学する：体育哲学叙説．北樹出版.
産経新聞（2020）東海大，対外試合禁止３カ月　日本学生野球協会．12 月 19 日　朝刊　p.17.
ディクソン：水戸重之訳（2010）メジャーリーグの書かれざるルール．朝日新聞出版.
中島義道（2001）哲学の教科書．講談社.
中島義道（2009）後悔と自責の哲学．河出書房.
日刊スポーツ（2021）解説　大谷翔平への故意死球は「このタイミングしかないお返し」．https://www.nikkansports.com/baseball/mlb/news/202109170000171.html,（参照日 2022 年７月 19 日）.
毎日新聞（2003）「米大リーグ」マリナーズ・イチロー，５の１　ヤンキース・松井，３試合ぶり快音．７月 29 日　朝刊　p.20.
毎日新聞（2006a）サッカー：ドイツW杯　ジダン退場問題　軽い処分，政治的判断．７月 21 日　朝刊　p.15.
毎日新聞（2006b）サッカー：ドイツW杯　ジダン退場問題　頭突き，挑発の発言「くれるならお前の姉妹」．９月６日　朝刊　p.26.
毎日新聞（2011）社説：視点・暴言の連帯責任　スポーツ権への配慮を＝論説委員・落合博．10 月 17 日　朝刊　p.5.
前川峯雄（1981）現代保健体育学体系１　体育原理（改訂版）．大修館書店.
松田太希（2016）運動部活動における体罰の意味論．体育学研究，61（2）：407-420.
読売新聞（2001）「大リーグルール」戸惑い　0–3 からボール強振は侮辱　相手を尊重する米国流．７月２日　夕刊　p.2.
D'Agostino, F.（1981）The ethos of games. Journal of the philosophy of sport, 8: 7-18.
Dixon, N.（1999）On winning and athletic superiority. Journal of the philosophy of sport, 26: 10-26.
Dixon, N.（2007）Trash talking, respect for opponents and good competition. Sport, ethics and philosophy, 1 (1): 96-106.
Loland, S.（2002）Fair play in sport: A moral norm system. Routledge.
Sakamoto, T.（2017）Desire and violence in modern sport. International journal of sport and health science, 15: 81-86.
Tamburrini, C.（2010）The "Hand of God"? In: McNamee, M.（Ed.）The ethics of sport. Routledge, pp.132-144.

第5章 体育史

本章と関連する章 【第1章】【第2章】【第4章】【第6章】【第13章】【第16章】【第22章】

予習課題

①戦前と戦後で，学校体育はどのように変わったか考えてみよう。
②学校体育への兵式体操導入のねらいについて考えてみよう。

1. 体育史の捉え方と考え方

体育史を領域とする論文や文献は，諸外国や日本を含め多数ある。この章では，体育史における，すべての時代，すべての国や地域の出来事を取り上げることはしない。むしろ，日本で生きている私たちが直面する問題を深く捉えるために，近代を中心にして展開してきた日本の体育の歴史を中心にして学ぶ必要があると考える。とりわけ，多くの国民を対象とした学校体育に焦点を当てる。学校体育の経験は，国民の体育に対する認識形成の土台となっていることは間違いないだろう。現代を形作る上で大きな役割を果たした近代において，体育がどのような歴史を歩んできたのかを理解することは，体育がどのような意味を持ち，これからどのような道を進んでいくのかを考える上で欠くことはできないだろう。

このようなことを考える際に留意しておいてほしいことがある。それは，あらゆる社会的事象がそうであるように，体育もその時代の状況や文脈に規定されるということである。それゆえ歴史を見る際に，現在の価値観で歴史的事象を捉えるのではなく，それぞれの時代や国，地域の特徴に視点をおいて，社会・文化的営みの文脈で問題を捉える必要がある。どのような現実的課題が，どのように変わったのかについて，歴史的事実に即しながら考えていくことが大切である。

さて，体育という用語は概念が複雑である。ここでは，身体活動を媒介とした教育的活動として使用することにする。日本では，教科の名称は1941年3月まで「体操科」，同年4月から「体練科」へと変更され，戦後に小学校で「体育科」，中学校・高校で「保健体育科」となった経緯がある。名称の変更はあるが，「体育」を共通概念としておく。

なお，諸外国の体育史については，日本と関連する限りにおいて触れることにする。

2. 近代市民の体育理論の成立

(1) 体育の原初形態

原始社会において，人間が生きていくために，狩猟・漁労は重要な生活手段だった。世界中のいずれの文化においても，体育の手段かつ運動の基本である走・跳・投・泳という動作は，実生活と表裏一体であり，動物を捕らえ，魚介をとる生活手段そのものであった。労働の原初形態の中に体育の原初形態がある。後に実用性から離れて遊戯化・スポーツ化していく活動も，その多くは生活を支える生産手段を起源とする（岸野，1984参照；渡辺，1985，p.202）。

(2) 近代体育の理論

イギリスのJ. ロック（1632-1704），フランスのJ. -J. ルソー（1712-1778）など，フランス革命の人権思想の影響を受け，近代体育の父と評され汎愛主義教育家のグーツムーツ（1759-1839, ドイツ）が近代市民体育の理論をつくりあげた。なお，ロックもルソーも身体運動に対して配慮を払っていたが，男性を主として対象としていたので，女性についてほとんど触れていない。

グーツムーツは，養生的領域と体育的領域を含むものとして，身体的資質の発達や形成に関わる教育的営みに，これまでの「身体教育」があったとした。彼はこれまでの身体教育観に対して，人間的身体的資質の発達完成を求める新しい教育領域として，遊戯や作業，本来の体育的運動（走・跳・投・その他）である活発な教育的身体運動による教育的営みに「体育」を位置づけた（成田，1984，p.85）。

グーツムーツの体育理論は諸外国に大きな影響を与え，各国では独自の名称や理念，仕組みをもった国民体育が創出されていった。デンマークやスウェーデンではギムナスティーク，ドイツではツルネン，東欧ではソコルやユナク，イギリスでは大陸系の体操と軍事教練の導入によって初等学校の体育が始まった。アメリカでは，ドイツ体育の導入に始まり，19 世紀の終わり頃にはスウェーデン式体操が導入された。アメリカの体操科は，ヨーロッパ系の体操による体力づくりを基本としていたが，保健やレクリエーションの領域についても教育上の課題となっていた。日本の体育の授業は，明治維新以降にまずヨーロッパ系の体操が導入された（成田，1984，pp.87-91）。

3. 日本における国民教育と体育

(1) 学校体育制度の成立

日本における近代の教科としての体育の成立の背景には，資本主義の発展に伴う労働力確保と強兵確保の問題があった。富国強兵を目指す国の体育の施策として，1870 年代後半に，欧米の教育事情の紹介や学説の導入が進み，教育には知・徳・体の調和のとれた発展が望ましいとの認識が生まれ，体育という概念が定着し始め（木下，1971，pp.27-87），体育を担う教科としての体操の本格的な試行が文部省内で検討され，体操伝習所の開設へと繋がった。学校体育制度成立期の体育は，近代の進歩的な目的・内容・方法からなる市民体育，国民体育を継承しつつも，臣民形成のための集団秩序を重視した体操科として成立した。

学校体育制度の成立は，1872（明治 5）年の学制において，「体術」という名称で登場することに始まる。1873（明治 6）年の改正小学教則では名称を「体操」と変えた。内容は主としてヨーロッパ系の体操であった。体操科の授業は，教える人，施設などの物理的条件も整っていない状況にあった。指導者の養成は，明治政府が設立した体操伝習所（1878（明治 11）年設立決定，1886（明治 19）年まで）において行われた。アメリカからアマースト大学出身の医師であり体操指導者である G. A. リーランドを招聘し，指導を全面的に委嘱した。アメリカ留学から帰国した伊沢修二を主幹として発足し，伝習所の教師として通訳を兼ね坪井玄道を就任させた。そこではヨーロッパ，アメリカ系の普通体操の体系化が図られ，1886（明治 19）年 4 月の諸学校令の公布をもって学校体育は制度として明確に位置づけられた。体育の内容は，従来から中心となっていた普通体操に加え，兵式体操を導入した点は注目すべき点である（加賀，1975, pp.204-206）。帝国大学を除き，小学校，高等小学校，中学校，師範学校にいたるまで，学校体育は普通体操と兵式体操が並立することになった。1890（明治 23）年の教育勅語が，国民教育に戦時招集の覚悟を「一旦緩急アレハ義勇公ニ奉シ」と要求したことで，軍事訓練としての兵式体操は揺るぎない地位を占めることになった（木下，1982，p.155）。

体操伝習所は，新設教科である体操の内容研究と，当時日本における唯一の体育教師の養成とを意図した機関であった。1886（明治 19）年に規模を縮小し東京師範学校の体操専修科となり再出発したが，1 回限りで廃止され，1899（明治 32）年に体操専修科が再開設されるまで公立の養成機関は存在しなかった。その間体育教師の養成は，私立の養成機関である日本体育会体操練習所が担った。養成制度の空白は，検定制度による登用によって補われた。この検定制度により陸軍関係者の登用に道が開かれ，兵式体操の導入とあいまって軍部の学校教育への干渉の道を開くことになった。なお，兵式体操の推進（木下，1982，pp.153-158）は，1904（明治37）年の日露戦争までは軍は消極的であり文部省の側が積極的であった。日露戦争後に軍が教育の側へ要求し，教育側がそれを満たしていく関係が見られるようになる。

1900年代になって，アメリカで学んだ川瀬元九郎，井口阿くりらによる，体操の科学的合理性を強調するスウェーデン式体操が紹介された。また，スペンサーやペスタロッチらの欧米教育思想の影響を受けて遊戯研究が盛んになった。子どもの自由や創造性を育む遊戯の教育的価値を強調したのは，坪井玄道，白井規矩郎，高橋忠次郎らである。

1900（明治33）年，小学校令が改正されすべての小学校に体操科が設置される。1904（明治37）年，文部省は体操遊戯調査会を設置し，学校体育の再検討を指示した。検討の結果，スウェーデン式体操は「大体ニ於テ採用スベキ」と決定し，遊戯については「奨励スベキ遊戯」が明示された。教科として課すべきものとして競争遊戯，行進遊戯，動作遊戯に分類し，競争遊戯の例に綱引，毬送，フートボール，鬼遊とスポーツ教材を挙げ，遠足，水泳，氷辷，船漕なども加えた。教科外のものに角力，徒歩競争，毬投げ，毬つき，羽根つき，縄飛び，擬戦，鬼遊，高飛，幅飛，ベースボール，ローンテニス，撃剣，柔道，弓術と競争遊戯にスポーツ教材を多数取り入れたことが大きな進歩であった（木村，1984，pp.222-223）。また，学校体育は軍事教育と関連を有していたので，文部省と陸軍省合同の検討も行われ，教育の立場から提起された運動の順序と系統性をもったスウェーデン式体操と，軍事訓練としての位置づけを明確にした兵式教練の二本立てとすることになった（加賀，1975，pp.210-211）。

これらの調査・検討を経て，1913（大正2）年，永井道明が中心となってスウェーデン式体操の原理で体育教材を整理・統一したものである，日本で初めての学校体操教授要目が作成された。学校体育は，これによってスウェーデン式体操と兵式教練を二本立とし，武道は随意科目として展開されることになった。体操科の教材は，体操，教練，遊戯，撃剣及柔術に分類され，体操では懸垂運動を取り入れ，遊戯は競争，発表的動作，行進を主とする遊戯に分け，競争を主とする遊戯には，鬼遊，徒競走，旗取競争，旗送競争，デットボール，センターボール，バスケットボール，フットボール，綱引とあるようにスポーツ的性格を強めた。体操科授業は，全体の授業過程がスウェーデン式体操の運動配列を原則として構成されており，遊戯教材はそのなかの一部であった。体操中心の授業構成の特徴から，授業にスポーツを教材として取り入れるには限界があった。なお，武道の必修化は，1920年代半ば以降，軍国主義的政治情勢の展開において，武道の有する伝統的な心身鍛錬が国民に要請され始めてからである。

このような学校体育の強化に乗り出した政府の政策的意図は，欧米列強の資本主義国に伍して，資本主義国家体制の強化を目指す富国強兵策と密接に結びついていたことにあった（加賀，1975，p.211）。

(2) 学校体育の制度的再編成

第一次世界大戦（1914-1918年）前後の時期は，体育改革運動がヨーロッパやアメリカで起こった時期であり，平和や人道主義の観点から児童中心の体育が結実した時期でもあった。日本においても，自由主義思想の影響を受け，これまでの画一的で形式的な体操や教練に対して新しい体育を求める動きがあった。しかし以下に見るように，国家は体育の軍国主義化の方針を強化していった。学校体育は，アジア・太平洋戦争が終わるまで，教材，指導法，指導者，施設，用具等の部分的改善と，全国的な統一と徹底という点で大きな成果があったが，それは明治以降の学校体育の目的である「臣民形成の体操科」に結実するものであることが前提であった（成田，1984，pp.93-94）。

1917（大正6）年，臨時教育会議は「兵式体操振興ニ関スル建議」を可決した。建議は，学校体育における教練を通じ，勇敢，紀律，服従などの精神的道徳的資質，強健な身体的資質，軍務に服する軍事的資質の育成をはかり，忠君愛国の臣民を形成することを期待するものであった（加賀，1975，p.266）。

1925（大正14）年，陸軍現役将校学校配属令の公布により，国立または公立の中学校以上に現役将校の学校配属が決定され，私立学校及び大学学部も申請により配属が可能となった。配属将校については，小樽高等商業学校（現小樽商科大学）で起きた問題を契機に軍事教育反対運動が全国に広がった。同年，文部省は教練教授要目を公布し，教材に，各個教練，部隊教練，射撃，指揮法，陣中勤務，旗信号，距離測量，測図，軍事講話，戦史，その他を配置した。教材の配当は，師範学校，中学校，実業学校，高等学校，大学予科専門学校，高等師範学校，臨時教員養成所，実業学校，教員養成所，実業補習学校教員養成所，大学を対象として実施された（加賀，1975，pp.267-270）。

1926（大正15）年，学校体操教授要目が改正された。その背景には，競技スポーツの発達，体操教授要目の停滞，学校教練教授要目の制定などがあった。改正の特徴は，男女の性差に応じた教材配当，スポーツ教材の多くを導入したことにある（木村，1984，p.223)。教材の領域は体操，教練，これまでの遊戯を遊戯及競技に変更，剣道及柔道である。競技は，陸上競技種目とボール投げを含む走技，跳技及投技と，球技には，キックボール，対列フットボール，ポートボール，円形・方形ドッジボール，フットベースボール，コーナーボール，バスケットボール，バレーボール，プレイグラウンドボール，アソシエーションフットボールが示された。

1936（昭和11）年には第二次学校体操教授要目の改正があり，その特徴は，デンマーク体操などヨーロッパ新体操の影響を受けた体操の自然化と，国粋主義的思潮の高まりにより教材の名称の日本語化が行われた点にある（木村，1984，p.223)。競争遊戯を各種遊戯として追逃，運搬，押引，攀登，格力に，走技，跳技，投技を走跳投に改め，簡易競技を前段階に配した。相撲，攻城球，攻陣球（中等学校以上では弓道，薙刀）など，注目すべきは日本固有の運動種目を取り入れたことである（木村，1984，p.224)。蹴球は，器械体操，庭球，野球，卓球，ラグビー，漕艇などと同様に体操科授業時間外に行うべきものとされた。教材はさらに拡大され，教材の総合的な展開，心身の発達に応じた指導，運動習慣の育成や環境・施設に応じた指導など，方法の近代化がすすめられた（成田，1984，p.94)。全体的には，スポーツ教材が体操中心の授業過程に配置されていたことは改正前と変わりがない。

1926（大正15）年，青年訓練所令と青年訓練所規程が公布された。訓練所は，16歳から20歳までの男子が通い，訓練時数は4年間で修身及公民科100時，教練400時，普通学科200時，職業科100時が配当された。教練の指導は，おおよそ在郷軍人が委嘱された。修了者は，約6ヵ月の在営期間の短縮が特典として与えられた（加賀，1975，p.269)。

学校体育の教練を重視する政府の施策は，学校体育を軍国主義体育へと再編強化したものである。その結果，日本の学校体育はアジア・太平洋戦争の敗戦まで，一方で教材，指導法，指導者，施設，用具などは全国的に統一化されたが，他方でこれまでの臣民形成としての体操科の基本的特質は変化することなく益々強化された。

4. 日本における総動員体制下の体育

(1) 学校体育に対する国家統制

1929（昭和4）年の世界大恐慌などの影響を受け，日本の資本主義の矛盾は深まり，その打開策をアジア大陸や南方に向け帝国主義的な拡大を目指す国家的政策が本格化し，中国，アメリカ，イギリスとの対立を深めた。1931（昭和6）年の「満州事変」からあしかけ15年に亘る侵略戦争が始まり，国内は急速に戦時体制化が進んだ。1931（昭和6）年，中学校，師範学校において「我が国固有の武道にして質実剛健なる国民精神を涵養し心身を鍛錬するに適切」との理由により武道が必修化されたことは，学校体育の戦時統制を国家的政策として強力に推進するものとして位置づく。勤労青年については（加賀，1975，pp.336-337），1935（昭和10）年に青年学校令の制定（普通科男女共2年，本科男5年・女3年），1939（昭和14）年に青年学校令改正により12歳から19歳までの勤労青年男子について義務就学制を実施し，国民の予備兵力化を目指す軍事教育の拡充策と密接に関わり教練重視，国防競技重視の教育内容が展開された。

(2) 体操科から体練科へ

1941（昭和16）年，皇国民教育を徹底するために小学校は国民学校に改称され，体操科は体練科へと名称が変わった。身体操練という具象的な方法を名称にした体操から，身体鍛錬という観念的目標を名称にした体錬へと変更した（木下，2015，p.252）。翌42（昭和17）年，国民学校体練科教授要項が定められた。この要項には，1913（大正2）年以来の学校体操教授要目による初等学校から中等学校までの体育の一貫性という大局観はなかった（木下，2015，p.252）。体練科は「体練科体操」と「体練科武道」の二つに分けられ，「体練科体操」は，「体操及遊戯競技」と「教練」「衛生」の3教材となった。その特徴は，体操と遊戯競技を一体化したこと，騎馬戦を含む実用的な肉体労働の「運搬」および棒倒と相撲を含む「格力」を加えたことである。体操とは異質の運動観である（木下，2015，p.252）。また，運動の基本能力の錬成，体力増強の観点から教材を分類した点に特徴がある。したがって，スポーツ教材のゲーム的要素，遊戯的要素が極端に薄められた（木村，1984，p.224）。具体的には，体操は従来の体操，遊戯，競技という分類をやめ，運動の様式別に，姿勢，呼吸，徒手体操，歩走，跳躍，転廻及倒立，懸垂，投擲，運搬，格力，球技，音楽遊戯，水泳に分類された。例えば初等科6年では，「歩走」に各種歩，各種走，継走，障碍走，鬼遊，置換競争，旗奪が，「格力」に押合，引合，棒倒，相撲が，「球技」に順送球，投捕球，投避球，送球競争，蹴球競争がそれぞれまとめられた。

戦争末期の体育実践の実態については，これからの解明が待たれる。

■ 5. 日本における戦後体育の再建

1945（昭和20）年8月の敗戦後，日本はアメリカによる占領政策下におかれた。学校体育は超国家主義・軍国主義を排除し民主化への道を歩むことになる。占領軍は，軍事的教材の除去と遊戯・スポーツの奨励，形式的訓練主義的指導法の是正，学校体育組織からの軍事的色彩の一掃を推進した（成田，1975，p.364）。すなわち，学校内における武道，教練，国防訓練等は廃止，軍国調の教材の排除，秩序運動，行進，徒手体操における命令，指示を最小限にし，軍事的要素をなくし動きそれ自体を反復練習することを避けるよう指示した。それとは対照的にスポーツ教材を実施する方向を示した（木村，1984，p.225）。

しかし，日本の体育界には，いわゆる1920年代のアメリカに見られた「新体育」や「児童中心の体育」も，戦時体育への抵抗の体育の伝統もほとんど見られなかったことにより，自ら新しい体育の具体的プランを立てて推進していく歴史的基盤はなかった（成田，1975，p.364）。

1947（昭和22）年，新学制発足により体育科（新制中学・高校では1949（昭和24）年から保健体育科）となった。基本的指針として作成された学校体育指導要綱は，小学校の運動教材を，体操，遊戯（遊戯，球技，水泳，ダンス），中学，高校，大学のそれを，体操，スポーツ（陸上競技，球技，水泳），ダンス，理論に大別した。要綱は，遊戯，スポーツ教材を豊かにし，児童，生徒の自発性を尊重した。このことは，戦前の教師主導の体操中心の体育から，体操が準備運動，整理運動の位置に引き下げられ，児童，生徒中心の自発的活動としてのスポーツ中心の体育への転換を明確にしていた（木村，1984，p.225）。

1949（昭和24）年，学習指導要領小学校体育篇（試案）は，要綱以来の手引書の性格を強調しながらアメリカの経験主義教育理論の影響を受け，教材とは児童の要求を満たすのに必要な学習の機会を提供する材料すなわち活動であるとする立場をとった（木村，1984，p.225）。

1953（昭和28）年に改訂した小学校学習指導要領体育篇では，経験主義の立場を徹底し，運動を教材として考えず，具体的に学習することを学習内容として示した（木村，1984，p.225）。この時期，東西冷戦の激化，占領政策の転換などの影響を受け，日本の独立以後における民主体育も修正され，1950（昭和25）年以降柔道を最初に武道が復活し，1953（昭和28）年に集団行動が取り上げられ，1956（昭和31）年には高校指導要領は基準性を強化した。こうした時代の動きにもかかわらず，この1953年の小学校指導要領は，「生活体育」や「問題解決学習」，「グループ学習」などの成果を盛り込んだ，戦後民主体育の一つの決算を示すものであった（成田，1975，p.366）。

これ以降，再び運動技能の学習を重視する方向に戻り，1969（昭和44）年の中学校指導要領以後は体力づくりを重視するようになった。しかし，1977（昭和52）年の小・中学校の指導要領は，生涯スポーツの観点から運動の楽しさを味わうことに目標をおき，スポーツ教材の扱いの新たな方向を示すことになった（木村，1984，p.225）。なお，改訂の度に体育的課題を内包することにもなった。

6. 体育史の様々な課題

これまで明治維新以降から戦後のわずかな期間まで，日本における学校体育について概観してきた。最後に，本文で触れなかったが自習の中で深めるべき事柄について列挙しておく。掲げた順番は重要度と関係はない。

一つ目は，体育の内容・方法と関係する，授業実践史，体育用具教材・スポーツ教材史，体育施設である屋外運動場史，屋内運動場史，運動服の歴史，運動技術史などである。二つ目は，ジェンダーの体育史である。三つ目は，心身障がい者の体育史である。四つ目は，植民地体育史である。五つ目は，社会体育史である。六つ目は，諸外国の体育史である。

視点や対象，時代を変えてみることで，それぞれの特徴や共通点，関連性などが見えてくるだろう。ここで掲げたもの以外でも，自分の問題関心に基づいて調べてみることを勧めたい。

Key word

兵式体操（へいしきたいそう）：1886（明治19）年，「学校令」に伴い体操科の必修科目として採用された教練のことを指す。小学校では隊列運動という名称が用いられた。翌87（明治20）年，兵式体操に名称が改められた。1878（明治11）年設立の体操伝習所では，1880（明治13）年，陸軍戸山学校の教官が兵式体操の指導にあたっている。兵式体操は，授業時ばかりでなく運動会にも現れるようになった。

女子体育創始者：日本における女子体育の母と呼ばれる女性は，井口阿くり（1870-1931），藤村トヨ（1876-1955），二階堂トクヨ（1880-1941）である。3人とも東京女子高等師範学校の卒業。井口は，スウェーデン式体操が科学的であるとして教育体操を主として実施。藤村は，ドイツ留学で学んだ自然運動こそ女性に適すとした。二階堂は，イギリスで4種のスウェーデン式体操を知り，井口の体操を修正し，生理・衛生にかなった保護愛育を目的とした体操を実施。また，井口は，ボストンで用いた体操服であるブルマースの普及を，二階堂は，キングスフィールドのチューニック式体操服の普及を図った。

ブックガイド

■ 体育史を広く学ぶために

掛水通子監修，山田理恵・及川佑介・藤坂由美子編（2019）『身体文化論を繋ぐ―女子・体育・歴史研究へのかけ橋として―』叢文社
上沼八郎（1968）『近代日本女子体育史序説』不昧堂出版
岸野雄三・竹之下休蔵（1983）『近代日本学校体育史』日本図書センター
木村吉次（1975）『日本近代体育思想の形成』杏林書院
吉見俊哉・白幡洋三郎・平田宗史・木村吉次・入江克己・紙透雅子（1999）『運動会と日本近代』青弓社

■ 体育史をより深く理解するために

入江克己（1986）『日本ファシズム下の体育思想』不昧堂出版
入江克己（1988）『日本近代体育の思想構造』明石書店
入江克己（1991）『昭和スポーツ史論』不昧堂出版
入江克己（1993）『大正自由体育の研究』不昧堂
大久保英哲（1998）『明治期比較地方体育史研究―明治期における石川・岩手県の体操科導入過程―』不昧堂出版
片岡康子・輿水はる海・掛水通子監修（1995）『女子体育の研究』大空社
北野与一（1996）『日本心身障害者体育史』不昧堂出版
木下秀明監修（1993）『社会体育スポーツ基本史料集成　別冊』大空社
木下秀明監修（1996）『戦後体育基本資料集　別巻解説』大空社
鈴木明哲（2007）『大正自由教育における体育に関する歴史的研究』風間書房
西尾達夫（2003）『日本植民地下朝鮮における学校体育政策』明石書房

■ 体育の概念史を学ぶために

木下秀明（1971）『日本体育史研究序説』不昧堂出版

■ 体育史研究の方法を学ぶために

岸野雄三（1973）『現代保健体育学体系２　体育史－体育史学への試論－』大修館書店

引用参考文献

加賀秀夫（1975）第四章第五節　日本における上からの学校体育と民衆不在のスポーツ，第五章第四節　日本の学校体育の軍事化と黄金期のスポーツ，第六章第四節　日本の総動員体制下の学校体育とスポーツ．梅根　悟監修，世界教育史体系31　体育史．講談社：東京，pp.199-216，261-285，335-358.
掛水通子（1984）女子体育の創始者たち．岸野雄三編，体育史講義．大修館書店：東京．pp.212-216.
岸野雄三（1984）体育史の研究領域と時代区分．岸野雄三編，体育史講義．大修館書店：東京，pp.2-13.
木下秀明（1971）日本体育史研究序説．不昧堂出版：東京.
木下秀明（1982）兵式体操からみた軍と教育．杏林書院：東京.
木下秀明（1985）近代社会．水野忠文・木下秀明・渡辺　融・木村吉次，体育史概説―西洋・日本―．杏林書院：東京，pp.237-303.
木下秀明（2015）体操の近代日本史．不昧堂出版：東京.
木村吉次（1984）日本におけるスポーツ教材の導入課程．岸野雄三編，体育史講義．大修館書店：東京．pp.221-225.
木村吉次（1985）戦後日本の体育とスポーツの概要．水野忠文・木下秀明・渡辺　融・木村吉次，体育史概説―西洋・日本―．杏林書院：東京，pp.304-311.
佐藤秀夫（1974）体操・唱歌等に関する教員の養成．国立教育研究所編，日本近代教育百年史　第三巻　学校教育1．教育研究振興会：東京，pp.1356-1364.
成田十次郎（1984）近代体育の成立と展開．岸野雄三編，体育史講義．大修館書店：東京．pp.83-94.
成田十次郎（1975）戦後世界の体育・スポーツ．梅根　悟監修，世界教育史体系31　体育史．講談社：東京，pp.359-370.
渡辺　融（1985）原始社会．水野忠文・木下秀明・渡辺　融・木村吉次．体育史概説―西洋・日本―，杏林書院：東京，pp.199-202.

第6章 体育社会学

本章と関連する章 【第1章】【第2章】【第5章】【第10章】【第17章】【第19章】【第21章】【第22章】

予習課題

①「社会」とは何か考えてみよう。
②あなたがスポーツをするようになった背景を考えてみよう。
③社会がスポーツに及ぼす影響とスポーツが社会に及ぼす影響について考えてみよう。

1. 社会学とは

「社会」という言葉を聞いて，何を思い浮かべるだろうか？　ふだん何気なく使うことの多い「社会」という言葉であるが，それが何なのかを意識することはほとんどないのではないだろうか。社会とは，「多義的概念であって，抽象的には人間結合ないし生活の共同一般を，具体的にはさまざまな集団生活や包括的な全体社会（国民社会）を，理念的には国家と対立し人類大の広がりを持つ市民社会を，歴史的には一定の発展段階にある社会体制ないしは社会構成全体を意味する」(社会学小辞典）とされる。社会は人と人との相互作用によって作り出され独自の文化，社会構造をもつ。例えば，学校の部活動（チーム）は選手，コーチ，監督などで構成される社会（社会的世界）であるが，選手相互や選手とコーチ，監督などとの関わりの中で互いに影響し合うことによりチームの文化が作り出され，組織としての社会構造を形成する(Coakley, 2015a)。そして，その他の様々な社会と相互に作用し合いながら社会を形成している（図6-1)。

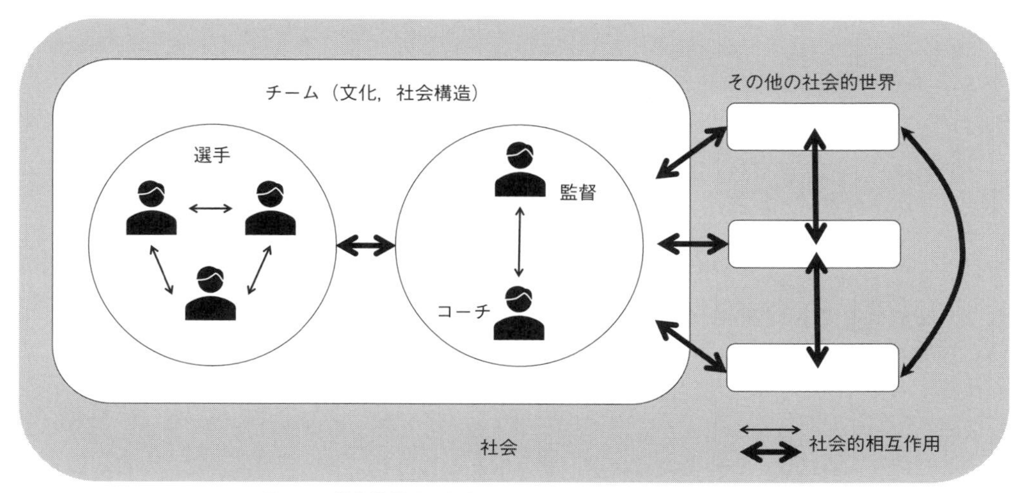

図6-1　社会的世界の概念（Coakley, 2015b, p.3 をもとに作成）

また，人がある行動を取るように仕向け，それを継続するための働きかけを「動機づけ」と呼ぶが，心理学ではポピュラーなテーマである。動機づけは個人に対する心理学的アプローチで，人が競技者としてスポーツに取り組みパフォーマンスを向上するプロセスでは，活動の継続やパフォーマンス向上のために当事者（アスリート）に対して様々な働きかけ（動機づけ）がなされる。これを社会学の視点から見ると，ある人が競技者としての活動を始め，継続していく過程で親やきょうだい，指導者や有名選手などの影響を受ける場合がほとんどであるが，特に大きな影響を与える人を「重要なる他者（significant others）」と呼ぶ。そして，その人と重要なる他者との関わり（社会的関係）によって活動が継続する。これをスポーツへの社会化と呼ぶ。同時に，スポーツへ社会化される過程では，その人を取り巻く環境が大きく影響を及ぼす。この周囲の環境を社会化状況（socialization situation）という。このような，スポーツを行う人とその周囲の人との間に生じる社会的関係や，スポーツを行う人を取り巻く周囲の環境との関係によって作り出される社会を扱うのが体育・スポーツ社会学なのである。

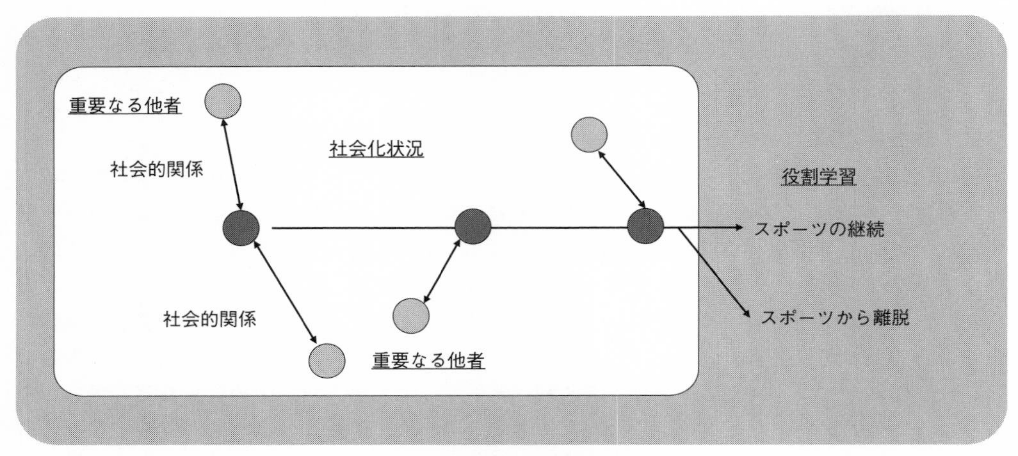

図 6-2　スポーツへの社会化過程

人間相互の関係から作り出される社会や文化を探求する学問が社会学であり，人間関係の科学的研究を行う学問領域である社会科学の中でも新しいとされる分野である。体育・スポーツの分野では，1965 年に国際スポーツ社会学会（ISSA）の前身であるスポーツ社会学国際委員会（ICSS）が設立され，1978 年に北米スポーツ社会学会（NASSS），2001 年にヨーロッパスポーツ社会学会（EASS）がそれぞれ設立された。我が国では 1962 年に日本体育学会（当時）の専門分科会の一つとして，体育社会学専門分科会（現日本体育・スポーツ・健康学会体育社会学専門領域）が設立された。そして，1991 年に日本スポーツ社会学会が創設されている。日本スポーツ社会学会設立以降，その独自性を模索し続けてきた体育社会学専門領域は，2023 年 6 月に日本体育社会学会として新たな歩みを始めた。

■ 2. 体育社会学とスポーツ社会学

(1) 体育とスポーツ

体育という言葉は元来，学校教育を中心に語られ教育の意図を含むものであった。しかし，社会の変化とともに体育の概念が広がり，身体活動を広く捉える概念になってきた。一方でスポーツという言葉は，いわゆる競技スポーツを中心としたパフォーマンスの追求が第一の目的のものを指す概念であったが，こちらも社会の変化とともにスポーツの概念が広がり，身体活動すべてを含むようになってきた。つまり，体育とスポーツが同義に扱われることが一般的になってきたのである。加えて，国民体育大会が国民スポーツ大会に，体育の日がスポーツの日に名称変更されたように，これまで「体育」という語句が使われていたものが「スポーツ」に置き換わりつつある。学会の動向からも，1970年代後半頃から研究の関心が体育からスポーツへと移行していると指摘されている（北村，2022）。もちろん，体育とスポーツの概念が異なることは論を俟たないが，これらの背景に鑑みて，本章では体育とスポーツとを二項対立的に扱うのではなく同義と捉えスポーツ社会学として論じていきたい。

(2) スポーツ社会学とは

先述したとおり，社会学とは社会を対象に現実の諸問題の解決に寄与しようとする学問である。よってスポーツ社会学は，スポーツにおける諸問題を解決するため，社会的現象としてのスポーツを対象にする。日本では1991年に日本スポーツ社会学会が設立されたが，それは1962年に設立された日本体育学会体育社会学専門分科会（当時；現日本体育・スポーツ・健康学会体育社会学専門領域）を系譜にもつものである。それ以前にも体育社会学に関する研究は行われているが，この専門分科会の設立によって一つの研究分野として確立された。

体育社会学専門領域のシンポジウムでは，それぞれの時期で社会的関心が高いテーマが設定されてきた。例えば，1973年から1976年にかけては「地域社会におけるスポーツクラブの育成について」(1973年)，「社会体育指導者の社会的機能について」(1976年）など地域や社会体育をテーマとしている。背景には，高度経済成長に伴い地域社会のつながりが希薄になったことがある。また，2012年には武道必修化がテーマになっているが，学習指導要領の改訂に伴い中学校の体育授業で武道が必修化されたことによる。翌2013年に体罰がテーマに取り上げられた背景には，部活動顧問教員の体罰により生徒が自殺を図るという悲惨な出来事や日本代表チームでの体罰が表面化し，体育・スポーツにおける体罰が社会的問題として（再度）浮かび上がったことがある。そして，2020年のオリンピック・パラリンピック大会開催地が東京に決定した翌年の2014年からは，オリンピックに代表されるメガスポーツイベントのインパクトを中心に議論が交わされた。

このように，私たちが暮らす社会の中でスポーツは様々な様式の社会を作り出しており，それらがまた社会の一部に組み込まれている。社会の中のスポーツやスポーツが作り出す社会，つまり社会現象としてのスポーツを探求するのがスポーツ社会学である。

3. スポーツ社会学の研究トピック

(1) 学会での研究発表から

それでは，スポーツ社会学はどのようなトピックを扱ってきたのか。日本体育・スポーツ・健康学会体育社会学専門領域のシンポジウムでは，それぞれの時期で社会的関心の高いテーマが設定されてきたのは先述したとおりである。その専門領域での一般発表の演題から，スポーツ社会学の研究対象を概観してみる。

1950年から2020年までの一般発表の2,470演題についてテキストマイニングと呼ばれる手法で分析した報告では，演題に最も多く使われていた語句は「スポーツ」の1,350回で，2番目に多い「体育」の390回の3.5倍にも上ることが明らかにされている（北村，2022）。以下，「社会」「活動」「参加」「地域」と続くが，語と語との関係性を示す共起ネットワークからは，「学校体育」，「社会体育」，「地域スポーツ」，「集団機能」などの研究対象がサブグラフと呼ばれるグループとして抽出されている様子がわかる（図6-3）。そして，最も多く使われていた「スポーツ」という言葉の前後に使われている語を示したのが表6-1である。例えば「活動」という語は，「スポーツ」の右側一語目に108回使われていることを意味する。こうしてみると，スポーツ活動やスポーツ参加といった人々のスポーツ行動，スポーツクラブのような組織，地域スポーツといった現象など，広く扱われている様子がうかがえる。また，「体育」の前後に多く使われていた語には，学校，授業，教師といった学校体育の文脈での研究が多いことがわかる（表6-2）。

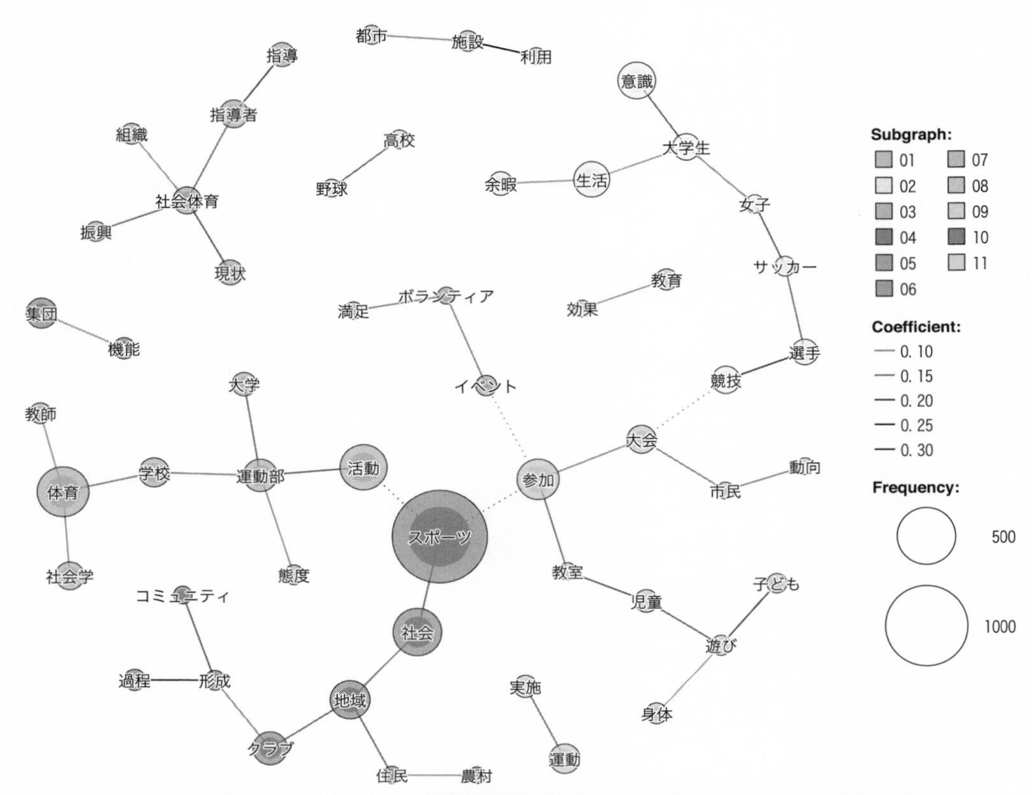

図 6-3　体育・スポーツ・健康学会体育社会学専門領域一般発表演題の共起ネットワーク（北村，2022 より）

表 6-1　「スポーツ」のコロケーション統計（北村，2022 より）

N	抽出語	品詞	合計	左合計	右合計	左 5	左 4	左 3	左 2	左 1	右 1	右 2	右 3	右 4	右 5	スコア
1	活動	サ変名詞	145	10	135	2	4	1	3	0	108	3	11	9	4	119.450
2	クラブ	名詞	109	4	105	3	0	1	0	0	88	10	2	0	5	95.600
3	参加	サ変名詞	126	13	113	0	2	5	6	0	64	17	15	13	4	86.717
4	地域	名詞	112	87	25	11	7	18	3	48	0	1	10	7	7	66.433
5	社会	名詞	141	44	97	8	12	6	17	1	8	17	46	16	10	53.933
6	行動	サ変名詞	72	7	65	3	3	0	1	0	44	5	7	5	4	52.733
7	実施	サ変名詞	51	4	47	0	0	3	0	1	43	3	0	1	0	46.750
8	体育	名詞	93	75	18	2	2	6	60	5	0	1	5	6	6	42.767
9	集団	名詞	40	3	37	0	1	1	1	0	35	0	0	0	2	36.483
10	指導者	タグ	42	2	40	1	0	0	1	0	31	4	3	1	1	35.150

表 6-2　「体育」のコロケーション統計（北村，2022 より）

N	抽出語	品詞	合計	左合計	右合計	左 5	左 4	左 3	左 2	左 1	右 1	右 2	右 3	右 4	右 5	スコア
1	スポーツ	名詞	93	18	75	6	6	5	1	0	5	60	6	2	2	42.767
2	学校	名詞	45	45	0	0	1	0	3	41	0	0	0	0	0	42.750
3	授業	サ変名詞	30	0	30	0	0	0	0	0	24	5	0	1	0	26.750
4	教師	名詞	29	2	27	0	0	0	2	0	20	2	4	0	1	23.533
5	大会	名詞	29	6	23	3	2	1	0	0	21	0	1	0	1	22.967
6	地域	名詞	30	25	5	3	1	3	4	14	0	0	1	2	2	19.083
7	社会学	タグ	34	0	34	0	0	0	0	0	11	1	6	11	5	17.250
8	指導	サ変名詞	19	1	18	1	0	0	0	0	11	1	4	1	1	13.483
9	活動	サ変名詞	27	4	23	0	0	4	0	0	7	2	7	6	1	13.367
10	国民	名詞	13	13	0	0	0	0	0	13	0	0	0	0	0	13.000

(2) 書籍の目次から

次に，スポーツ社会学のテキストからどのようなトピックが扱われているか見てみる。まず，1978年の初版発行以来これまでに13版を数え世界中でスポーツ社会学のテキストとして使われているロングセラー，J・コークリー著「Sport in Society: Issues and Controversies」の目次は表6-3のようである。第3章以降に現代社会でのスポーツにまつわるいくつかの問題が取り上げられている。「スポーツと社会化」は，人々がスポーツに親しむプロセスにおける社会との関わりや周囲の環境，スポーツを行うことによる実施者への影響（Kenyon & McPherson, 1973）などがテーマであり，長きにわたってスポーツ社会学での主要なテーマとして扱われてきた。また，「ジェンダーとスポーツ」では，多様な性の在り方が議論されるようになった現代社会の中で，ステレオタイプ化した性役割がスポーツに及ぼす影響を取り上げる。また，2021年に開催された東京オリンピック大会にトランスジェンダーの選手が出場したことは，スポーツ界における性自認の論争の引き金となり，多くのスポーツ統括団体が，女子競技へのトランスジェンダー選手の参加に関する方針の見直しを開始している（ロイター通信，2022）。同様に「加齢と障害」のように，共生社会におけるスポーツの在り方も取り上げられているが，パラアスリートのオリンピック出場の是非をめぐる議論（小倉，2022）もその一つである。

表6-3　Sport in Society: Issues and Controversies でのトピック

Chapter	トピック
1	スポーツ社会学とは何か？
2	社会におけるスポーツに関する知識の生産
3	スポーツと社会化
4	子どものためのスポーツ
5	スポーツにおける逸脱
6	スポーツにおける暴力
7	ジェンダーとスポーツ
8	人種とエスニシティ
9	社会階級
10	加齢と障害
11	スポーツと経済
12	スポーツとメディア
13	スポーツと政治
14	高校と大学におけるスポーツ
15	スポーツと宗教
16	将来のスポーツ

4. スポーツ社会学研究の意義

それでは，社会現象としてのスポーツを探求する意義は何であろうか。2011年に施行された「スポーツ基本法（平成23年法律第78号）」では，その冒頭に「スポーツは，世界共通の人類の文化である」と掲げ，人格形成[1)]や地域社会の再生，長寿社会の実現，国民経済の発展，国際平和への貢献など，社会における多様なスポーツの役割と重要性に言及している。そして，(1) 青少年が健全に育ち，他者との協同や公正さと規律を重んじる社会，(2) 健康で活力に満ちた長寿社会，(3) 地域の人々の主体的な協働により，深い絆で結ばれた一体感や活力がある地域社会，(4) 国民が自国に誇りを持ち，経済的に発展し，活力ある社会，(5) 平和と友好に貢献し，国際的に信頼され，尊敬される国の5つが「スポーツを通して目指す社会」として挙

1）スポーツによる人格形成は，スポーツによる社会化としてこの分野で高い関心を集めてきたが，その効果には多くの疑問も指摘されている。

げられており，スポーツに対する期待と影響の大きさが窺える。

「するスポーツ」「みるスポーツ」「ささえるスポーツ」という言葉は，スポーツの社会への広がりを表している。社会の変化とともに直接的にせよ間接的にせよ，より多くの人たちがスポーツに関わるようになり，スポーツと社会の関係もより密接なものになってきた。新型コロナウイルス感染症の世界的パンデミックによって開催が1年延期され，ほぼ無観客で開催された2020東京オリンピック・パラリンピック大会は，アスリートの活躍のみならずその開催の在り方をめぐっても世界的な関心を集めた。情報技術の発達は，このような国際的なスポーツイベントの様子を様々なメディアを通して世界中にほぼ同時に発信することを可能にし，多くの人々が感動を共有することができるようになった。そして，巨大化する国際的なスポーツイベントはコマーシャルリズムと深い結び付きを持ち，もはやアマチュアとプロとの境界線も失われつつある。オリンピックで各国がメダル獲得数を競う様子は，ナショナリズムの縮図ともいえる。また，日本の戦後復興の一端を担ってきた国民体育大会（現国民スポーツ大会）は，スポーツ施設のみならず様々な生活インフラの整備を各地にもたらした。一方，これまで青少年のスポーツ機会として大きな役割を果たしてきた学校の運動部活動は，教員の労働環境改善の取り組みの一環として新たな取り組みが模索されるようになった。生活習慣や労働環境の変化に伴う生活習慣病やメタボリックシンドロームの罹患率の上昇は人々の健康への意識を高め，中高年者の運動やスポーツ実施を後押ししている。

このように，体育やスポーツが社会に与える影響や社会が体育・スポーツに与える影響を考えると，決して看過できない問題が多く存在している。それらの問題解決の糸口を見いだし，よりよい社会の構築，よりよい体育・スポーツの在り方を考えることにスポーツ社会学研究の意義がある。

Key word

社会化：ある社会的集団の中で，個人がその集団の成員としての役割を学習する過程を指す。人がスポーツ参加する過程を「スポーツへの社会化」，スポーツを通して社会規範などを学習する過程を「スポーツによる社会化」という。

社会調査：社会学の研究手法として最もポピュラーな方法で，「社会的な問題意識に基づいてデータを収集し，収集したデータを使って，社会について考え，その結果を公表する一連の過程」（木下，2019）と定義される。いわゆるアンケート調査によってデータを集め統計データという形で社会的現実を数字で示す量的調査と，インタビュー調査や参与観察，文書や映像資料等の内容分析などの質的調査とに分けられる。

ブックガイド

■ 社会におけるスポーツを理解するために

川西正志・野川春夫編著（2018）『生涯スポーツ実践論―生涯スポーツを学ぶ人たちに―』市村出版

高峰　修ほか編著（2022）『現代社会とスポーツの社会学』杏林書院

コークリー・ドネリー：前田和司ら編訳（2012）『増補 現代スポーツの社会学：課題と共生への道のり』南窓社

Coakley, J.（2020）Sports in society: Issues and controversies. McGraw-Hill Education.

■ 研究手法を理解するために

大谷信介他編著（2013）『新・社会調査へのアプローチ：理論と方法』ミネルヴァ書房

樋口耕一（2020）『社会調査のための計量テキスト分析 第2版：内容分析の継承と発展を目指して』ナカニシヤ出版

引用参考文献

今田高俊（2000）リアリティと格闘する．今田高俊編，社会学研究法：リアリティの捉え方．有斐閣：東京，pp.1-46.

小倉和夫（2022）曲がり角に立つパラリンピック：パラリピックをめぐるパラドックス．https://www.ssf.or.jp/ssf_eyes/spi/23.html（参照日 2022 年 12 月 24 日）．

北村尚浩・水上博司・松田恵示・大勝志津穂・稲葉佳奈子・石坂友司・原　祐一（2022）体育社会学は何を問うてきたのか：その特徴，独自性について．年報体育社会学，3：35-77.

木下栄二（2019）社会調査へようこそ．大谷信介ほか編，新・社会調査へのアプローチ：論理と方法．ミネルヴァ書房：京都，p.7.

ロイター通信（2022）トランスジェンダー選手制限は五輪憲章違反，国際スポーツ医学連盟．https://jp.reuters.com/article/oly-ioc-idJPKBN2OD02I，（参照日 2022 年 12 月 24 日）．

Coakley, J.（2015a）Sports in society: Issues and controversies. McGraw-Hill Education.

Coakley, J.（2015b）The sociology of sport: What is it and why study it?. In: Coakly, J. Sport in society: Issues and Controversies. McGraw-Hill Education, pp. 2-22.

Kenyon, G. S., & McPherson, B. D.（1973）. Becoming involved in physical activity and sport: A process of socialization. Physical activity: Human growth and development, 303-332.

第7章 体育心理学

本章と関連する章　【第2章】【第12章】【第20章】【第21章】

 予習課題

①体育やスポーツをするときに考えていることを挙げてみよう。
②スポーツが上手くなることに対して努力と才能のどちらが重要か考えてみよう。

体育心理学は，学校体育，競技スポーツ，アダプテッド・スポーツ，生涯スポーツ，健康のためのエクササイズなどの諸運動場面における心と身体について理解を深める学問といえる。さらに，これらの諸場面での運動パフォーマンスの発揮や運動の継続に関わる問題にもアプローチする。動機づけ，社会心理，メンタルトレーニング，カウンセリング，運動の制御と学習，健康心理，発育発達など，多くの分野で豊富な研究が行われており，テーマは多岐にわたる。

本章では，体育心理学の一端として，注意や思考などの認知と身体の相互作用を取り上げる。初めに，諸運動場面において注意や思考の認知がどのように運動パフォーマンスや運動の学習に影響するかについて概説する。その後に，姿勢を例に，身体が認知に及ぼす影響について紹介する。これらより，認知と身体の双方向から，アスリートなどの運動実践者，さらには体育教師，コーチ，インストラクターなどの運動支援者が活用可能な知識について学習する。

1. 注　意

(1) 選択的注意と分割的注意

学業やスポーツをはじめ社会生活を送る上で，「集中力」を発揮することや維持することが求められる場面は多く存在する。この「集中力」について，選択的注意と分割的注意から理解を図りたい。先ず選択的注意とは，諸活動時に周辺環境から視覚，聴覚，体性感覚などを通して脳内に入力される膨大な量の感覚情報に対して，一定の情報を選び出し，その事象に注意を向ける処理機能のことを指す。これには意識的な注意と無意識的な注意があり，例えば，バスケットボールにおけるディフェンス時に相手選手の動きに意識的に注意を向けることや，相手選手のフェイントに無意識的に注意が奪われてしまうことなどが挙げられる。

また，私たちが複数の情報を処理する能力には限界があり，注意容量と呼ばれる。注意容量内で複数の事象に注意を配分しながら運動は行われ，この機能を分割的注意と呼ぶ。例えば，サッカーのドリブル時には，相手選手の動き，自己のドリブル動作，ボールなどの複数の事象に対して，同時に注意を向けることが挙げられる。運動スキルを学ぶ初期には注意容量内で運動に対して多くの注意の配分を要するが，スキルレベルが上がるにつれて運動に要する注意は減少していく。以上をまとめると，「集中力」とは選択的注意と分割的注意を適切に利用し，さらにはその利用時間を持続させることを意味する。

(2) 内的焦点と外的焦点

運動時の選択的注意は，内的焦点（internal focus）と外的焦点（external focus）に分けられる。内的焦点とはフォームなどのように身体の内部に選択的注意を向けることを指し，外的焦

点とは用具やターゲットなどのように身体の外部に選択的注意を向けることを指す。例えば，野球の投球時に，腕の振り方や体重移動に注意を向けることが内的焦点であり，投じるボールの軌道やキャッチャーのミットに注意を向けることが外的焦点である。また，ジョギングなどの長い時間の運動において，内的焦点に注意を向けることはアソシエーション方略（association strategy）と呼ばれ，内的焦点から注意を逸らすことはディソシエーション方略（dissociation strategy）と呼ばれる。

運動実践者は内的焦点と外的焦点の双方に注意を向けながら運動を行うが，様々な運動スキルにおいて内的焦点よりも外的焦点を利用するほうが高いパフォーマンスを発揮できることが多くの研究によって明らかになっている。しかしながら，運動課題に対する初心者は内的焦点のほうが学習を促進し（Perkins-Ceccato et al., 2003），遠投のような粗大運動の学習には体幹の動作への内的焦点が有効である（大木・國部, 2021）。熟練者においても内的焦点を有効に利用している（Toner and Moran, 2014）など，運動パフォーマンスに対する内的焦点の効果を報告する研究もある。したがって，内的焦点と外的焦点の双方の長所を活用することで，運動の学習やパフォーマンスの発揮がより促進すると考えられる。

(3) ストレス下での注意と運動パフォーマンス

スポーツの試合場面においてプレッシャーを感じるときのように，私たちは心理的なストレス下において運動を実施し，その中でも目標とするパフォーマンスを発揮することが求められる。適度なストレスによってパフォーマンスが促進し，過度なストレスによってパフォーマンスが低下することは逆U字理論と呼ばれるが，ストレスに伴うパフォーマンスの促進や低下には注意も関与する。図7-1Aには，非ストレス下で運動を行うときの注意容量内での分割的注意の利用例を示した。限りある容量内の一部の注意が運動に対して利用されているが，図7-1のB～Dに示したようにストレス下では3つのタイプの注意の変化が生じることでパフォーマンスが影響を受ける。

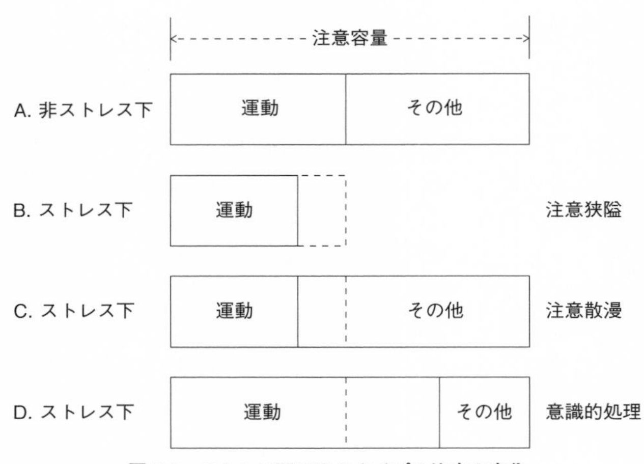

図7-1 ストレス下での3タイプの注意の変化

図7-1Bは，ストレス下では注意容量が小さくなり，それによって運動に配分する注意が不足することを表している。「頭が真っ白になった」や「パニックになった」といった状態がこれに該当し，注意狭隘（きょうあい）と呼ばれる。図7-1Cは，ストレス下で運動以外の他の事象に多くの注意を向けることで，運動に配分する注意が不足することを表している。観衆が多い中でプレーをするときに観衆に注意が向くことや，指導者の評価が気になってプレーに適切に注意を向けられ

ないなどが例であり，注意散漫と呼ばれる。注意狭隘と注意散漫のどちらにおいても，運動に対する注意が不足することでパフォーマンスの低下が生じる。注意狭隘や注意散漫が生じても，運動に対する注意が不足しなければパフォーマンスは維持されることや，向上する場合もある。

注意狭隘と注意散漫では運動に対する注意が不足することを問題としているが，図7-1Dでは運動に対する注意が増えることを問題としている。上述した内的焦点の度合いや，注意を向ける内的焦点の数がストレス下では増えることを表している。例えば，テニスのサーブにおいてトスの上げ方や腕の振り方をストレス下では非ストレス下よりも考えるように，ストレス下ではフォームのことを考えすぎることが生じ，意識的処理や分析麻痺と呼ばれる。運動のスキルを学習する際には，繰り返し練習を行うことで無意識的にその運動を遂行することができる自動化に至る。しかしながら，ストレス下での意識的処理によって自動化された運動の脱自動化が生じることでパフォーマンスの低下に繋がると考えられている。

2. 思　考

(1) 皮肉過程

例えばバスケットボールのフリースローにおいては，リングの中にボールを入れることを目標にプレーする。このように運動時に，望ましい結果に対して思考することを実行処理という。一方で，リング外に外してはいけないといったように，望ましくない結果に対して思考することもあり，監視処理という。運動時には実行処理と監視処理の両方の思考が生じる。「～してはいけない」という監視処理の思考が強くなると，「～してはいけない」と考えているにもかかわらず「してはいけない」行動やエラーが生じてしまう。「してはいけない」という思考に反して，皮肉にもそのことを「してしまう」ことから皮肉過程と呼ばれる。

ストレス下では，上述した注意狭隘，注意散漫，意識的処理による運動のエラーとともに，皮肉過程による運動のエラーも生じやすくなる。その一例として，野球の投球において，ストレス下では投げてはいけないコースに投げてしまうことを実証した実験（Gray et al., 2017）を紹介する。図7-2に示したようにこの実験では，大学生の野球投手12名に対して，ストライクゾーンの4分の1（黒色のエリア）は打者が打つことを苦手とするコースであり，別の4分の1（グレーのエリア）は打者が打つことを得意とするコースであることを伝えた。そのなかで，非ストレス下とストレス下（他者評価があり，結果次第で賞金が獲得できる）において各投手につき30球（計60球）の投球を実施させた。つまり投手にとっては，黒色のエリアにボールを投げることが望ましい結果であるが，グレーのエリアに投げてはいけないという監視処理も働

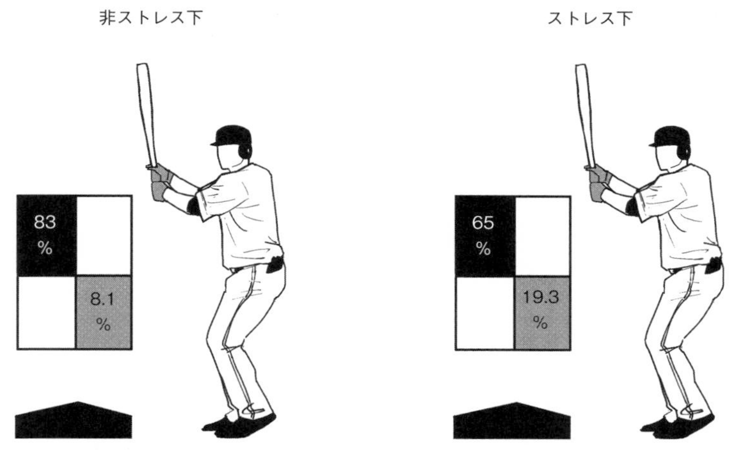

図7-2　野球の投球におけるストレス下での皮肉なエラー（Gray et al., 2017を参考に作成）

くなかで投球を行うこととなる。そして，非ストレス下では83%の割合で黒色のエリアにボールを投じることができていたが，ストレス下では黒色のエリアにボールを投じる割合が65%に減少した。その反面，投げてはいけないグレーのエリアに投じた割合は，非ストレス下では約8%であったが，ストレス下では約19%に増加した。

(2) ステレオタイプ

私たちの思考は，先入観や印象などの認知バイアスの影響も受ける。種々の認知バイアスの中から，学業や運動のパフォーマンスに影響するものとしてステレオタイプを紹介する。ステレオタイプとは，ある集団に対して一般化した印象をもつことを指す。例えば，男性と女性の数学力を比較するときに，男性の数学力が高い印象をもつ人が多い。様々なステレオタイプは合っている場合もあるが，しばしば一般化しすぎて誤っている場合も多い。そして，自らの所属する集団に対するネガティブなステレオタイプを意識することでパフォーマンスが低下する現象はステレオタイプ脅威と呼ばれる。

運動パフォーマンスにおけるステレオタイプ脅威として，性別や人種に関する実験がいくつか行われている。性別に関して，男性を対象とした実験では，その実験で用いている運動課題について，男性は女性よりもその課題のパフォーマンスが劣っていることを事前に告げられたグループは，そのことが告げられないグループよりもパフォーマンスが低くなった（Beilock et al., 2006）。逆も然りで，女性を対象とした実験でも，女性は男性よりもパフォーマンスが劣っていることを事前に告げることで同様の結果が得られている（Chalabaev et al., 2008）。人種に関しては，黒人は「身体能力」に優れ，白人は「知性」に優れるというステレオタイプを有する傾向があるため，ある運動のテストを行うときに，身体能力を測定するためのテストであることを告げられると白人の運動の成績が低くなり，スポーツの知性を測定するためのテストであることを告げられると黒人の運動の成績が低くなった（Stone et al., 1999）。

スポーツではネガティブな先入観や印象をもちながらプレーすることが多々ある。例えば，ある試合会場で過去に負けた経験があることからその後もその会場で試合をするときにはよくない結果を考えてしまうことや，過去に一度負けた対戦相手に対して過剰に苦手意識をもつことなどが挙げられる。数少ない経験から過度な一般化をしていることを意味し，このようなネガティブな先入観や印象がステレオタイプ脅威としてパフォーマンスの弊害となる。アスリートはネガティブな先入観や印象をもたないような思考でスポーツに取り組み，コーチもそのような思考法をアスリートに身に付けさせることが求められる。

(3) 努力か？　才能か？

マインドセット（mindset）とは，人の思考の習慣を意味する。学業やスポーツの学習観や能力観に対して，2種類のマインドセットが存在する。1つ目は増加理論（incremental theory）と呼ばれ，能力は努力次第で伸ばすことが可能であるという考え方である。2つ目は実体理論（entity theory）と呼ばれ，能力は生まれながらに固定的であり，変えることが難しいという考え方である。学業やスポーツの能力を「努力か？　才能か？」と2択で考えるときに，前者は「努力」やそれに伴う「成長」を重んじ，後者は「才能」を重んじる思考の習慣といえる。以降では，前者を成長マインドセット，後者を固定マインドセットと呼称する。

成長マインドセットの場合，負のパフォーマンスが生じても努力次第で改善できるという思考があるため，時間をかけて粘り強く課題の改善に取り組む。さらに，結果よりも困難に打ち克ちながら成長する過程に意義を見出し，学習を促進させる。学業やスポーツのみならず，成長マインドセットは対人関係やビジネスなどの日常及び社会生活においても役立つ。

一方で，固定マインドセットの場合，学業やスポーツでの競争において自己の才能を他者に誇示することに注力し，他者評価を過剰に気にする傾向にある。そして，結果を重視する傾向にあるため，低成績，敗戦，ミスなどの負のパフォーマンスに対して強い落ち込みを示し，後の課題克服への努力や次なる挑戦を回避しやすい。できる課題に対しては取り組むが，難しい課題の学習は避けるようになり，学習を停滞させる。

また，コーチがアスリート（教師が生徒，親が子ども）を教育・指導・評価する際にも，固定マインドセットの弊害と成長マインドセットの利点に注意を払わなければならない。コーチがアスリートの能力に対して成長マインドセットよりも固定マインドセットを重視する場合，アスリートの学習や成長を阻害してしまうことになる。さらに，成功に対して誉めるときや，結果に対するフィードバックを与えるときに，能力の高さについての言葉がけをするとアスリートの固定マインドセットを助長し，努力やそれに伴う成長についての言葉がけをすると成長マインドセットを促進させることに繋がる（ドゥエック，2016）。

■ 3. 身体性認知

以上では，注意と思考の認知が運動のパフォーマンスや学習にどのように影響するかについて学んだ。一方で，認知や感情といった私たちの心理面は身体や運動の影響も受け，スポーツをした後の爽快感はまさにこれに該当する。身体の状態に応じて認知が影響を受けることは身体性認知（embodied cognition）と呼ばれる。体育，スポーツ，エクササイズなどの諸運動場面における心身の機能について，身体性認知の側面からも理解を図りたい。

例えば，ポジティブ及びネガティブな思考は，身体の姿勢に影響される。図 7-3 の左は背筋を伸ばした姿勢で椅子に座り，右はうなだれた姿勢で椅子に座っている。このときに眼前のディスプレイ上にポジティブな意味の単語（例えば楽しいなど）とネガティブな意味の単語（例えば落ち込みなど）の両方を呈示すると，背筋を伸ばした姿勢ではポジティブとネガティブの両方の単語を記憶できる反面，うなだれた姿勢ではネガティブな単語の記憶が多くなる（Michalak et al., 2014）。背筋を伸ばした姿勢のように身体を広げた力のあるポーズはハイパワーポーズといい，ポジティブな思考，感情，行動に繋がり，スポーツのパフォーマンスに対しても正の効果がある。一方で，うなだれた姿勢のように小さく縮こまった力のないポーズはローパワーポーズといい，ネガティブな思考，感情，行動に繋がり，ストレスも感じやすくなる（カディ，2016）。ポーズだけではなく，笑顔のようにポジティブな表情もポジティブな思考や感情を生む（Strack et al., 1988）。

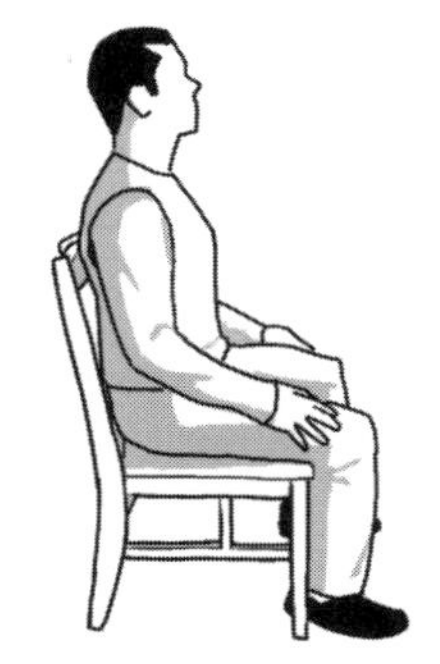
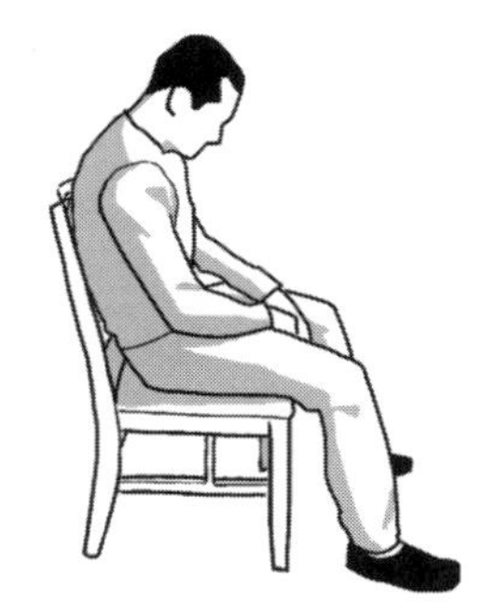

図 7-3　背筋を伸ばした姿勢（左）とうなだれた姿勢（右）（カディ，2016 を参考に作成）

■ 4. おわりに

本章では，運動実践者や運動支援者が活用可能な体育心理学の知識として，認知や感情の心理面と身体やパフォーマンスの行動面の相互作用について解説した。心理学では古くから認知や感情の心理面と身体の行動面との関係について，どちらが先立つかの議論がなされてきた。例えば，恐怖の感情と逃げる行動が生じる際に「怖いから逃げる」か，「逃げるから怖い」かや，悲しみの感情と泣く行動が生じる際に「悲しいから泣く」か，「泣くから悲しい」かが挙げられる。「怖いから逃げる」や「悲しいから泣く」のように心理面が先立つ方はキャノン－バード説と呼ばれ，「逃げるから怖い」や「泣くから悲しい」のように行動面が先立つ方はジェームズ－ランゲ説と呼ばれる。アスリートが心理面の強化を図るメンタルトレーニングにおいても心理面に対するアプローチと，行動面に対するアプローチの双方があるように，心身の相互作用を考慮しながら，本章で学習した内容を諸運動場面における心身の充実やパフォーマンス発揮，さらにはそのための支援に役立てていただきたい。

Key word

心理学：心的プロセス（思考や感情などの内的で主観的な体験）と行動の科学（マイヤーズ，2015）。

認知：考える，知る，覚える，コミュニケーションすることに関連する心的プロセスを指す（マイヤーズ，2015）。

ブックガイド

■ マインドセットをより深く理解するために

ドゥエック：今西康子訳（2016）『マインドセット「やればできる！」の研究』草思社

■ パワーポーズをより深く理解するために

カディ：石垣賀子訳（2016）『〈パワーポーズ〉が最高の自分を創る』早川書房

引用参考文献

大木雄太・國部雅大（2021）注意の焦点づけが遠投運動の学習に与える影響．スポーツ心理学研究，48：37-49.

カディ：石垣賀子訳（2016）〈パワーポーズ〉が最高の自分を創る．早川書房：東京．

ドゥエック：今西康子訳（2016）マインドセット「やればできる！」の研究．草思社：東京．

マイヤーズ：村上郁也訳（2015）マイヤーズ心理学．西村書店：東京．

Beilock, S. L., Jellison, W. A., Rydell, R. J., McConnell, A. R., and Carr, T. H.（2006）On the causal mechanisms of stereotype threat: Can skills that don't rely heavily on working memory still be threatened? Personality and Social Psychology Bulletin, 32: 1059-1071.

Chalabaev, A., Sarrazin, P., Stone, J., and Cury, F.（2008）Do achievement goals mediate stereotype threat?: An investigation on females' soccer performance. Journal of Sport and Exercise Psychology, 30: 143-158.

Gray, R., Orn, A., and Woodman, T.（2017）Ironic and reinvestment effects in baseball pitching: How information about an opponent can influence performance under pressure. Journal of Sport and Exercise Psychology, 39: 3-12.

Michalak, J., Mischnat, J., and Teismann, T.（2014）Sitting posture makes a difference-embodiment effects on depressive memory bias. Clinical Psychology and Psychotherapy, 21: 519-524.

Perkins-Ceccato, N., Passmore, S. R., and Lee, T. D.（2003）Effects of focus of attention depend on golfers' skill. Journal of Sports Sciences, 21: 593-600.

Stone, J., Lynch, C. I., Sjomeling, M., and Darley, J. M.（1999）Stereotype threat effects on black and white athletic performance. Journal of Personality and Social Psychology, 77: 1213-1227.

Strack, F., Martin, L. L., and Stepper, S.（1988）Inhibiting and facilitating conditions of the human smile: A nonobtrusive test of the facial feedback hypothesis. Journal of Personality and Social Psychology, 54: 768-777.

Toner, J. and Moran, A.（2014）In praise of conscious awareness: A new framework for the investigating of "continuous improvement" in expert athletes. Frontiers in Psychology, 5: 769.

第8章 運動生理学

本章と関連する章 【第3章】【第9章】【第11章】【第12章】【第18章】【第20章】

予習課題

①ヒトはなぜ運動を行うことができ，継続できるのか考えてみよう。
②ヒトはなぜ汗をかいたり，震えるのか考えてみよう。

1. 運動生理学という学問の考え方

運動生理学とは，文字通りヒトが（身体）運動するときの運動に対する生体の急性的，および慢性的な応答の仕組み（メカニズム等）を明らかにしようとする学問である。その歴史は古く1920年代にヒル博士により，最大酸素摂取量と酸素負債の概念が導入された。さらにヒル博士らのグループは，筋エネルギー代謝に関連する独立した研究により，1922年にノーベル賞を受賞した。運動によって起こる反応を理解することは，病気の進行を遅らせたり，病気から回復させるメカニズムを明らかにできる可能性や，国民の体力・健康作りやアスリートの競技力向上に役立つ可能性をもつ。このため運動生理学研究は，様々な大学や研究・医療機関で精力的に行われ，体育・スポーツ・健康という研究分野における中核をなしている。

同時に運動に対する身体の応答は，単一の器官の仕組み（例：骨格筋，心臓，血管）が複雑に絡み合っているため，運動生理学を初めて学ぶ人が統合的に理解することは，やや難解であるかもしれない。したがって本章では，いくつかのテーマに区分して，運動生理学の基礎を概説していく。また，「運動生理学」という観点から，各器官の詳細な構造等は解剖学の分野に委ね，本章では運動に対する応答の仕組みを中心に概説する。

2. 筋肉の種類と運動時の動員

人間の筋肉を大きく分けると自分の意志で動かせる筋肉と自分の意志で動かせない筋肉に大別される。前者の筋肉を骨格筋といい，後者の筋肉として内臓をつくる平滑筋や心臓をつくる心筋がある。身体運動において，骨格筋はスポーツ活動だけでなく，日常生活動作を継続するのに必要不可欠である。ヒトの身体には約400個の骨格筋があり，多様な動作や運動の際には，複数の骨格筋が協調的に働いて身体動作をスムースにしている。骨格筋は筋線維（Muscle fiber）と呼ばれる細長い細胞で構成されており，その収縮特性から遅筋（Slow-twitch fiber，またはTypeⅠ）線維と速筋（Fast-twitch fiber，またはTypeⅡ）線維の2種類に分けられる。速筋線維はさらに，TypeⅡaとTypeⅡb線維というサブタイプに区分される。筋線維タイプの割合は，遺伝的な要因に加え，トレーニング効果（競技種目）の特性も反映される。したがって，例えばスプリンターとマラソンランナーでは，その筋線維の割合は，まったく異なる可能性が高い。これら3種類の筋線維タイプの特徴を表8-1に示す。

筋肉が動くとき，その動作に必要なすべての筋肉が働いている（動員）されているわけではない。例えば，筋肉が発揮できる力が100あるとし，ある運動に必要な力が10であった場合，その筋肉にとっては10分の1しか筋力を出さなくていいことになる。この時，筋肉ではまず「サイズの小さな運動単位」が多い遅筋線維が主に動員され，負荷が徐々に増していくにつれ，

「サイズの大きな運動単位」が多い速筋線維が動員されていく。これを「サイズの原理」といい，筋肉がより合理的に活動できるためになくてはならない仕組みである（図8-1）。

表8-1　筋線維タイプの違いによる特性

	遅筋（Type Ⅰ）	速（中間）筋（Type Ⅱa）	速筋（Type Ⅱb）
収縮速度	遅い	速い	速い
発揮張力	低い	中間	高い
肥大しやすさ	低い	中間	高い
疲労耐性	高い	中間	低い
参加酵素活性	高い	中間	低い
ミオグロビン含有量	高い	中間	低い
ミトコンドリア密度	高い	中間	低い
中性脂肪	高い	中間	低い
グリコーゲン貯蔵	低い	中間	高い
解糖系酵素活性	低い	高い	高い
ATP アーゼ活性	低い	中間	高い

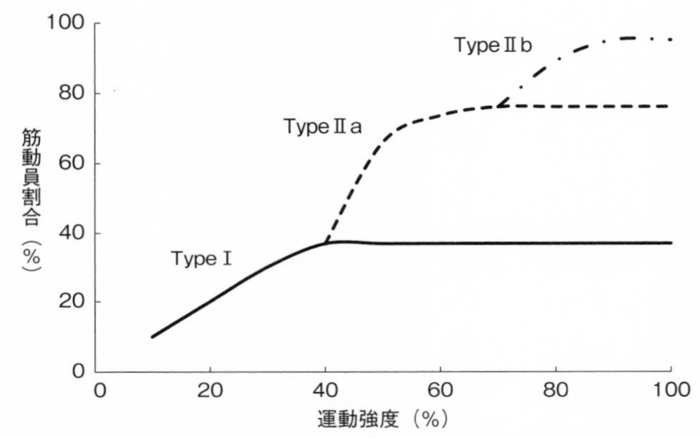

図8-1　運動強度に対する筋線維タイプの動員割合（Sale, 1987 をもとに作成）

3. 運動時のエネルギー供給機構

身体運動に必要な骨格筋の収縮に必要な唯一のエネルギー源は，アデノシン三リン酸（Adenosine Triphosphate; ATP）というアデノシン分子に無機リン（inorganic phosphate; P_i）が3分子結合している化学物質である。骨格筋が動く場合，ATP は加水分解（反応物に水が反応し，生成物が得られる反応）により，アデノシン二リン酸（Adenosine Diphosphate; ADP）と P_i に分解され，その際に発生するエネルギーが筋収縮のエネルギー源となる。しかし，ヒトの体内にはそもそも ATP はごく少量しか存在しないため，ATP → ADP+P_i の反応だけでは，数秒間しか筋収縮は持続しない。したがって，運動を継続するためには ATP を再合成する必要がある。この ATP 再合成のためのエネルギー供給機構は，大きく分けて ATP-PC_r 系，解糖（乳酸）系，および有酸素（酸化）系の3種類ある。ここで，解糖系と有酸素系では，主に糖質（グルコース・グリコーゲン），そして脂質をエネルギー源とするが，高強度運動など酸素が不足しているような状況では，グルコース〜ピルビン酸から，乳酸が生成される。一方，運動強度が相対的に低く，酸素を十分に利用できる場合は，ピルビン酸からミトコンドリア内のアセチル CoA を経て，TCA 回路〜電子伝達系で，より多くの ATP を効率的に産生できる（表8-2）。実際のスポーツ場面では，これら3つの系が，完全に独立して機能することはほとんどなく，スポーツ種目の特性（例：短距離走とマラソン）や，競技の場面（例：マラソンレース中の一定ペースでの走行からラストスパートへの移行）により各エネルギー供給系の貢献度は変化する。

表 8-2　エネルギー供給機構の種類

	エネルギー源	酸素	ATP生成速度	ATP生成量	適した運動種目
ATP-PC_r 系	PC_r （クレアチンリン酸）	不要	非常に速い	ごく少量 （数秒間で枯渇）	スプリント ジャンプ パワー系の種目
解糖（乳酸）系	グルコース （グリコーゲン）	不要	速い	少量 （2～3分間で枯渇）	30秒～3分程度の種目
有酸素（酸化）系	グルコース （グリコーゲン） 脂質	必要	比較的遅い	無制限 （理論上は）	3分以上の長距離種目

4. 運動と呼吸

人類の身の回りにある空気のうち，酸素は約21％含まれる。ヒトは呼吸することで，必要な酸素（O_2）を取り入れ，代謝産物である二酸化炭素（CO_2）を排出する。運動を開始すると，その運動を遂行するために必要な酸素量（酸素需要量）が増加し，エネルギーを作ることが必要になる。このため，肺に出入りする空気の量（毎分換気量，Pulmonary ventilation; $\dot{V}_E$）は増加する。ここで，$\dot{V}$ の V は量（volume）を意味し，上部にある「・（ドット）」は単位時間あたりを意味し，運動生理学の分野ではよく用いられる。軽い負荷から徐々に運動強度を高めていくと，$\dot{V}_E$ はほぼ直線的に増加していくが，2つのポイントでその増加の傾きは急峻になることが知られている。第一の変曲点は，換気性作業閾値（Ventilatory threshold; VT）と呼び，有酸素性エネルギー供給機構だけでは運動を持続することができず，解糖系などの無酸素性エネルギー供給機構の貢献が大きくなる時点と考えられている。さらに運動強度が増加すると，第二の変曲点，呼吸性代償閾値（Respiratory compensation point; RCP）を迎える。この時点は，生体のアシドーシス（血液の pH が酸性側にシフトしている状態）を CO_2 の過剰排出により呼吸性に代償しようとする開始点で，負荷強度が生理学的に最大に近いレベルに達したことを示す指標である。運動強度増大に伴うこのような換気量の応答は，実は非常に複雑である。呼吸中枢は脳幹にあり，ここで呼吸の速さや深さが調節されている。呼吸中枢への入力は，大脳，視床下部，小脳などの上位中枢からの入力と，骨格・呼吸筋，関節，肺，血管などにある受容器からの入力に大別される。呼吸により肺に取り込まれた空気は，肺拡散により血液中に酸素が取り込まれ，各組織（例：運動時の骨格筋等）へ運搬されエネルギーを生成する（図 8-2）。1分間あたりに体内で摂取（消費）される酸素の量を酸素摂取量（oxygen uptake per minute; $\dot{V}O_2$, L/min）という。酸素摂取量は，フィックの法則と呼ばれる物質の拡散法則に基づき以下の式で決定される。

酸素摂取量（$\dot{V}O_2$）＝心拍出量（Cardiac output）×動静脈酸素較差（a-vO_2 difference）

ここで心拍出量は，心臓から送り出される血液量のことをいい，一回拍出量（stroke volume; SV）という心臓が一回に送り出す血液量と心拍数（Heart rate; HR）の積で計算される。動静脈酸素較差は，動脈（artery）と静脈（vein）に含まれる酸素濃度の差で計算される。したがって上記の式は，$\dot{V}O_2 = SV \times HR \times a\text{-}vO_2\ difference$ に変換できる。

運動時における $\dot{V}O_2$ は，酸素需要量を満たすために増加する。仮に軽い負荷から徐々に運動強度を高めていくと，$\dot{V}O_2$ もそれに伴いほぼ直線的に増加していく。$\dot{V}_E$ の応答と異なる点は，$\dot{V}O_2$ の応答は運動終盤まで直線的に増加していき，その後，さらに運動強度を増大させても $\dot{V}O_2$ がほとんど増加しなくなるレベリングオフという現象が見られることである。このレ

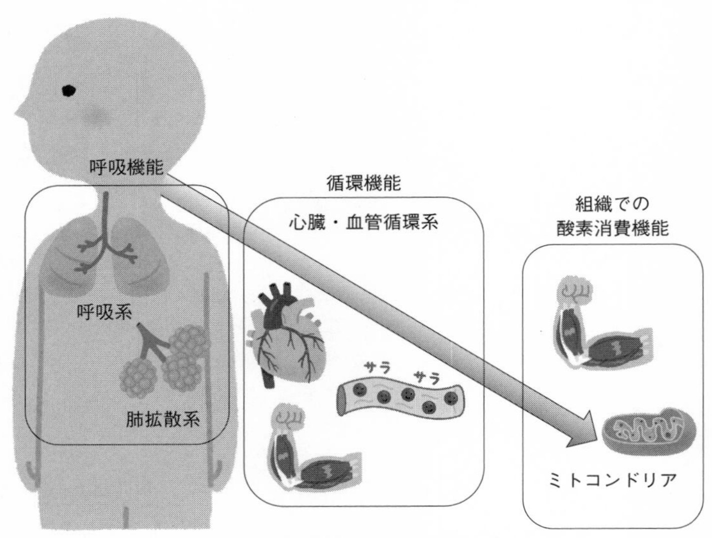

図 8-2　呼吸～循環～代謝のカスケード

ベリングオフ時の最大値を最大酸素摂取量（$\dot{V}O_{2max}$）と呼ぶ。測定機器のシステム上，最大酸素摂取量は絶対値（L/ 分）で表されるが，一般に体重・筋量が多い人ほど高い値を示すので，個人間比較を行うためには体重で除した値（ml/kg/ 分）で表すことが多い。$\dot{V}O_{2max}$ は，一般にもっともよく用いられている全身持久力の指標として，国内外問わず広範に用いられてきている。$\dot{V}O_{2max}$ はトレーニング効果も含めて，個人差が大きく一般健常成人男性（18 ～ 39 歳）で約 39ml/kg/ 分，同女性で約 33ml/kg/ 分程度である。この値は男女を問わず加齢とともにほぼ直線的に低下し，60 歳代では約 20%低下する。一方，世界トップレベルの持久性アスリートの $\dot{V}O_{2max}$ は，70 ～ 80ml/kg/ 分と健常成人の 2 倍以上の値を示すこともある。

■ 5. 運動と代謝・緩衝能

三つのエネルギー供給機構のうち，ATP-PCr 系を除くとエネルギー源となるのは，三大栄養素である糖質，脂質，タンパク質である。このうち，タンパク質が利用されるのは，絶食や飢餓状態などの場合であるため，一般に運動時のエネルギー源としては考慮しない。糖質や脂質が酸素を利用して燃焼してエネルギーを産生する際に，どちらの栄養素がどの程度の比率で燃焼されたかは，呼吸商（respiratory quotient; RQ）と呼ばれる栄養素が分解されてエネルギーに変換するまでの酸素消費量に対する二酸化炭素排出量の体積比から推測できる。しかし，生体内での燃焼比率の実測は困難であるため，肺呼吸における $\dot{V}O_2$ と $\dot{V}CO_2$ の比率（$\dot{V}CO_2/\dot{V}O_2$）である呼吸交換比（respiratory exchange ratio; RER）を用いることが実用的である。一般に成人の安静時 $\dot{V}O_2$ は約 250ml/ 分であり，$\dot{V}CO_2$ は約 200ml/ 分であるため，RER（≒ RQ）は $200/250=0.8$ となる。仮に脂質のみ，あるいは糖質のみが 100%燃焼すると，RER（≒ RQ）は以下の式から，それぞれ 0.7，および 1.0 と算出される。

脂質（パルミチン酸）：$C_{16}H_{32}O_2+\underline{\mathbf{23O_2}} \rightarrow \underline{\mathbf{16CO_2}}+16H_2O \rightarrow 16CO_2/23O_2=0.7$（∵ $16CO_2/23O_2$）

糖質（グルコース）：$C_6H_{12}O_6+\underline{\mathbf{6O_2}}+6H_2O \rightarrow \underline{\mathbf{6CO_2}}+12H_2O \rightarrow 6CO_2/6O_2=1.0$（∵ $6CO_2/6O_2$）

しかし，これまで述べてきたように高強度運動時では，糖質はピルビン酸を経て，乳酸（$2C_3H_6O_3$）に変換される。ここで乳酸から解離（ある分子がその成分から分解して離れること）した水素イオン（H^+）が，生体内の pH を通常の 7.3 ～ 7.4 から酸性方向に低下させるため，生体は重炭酸イオン（HCO_3^-）による緩衝系により，pH を正常レベルに戻そうとする。すなわち，$H^+ + HCO_3^- \rightarrow H_2O + \underline{CO_2}$ という重炭酸系の緩衝式が成立し，CO_2 が呼気として過剰に排出される（$\dot{V}CO_2$ の増加）。その結果，RER は 1.0 を超えることになる。

6. 運動と循環

生涯休むことなく動き続ける心臓の唯一無二の役割は，体中の血管網に血液を循環させ，栄養素，酸素，ホルモン，熱，免疫関連物質などを絶え間なく，かつ身体の状況に応じて運搬することである。血液の循環は，心臓を起点として「体循環（大循環）」と呼ばれる左心室から右心房までの血液の循環路と「肺循環（小循環）」と呼ばれる右心室から左心房までの血液の循環路の2つに大別される。「体循環」は内呼吸と呼ばれる全身の細胞に酸素を渡し，二酸化炭素を受け取る役割を果たす。「肺循環」は外呼吸という主に肺での VO_2-VCO_2 交換を行う。肺循環については運動と呼吸の項でも述べてきたので，以降は主に「体循環」について解説していく。

心臓は握りこぶし大程度の大きさであり，筋肉（心筋）でできている。心臓の内部は，2房（左・右心房）と2室（左・右心室）の4つに分かれており，心房と心室の間，および心室と動脈の間には弁が備わっており，血液の逆流を防いでいる。前述のように*心拍出量＝一回拍出量×心拍数*で決定される。成人男性における安静時の一回拍出量は約 60 ～ 80mL，心拍数は 60 ～ 80 拍／分であり，結果として心拍出量は約 4 ～ 6L 程度になり，最大運動時には約 4 倍程度（～ 20L）にまで増加する。心拍数は運動強度の増大ともに，ほぼ直線的に増加し，その最大値を規定している要因は年齢である。すなわち*最大心拍数＝ 220 －年齢*，または *208 －年齢× 0.7* の式で計算される。このことは，運動時の最大心拍数は，性別や運動能力に依存しないことを意味する。一方，一回拍出量は運動（有酸素）開始後，その強度が中強度（$\dot{V}O_{2max}$ の約 40 ～ 60%）くらいまでは増加するが，その後，横ばい状態か中強度運動時の値よりやや低い値を示す（図 8-3A）。一回拍出量は心筋の収縮力と拡張能に大きく依存するため，持久性競技者のそれは，安静時，運動時とも一般人より高くなり，結果として心拍出量も高い値を示す。同時に，持久性競技者の高い一回拍出量は，同一の運動強度に対して低い心拍数で必要な血液量を循環させることができることを意味し，結果としてより高強度（長時間）運動できる要因の一つでもある。

運動時に心拍出量が増加することは，血流の増加を意味し，これは血管内壁に圧力をかけることになる。この血管内の血液の有する圧力を血圧（一般には動脈）と呼び，心臓が最大に収縮した時と最大に拡張した時の血圧を，それぞれ収縮期血圧（最高血圧），拡張期血圧（最低血圧）と呼んでいる。血圧は以下の式で決定されている。

血圧＝心拍出量（一回拍出量×心拍数）×総末梢血管抵抗

運動時の血圧応答は，運動の形式により異なる。例えば有酸素性運動を開始すると，心拍出量が増加し，収縮期血圧が増加する一方，活動筋などでは酸素を取り込むため血管拡張能が増し，末梢血管抵抗は低下するため，拡張期血圧は安静時からほぼ不変である（図 8-3B）。これに対してレジスタンス運動では，収縮期・拡張期血圧とも，発揮筋力の増大とともに上昇する（図 8-3C）。トレーニングの継続により，循環器系の能力は変化する。心臓においては，左心室内腔の拡大と心筋の肥厚が顕著に見られる。マラソンランナーなどは，左心室内腔の拡大が顕著であり，この結果，左心室の伸展性が増した結果，一回拍出量の増大をもたらし，持久性スポーツに適応したトレーニング効果が認められる。一方，ウェイトリフターなどのパワー系競技者の心臓は，運動時の高血圧に耐えるため心筋が顕著に肥大するといった適応が認められる。さらに，持久的トレーニグの継続は，動脈血管の伸展性の向上や，末梢の毛細血管網の発達も認められる。このような血管の変化も，身体運動，特に持久性スポーツにおいては，効率的に多くの酸素を細胞に送り込むための効率的なトレーニング効果といえる。

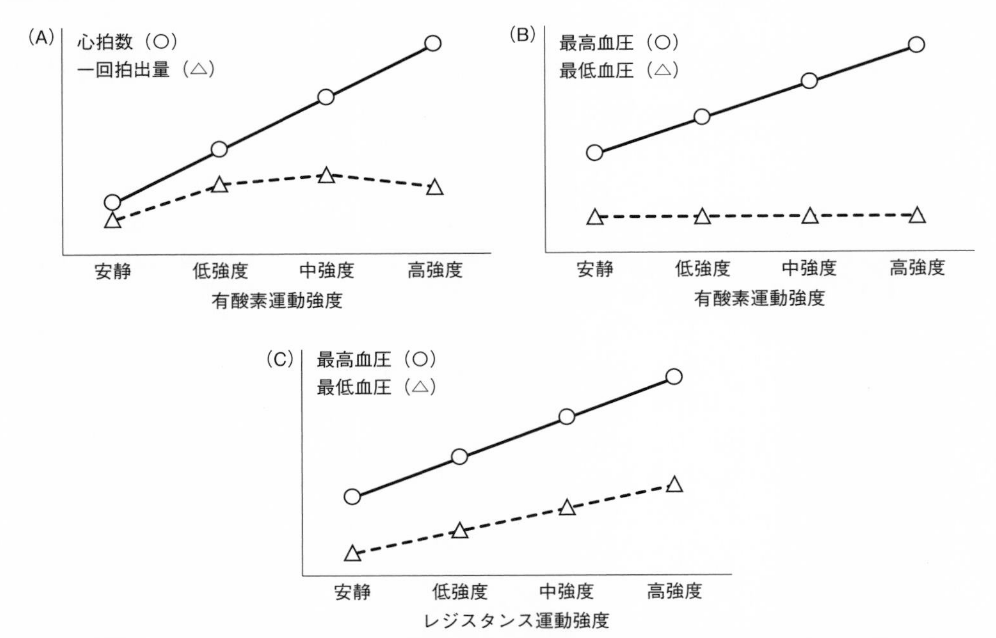

図 8-3 運動時における心拍数および一回拍出量の応答（A），有酸素運動時における最高（収縮期）・最低（拡張期）血圧の応答（B），およびレジスタンス（抵抗性）運動時における最高（収縮期）・最低（拡張期）血圧の応答（C）

7. 運動と体温調節

ヒトの身体は，外部環境の変化に対して内部環境を一定に保つために血液の再配分等を行うシステムが備わっている。外部環境の変化には暑熱・寒冷といった気温，湿度，酸素分圧の低下（例：高所登山）などあるが，環境変化に対する身体適応で最も重要な機能の一つに体温調節がある。一般にヒトの体温（核心温）はおおよそ37℃である。この中でも，生命維持の根幹

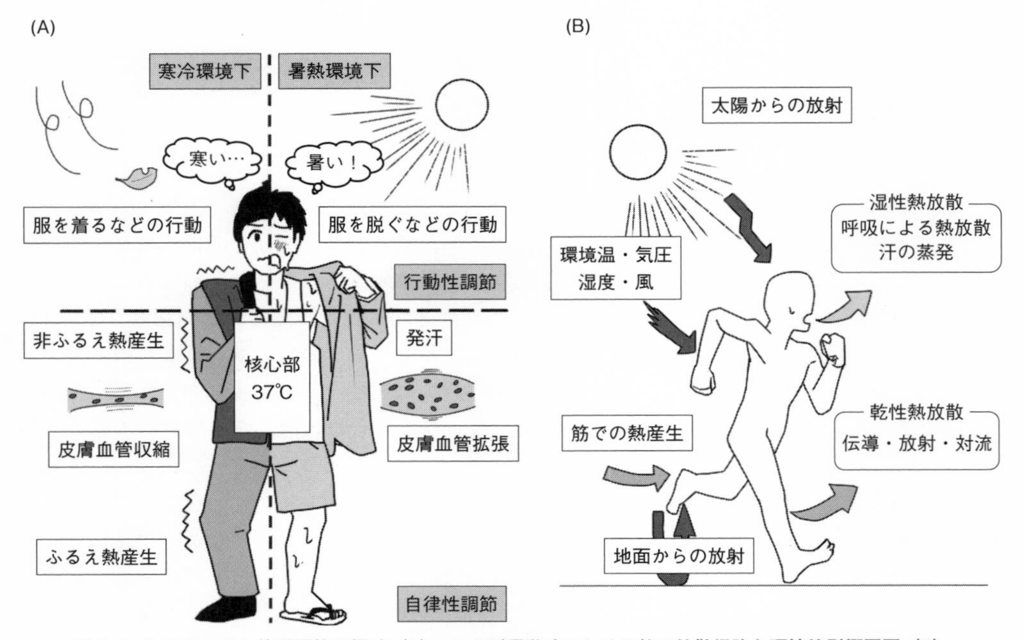

図 8-4 ヒトにおける体温調節の概略（A），および運動時における熱の放散経路と環境的影響要因（B）

に関わる頭部（脳）と体幹（心臓）の体温は，環境温の影響を受けにくく，一定に保たれている。ヒトは核心温を保つために，自らの感覚に従って服を脱ぎ着するような行動性調節と，血管拡張・収縮，発汗・ふるえといった自律性調節を行う。後者は，ヒトにとって非常に重要な生理的反応であり，熱の産生と放散を調節して，体温を調節している。運動時の調節反応の代表的な例としては，皮膚血管調節が挙げられる。例えば，暑熱環境下では，皮膚血管を拡張させ，発汗により核心温を一定に保とうとする（図8-4A）。これら生体の応答に加え，屋外での運動時では，太陽や地面からの放射や物質間の温度差により生じる対流や伝導といった要因も体温調節に影響を及ぼすため，その調節能はより複雑になる（図8-4B）。

Key word

TCA回路：エネルギー供給の過程で，有酸素系にATPを生成する過程で最も重要な生化学反応回路であり，酸素呼吸を行う生物全般に見られる。糖質や脂質をエネルギー源として，解糖や脂肪酸の酸化によって生成するアセチルCoAがこの回路に組み込まれ，酸化されることによって，効率のよいATP産生を可能にしている。

最大酸素摂取量：負荷漸増運動等で測定された酸素消費の最大量である。自転車エルゴメータ等で呼気ガス分析機を用いて計測される。最大酸素摂取量は有酸素性運動能力を反映し，持久性競技のパフォーマンスを決定する重要な要因である。その単位は，毎分あたりの絶対値（L/分）や，毎分かつ体重1kgあたりの相対値（mL/kg/分）で示す。

血流配分：心臓の拍動で生じた血液（心拍出量：安静時では約5L/分）は，心拍出量（一回拍出量×心拍数）の増加によって，必要な器官に必要な量を適正に配分する。例えば，運動時では活動筋への配分が増加し，暑熱や寒冷環境下では，体温調節のために皮膚血流が増加したり減少することになる。

ブックガイド

■ 運動生理学をより深く理解するために

宮村実晴編（1996）『最新運動生理学　身体パフォーマンスの科学的基礎』真興交優易医書出版部
宮村実晴編（2001）『新運動生理学（上巻・下巻）』真興交優易医書出版部

引用参考文献

井上芳光・近藤徳彦（2010）体温Ⅱ．ナップ：東京．
勝田　茂・征矢英昭（2015）運動生理学20講　第3版．朝倉書店：東京．
谷口興一（1999）運動，負荷テストの原理とその評価法（原書第2版）—心肺運動負荷テストの基礎と臨床．南江堂：東京．
Liguori, G. (2022) ACSM's Guidelines for Exercise Testing & Prescription (11th ed.) Wolters Kluwer.
Otsuki, T., Maeda, S., Iemitsu, M., Saito, Y., Tanimura, Y., Ajisaka, R., and Miyauchi, T. (2008) Systemic arterial compliance, systemic vascular resistance, and effective arterial elastance during exercise in endurance-trained men. American Journal of Physiology, Regulatory, Integrative and Comparative Physiology, 295: R228-R235.
Sale, D. G., (1987) Influence of exercise and training on motor unit activation. Exercise and Sport Science Reviews, 15: 95-151.
Tanaka, H., Monahan, K. D., Seals, D. R. (2001) Age-predicted maximal heart rate revisited. Journal of American College of Cardiology, 37: 153-156.
Whipp, B. J., Davis, J. A., Torres, F., and Wasserman, K. (1981) A test to determine parameters of aerobic function during exercise. Journal of Applied Physiology, 50: 217-21.

第9章 バイオメカニクス

本章と関連する章 【第2章】【第8章】【第12章】【第13章】【第20章】

予習課題

①カラダの動かし方や姿勢の違いで，出せる“力”の大きさが変わるのかを考えてみよう。
②なぜ反動動作を用いた方が高く跳べるのかを考えてみよう。
③上手く投げられる人の動きは，なぜ“しなやか”に見えるのかを考えてみよう。

スポーツなどの場面では，走ったり跳んだりといったダイナミックな動作が行われる。このような身体による運動のメカニズムを力学，生理学，解剖学などの観点から解き明かそうとする領域がバイオメカニクスである。

1. 力を生み出す身体の構造と機能

身体運動は，骨格筋が力を発揮することによって生じる。この時，身体がどのように動くのか，また，骨格筋で発揮した力が身体の外へどのように作用するのかは，身体の解剖学的な構造と骨格筋の生理学的な性質の影響を複合的に受けている。

(1) 解剖学的構造と力

身体運動は，関節を中心とした身体各部位の回転運動の組み合わせで成り立っている。この回転運動は，関節をまたいで骨に付着する筋が力を発揮することで生じる。筋で発揮した力が身体の外へどのように作用するかは，筋と骨の位置関係および関節角度の影響を受けている。

図9-1（A）のように手で重りをもつ時の上腕二頭筋を例にすると，テコの原理により筋自体が発揮する力（F_A）は重りの重量（Mg）よりもずっと大きい。力の大きさの違いは，テコの支点である関節中心から作用点である重りの支持部までの距離（L_a）と関節中心から力点である筋と骨の付着部までの距離（L_b）との比に等しくなる。関節中心から重り支持部までの距離（L_a）が長くなるほど，あるいは，関節中心から筋の付着部までの距離（L_b）が短くなるほど，筋が発揮しなければならない力は大きくなる。

次の例として，図9-1（B）のように同じ重量の重りを前腕部は水平のままで肘関節角度を大きくして持った場合，上腕二頭筋が発揮する力（F_B）はさらに大きくなる。筋で発揮した力は関節を中心として前腕部を回転させる力（トルク）として働いているが，トルクに関与するのは前腕部に対して垂直方向の力だからである。

図9-1（B）の状態の場合，筋が発揮する力（F_B）は，前腕部と同一方向の力（F_x）および前腕部と垂直方向の力（F_y）に分解して考えることができる。前腕部と同一方向の力（F_x）は，肘関節で骨同士を押し付けあう働きをし，トルクには関与しない。トルクを生じさせるのは前腕部に垂直な方向の力（F_y）である。重りの重量（Mg）と関節中心からの距離（L_aおよびL_b）は図9-1（A）と変わらないため，前腕部に垂直な方向の力（F_y）の大きさは図9-1（A）で筋が発揮する力（F_A）と同じである。そのため，図9-1（B）で筋が発揮する力（F_B）は図9-1（A）で筋が発揮する力（F_A）よりも大きくなる。

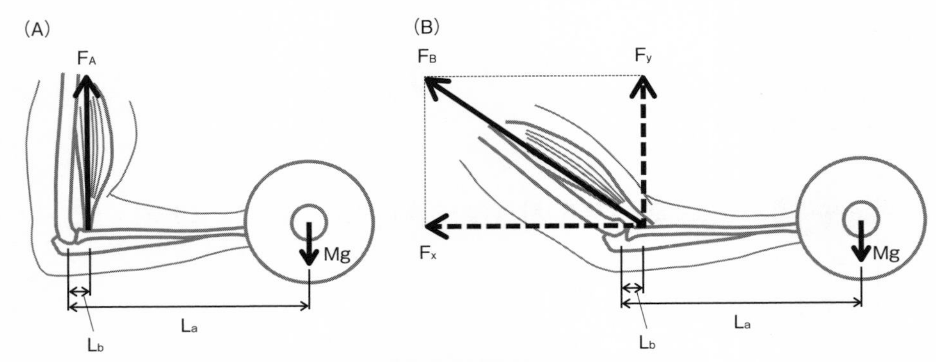

図 9-1 筋が発揮する力の関節角度による違い

身体の多くの筋は，力を作用させる位置よりも関節に近い部位で骨に付着しているため，作用力よりも大きな力を発揮している。さらに，作用する力が同じ場合でも，関節角度によって筋が発揮する力の大きさは異なる。多くの場合，挙上重量などで判断される見かけの“筋力”よりも，筋自体はずっと大きな力を発揮しているのである。

(2) 骨格筋の性質

日常動作の中でも力の調節を行っていることからわかるように，筋が発揮する力の大きさは自らの意思で調節することができる。しかし，筋が最大限に発揮できる力の大きさについては，筋の生理学的性質の影響を受けている。

1) 力－長さ関係

筋は筋繊維という細胞が束ねられた構造をしている。さらに，筋繊維は筋節という微小な構造体が直列（縦）に並んだ構造をしている。筋節は，ある長さで最大の力を発揮し，それより長くても短くても発揮できる力が小さくなるという性質をもつ。図 9-2（A）は，筋節が伸び縮みせず一定の長さのままで力を発揮（等尺性収縮）する時の，長さと力の関係を示している。筋節の集合体である筋繊維および筋も同様に，発揮できる力の大きさが長さによって変わるという性質をもつ。さらに，筋は結合組織や腱など弾性のある組織を併せもつ影響で，ある長さからは長くなるほど力が大きくなっていく（図 9-2（B））。このように，筋が最大で発揮できる

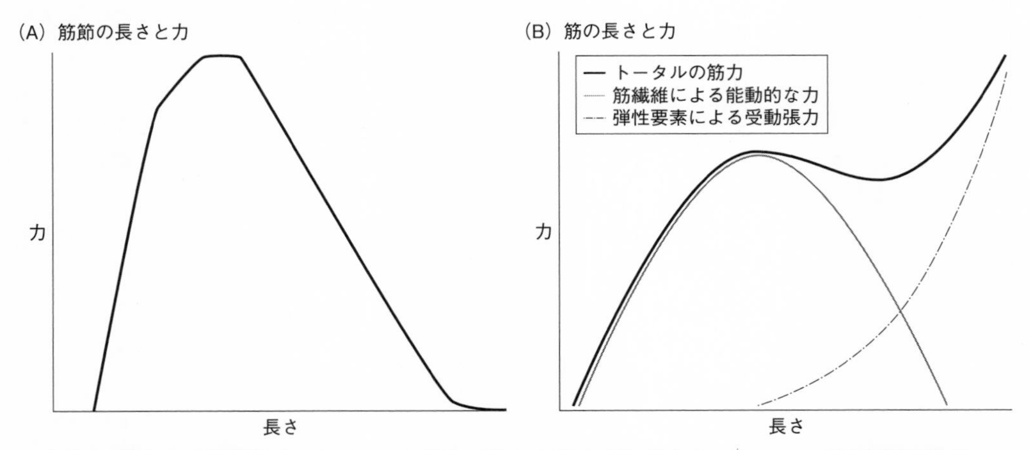

図 9-2 筋の力－長さ関係（A：Gordon et al., 1966；深代ら，2000 を参考に作成／B：Neumann，2016 を参考に作成）

力の大きさは，筋の長さの影響を受けるという性質をもっている。

筋は関節をまたいで骨に付着しているため，長さが関節角度によって変化する。したがって，筋自体が最大で発揮できる力の大きさは関節角度の影響を受けている。ただし，関節可動範囲内での筋長変化はそれほど大きくなく，図 9-2 に示される長さ範囲の全体には及んでいない。筋が発揮できる力がどの関節角度で最大になるのかということや，関節可動範囲内での筋長変化が力－長さ関係のどの範囲にあたるのかということは，筋によって異なっている。

2）力－速度関係

等尺性収縮は，関節角度を一定に保っている場合の筋の力発揮様式である。しかし，実際の身体運動では関節角度を変えながら，すなわち筋の長さを変化させながら力を発揮することも多い。筋の長さを縮めながら力を発揮することを短縮性収縮といい，筋が引き伸ばされながら抗うように力を発揮することを伸張性収縮という。筋は，短縮性収縮の方が等尺性収縮よりも発揮できる力が小さく，さらに，短縮速度が大きくなるほど発揮できる力が小さくなるという性質をもつ（図 9-3）。また逆に，伸張性収縮は等尺性収縮よりも大きな力を発揮することができる。このように，筋が発揮できる力の大きさは，力発揮様式とその速度の影響を受けるという性質も併せもっている。

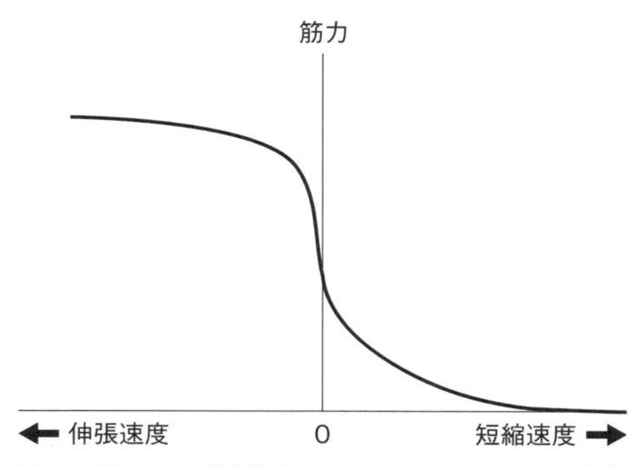

図 9-3　筋の力－速度関係（Nigg et al., 2000 を参考に作成）

2. 各種身体運動のメカニズム

前節では，力の発生に影響する身体の構造と機能について確認した。これらの影響を受けながら筋で力を発揮し，その結果として実際の身体運動が生み出される。本節では，スポーツなどの場面で見られるいくつかの典型的な身体運動について，基本的なメカニズムを確認していく。

(1) 跳躍動作

跳躍動作には，垂直跳びのようにその場で行う跳躍や走り幅跳びのように助走から行う跳躍，また片脚での跳躍や両脚での跳躍など，様々な種類が見られる。こうした多様な種類をもつ跳躍動作であるが，反動動作を伴うという共通点をもつ場合が多く見られる。一般的に，反動動作を用いることで高く跳ぶことができ，反動動作は跳躍において重要な役割を担っている。反動動作を用いると高く跳ぶことができるのは，筋や腱の性質をうまく利用しているからである。

反動動作を用いるために脚部全体を素早く曲げ始めると，跳躍動作で働く筋（主働筋）が急激に引き伸ばされようとし，伸張反射が生じる。伸張反射とは，筋が急激に引き伸ばされようとした際に抵抗するように力を発揮する反射である。筋力を発揮するための脳からの指令に伸張反射が足し合わされることで，筋ではより大きな力が発揮できるようになる。

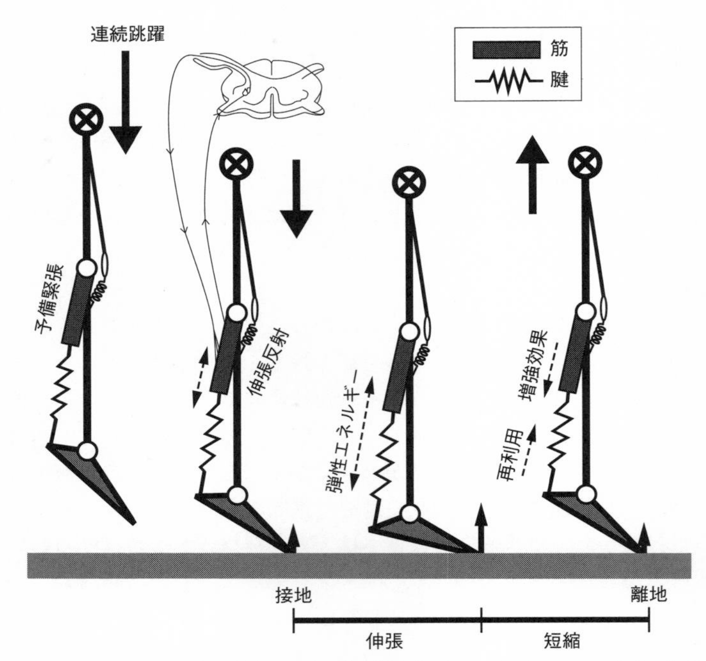

図 9-4　反動を用いた跳躍動作における筋や腱の振る舞い（深代，2000 を参考に作成）

脚部全体を屈曲させていく跳躍前半局面では，主働筋と骨を結び付けている腱も引き伸ばされる。この時，筋の伸張量は少なくほぼ等尺性で力を発揮しており，腱がより大きく引き伸ばされる。腱は引き伸ばされると元に戻ろうとする性質（弾性）をもったバネのような組織である。そのため，大きく引き伸ばされた腱は，より大きな力で縮もうとする状態となる。

跳躍後半局面では，引き伸ばされた腱が大きな力で短縮していき，地面等に大きな力を加えながら脚部全体が伸展していく。この局面では，主働筋の筋と腱を合わせた筋腱複合体の全体長が短くなっていくことになる。しかしこの時，腱は短縮するが，筋はほとんど短縮せず等尺性で力を発揮する。1. (2) で確認したように，筋は力－速度関係という性質により，短縮性収縮かつその速度が増加するほど大きな力を発揮できなくなる。筋が等尺性収縮で力を発揮し，腱だけが短縮することによって，高い速度の中でも大きな力で関節を伸展させることが可能になっている。

反動を用いた跳躍動作に対し，脚を曲げて静止した状態から垂直跳びを行う場合などの反動を用いない跳躍動作では，筋・腱を伸張させるための局面がほとんど無い。そのため，筋が短縮性で力を発揮しながら動作が行われることになる。この場合，筋の力－速度関係によって，筋が大きな力を発揮しづらい状態となっており，さらに，動作が進んで速度が上がるほどにますます大きな力を発揮できなくなっていく。そのために，反動を用いない跳躍動作では高く跳ぶことが難しくなる。

反動を用いた跳躍動作では，筋が大きな力を発揮しやすい状況を保ちつつ，弾性をもった腱がバネのように伸び縮みしながら力を伝えている。このように筋と腱のそれぞれがもつ性質をうまく活用しているために高く跳ぶことができるのである。

(2) 投・蹴動作

「跳ぶ」のは自身の身体を空中へ投射する動作だといえる。それに対し，「投げる」「蹴る」はボールなど自身以外の物体を空中へ投射する動作である。ボールなどをより速く投げたり遠くへ蹴ったりできるかは，筋力はもちろん身体の動かし方にも影響される。

投げるという動作の場合，手に持った静止状態のボール等を，限られた時間および空間の中で大きな速度にするという動作を行うことになる。このとき，腰，肩，肘，手と身体の末端部に向かって順に速度が大きくなっていく（図 9-5）。このように身体の大きな部位から上肢末端の小さな部位に向かって段階的に速度を増加させていく動作は，ムチが振り下ろされるときのような動きに類似していることから，ムチ動作とも呼ばれる。

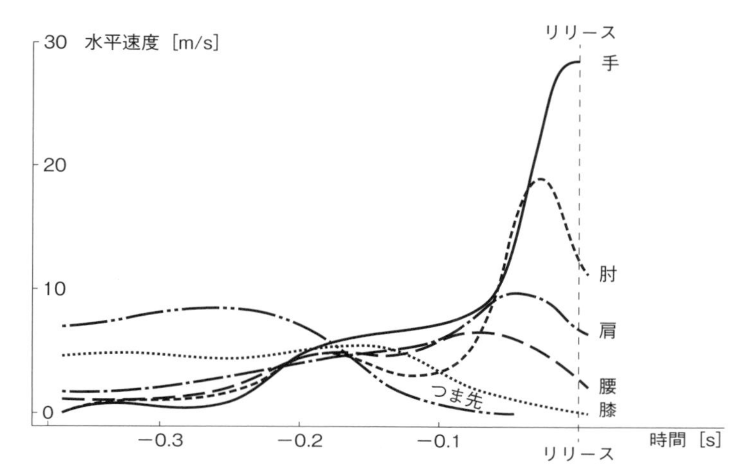

図 9-5　投動作における身体各部の水平速度変化（星川，1982；桜井，1992 を参考に作成）

ムチ動作によって末端部の速度を増加させるメカニズムの概念を，単純なモデルによって確認していく。図 9-6 のように連結した物体の根元部分の軸周りに回転力（トルク）を加えて急加速させると，連結部分で根元側の物体が末端側の物体を押すように力が働く。すると連結部分で働く力が末端側の物体を回転させる作用をし，末端側の物体は一旦，逆側に回転する。次に，根元部分の軸周りに逆方向のトルクを加えて急減速させると，連結部分では先ほどと逆向きの力が働き，末端側の物体は根元側の物体と同じ方向へと回転する。このとき，末端側の物体が軽ければ，より速く回転させることができる。投動作では，下肢や体幹部から軽量な手部に向かって，根元側の動作によって末端側の回転速度を増加させるということを連鎖的に行い，手部に非常に大きな速度を与えている。このメカニズムは，運動連鎖と呼ばれている。

上肢は上腕から前腕，手部と末端側になるほど筋が小さくなり，発揮できる力も小さくなる。

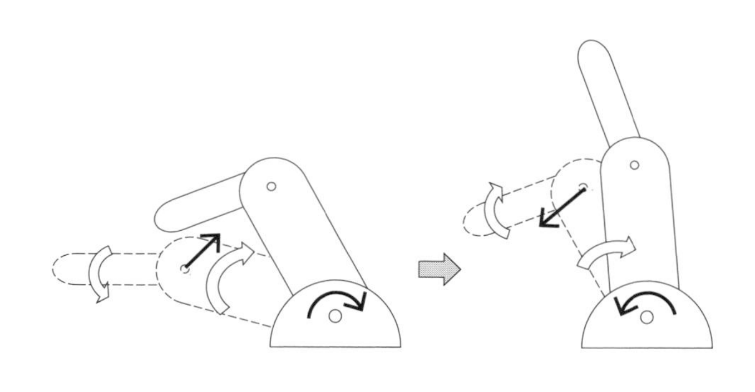

図 9-6　運動連鎖による回転速度増加のモデル

さらに，筋の力－速度関係により，関節を中心とした回転運動が速くなると，筋で発揮できる力はますます小さくなる。そのため末端に向かうほど，筋が発揮する力のみで大きな速度を発生させることは困難になっていく。そこで，下肢や体幹の強大な筋群をもつ部分から運動を開始し，筋力は小さいが軽くなっていく末端側に向かって，筋力だけでなく関節間で押し引きし合うように働く力（関節間力）によっても回転運動を生じさせながら，連続的に速度を増加させているのである。

運動連鎖のメカニズムを用いているのは，投動作に類似しているラケット系種目のスマッシュ動作や，蹴動作などにおいても同様である。いずれにおいても，身体各部位の動かし方や力の入れ方が重要になる。例えば投動作や蹴動作の上達を身体動作のメカニズムという観点から見てみると，運動連鎖が効果的に行われるような動作へ変容していくことが上達要素の一つに挙げられる。

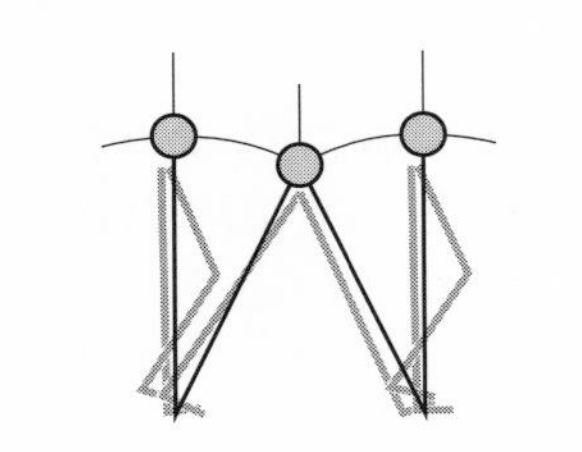

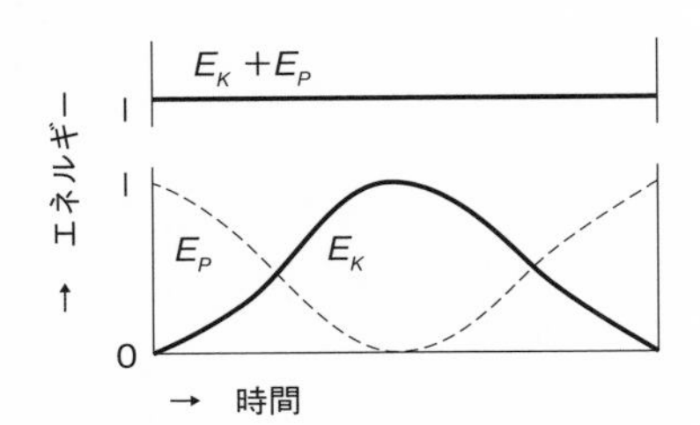

E_K：運動エネルギー
E_P：位置エネルギー

図 9-7　歩行の倒立振り子モデルとエネルギー変換の概念図
（上：土江，2008 を参考に作成／下：金子，2006）

(3) 歩・走動作

身体動作のメカニズムは，各部位の個々の動きや性質に焦点を当てるだけでなく，身体全体を一つの大きなまとまりとして捉えるようなマクロな視点によっても理解を深めることができる。本項では，歩動作と走動作をマクロな視点から捉えたメカニズムを確認していく。

歩行は，少ないエネルギー消費で長い距離を移動できる，効率のよい動作である。その理由は，身体重心を支える倒立振り子として歩行動作を例えることで説明される（図 9-7）。振り子は，位置エネルギーと運動エネルギーを交互に変換することで，外部からエネルギーが加えられなくても周期的な運動を続けている。歩行においても振り子と同じように，位置エネルギーと運動エネルギーの変換を繰り返しながら運動が続けられている。歩行動作を倒立振り子としてモデル化した場合，片脚支持局面で身体重心が最も高く位置エネルギーが最大となった状態から，倒立振り子が倒れていき，位置エネルギーが運動エネルギーに変換されていく。そして，両脚支持局面では身体重心の位置が低く速度が大きい状態となる。続いて，踏み出した脚による次の倒立振り子で運動エネルギーが位置エネルギーへと変換されていき，再び身体重心の位置が高く速度が小さい状態に戻っていく。このように，歩行では身体重心の位置エネルギーと運動エネルギーの変換を連続的に行うというメカニズムを伴いながら移動していくため，筋活動によるエネルギー消費が抑えられ，効率がよい。歩行の効率は速度によって変化し，速過ぎても遅過ぎても効率が低下するという現象が知られている。同じ距離を移動する場合，4km/h程度の速度でエネルギー消費量は最も小さくなる（図 9-8）。

走行は，片脚での跳躍を交互に繰り返しながら移動する動作であるともいえる。そのため，走行は身体重心とそれを支えるバネとしてたとえられる（図 9-9）。バネが繰り返し弾むように移動する走行において，バネの役割を担うのは筋や腱である。足部接地の前半でエネルギーの一部は筋や腱に弾性エネルギーとして蓄えられ，後半で地面を蹴る際に再利用されている（図 9-4）。しかし，走行では身体をダイナミックに動かすための筋活動などによって消費するエネルギーも大きいため，歩行と比べれば効率は低くなる。そのため，同じ距離を移動するのに要するエネルギー消費量が歩行よりも大きくなる。走行では，移動距離あたりのエネルギー消費量は速度によらず概ね一定となる（図 9-8）。

歩行と走行のメカニズムやエネルギー効率の違いなどを理解することは，目的に応じた移動

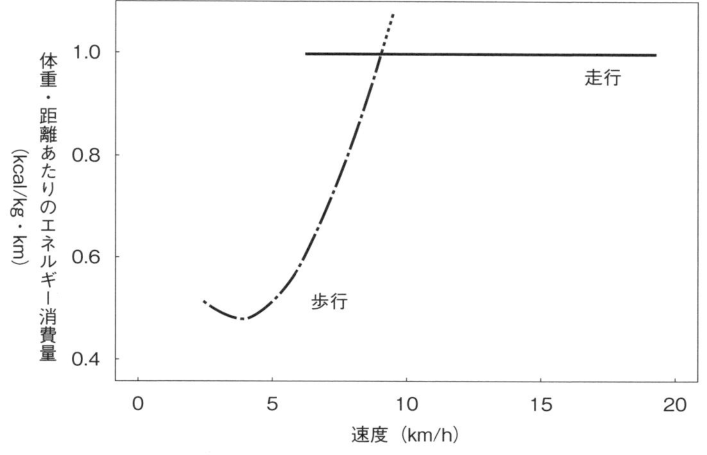

図 9-8　歩行および走行における速度と消費エネルギーの関係
（Cavagna & Kaneko, 1977 をもとに作成）

動作をどのように選択するかという時のヒントにもなる。例えば同じ距離を移動する場合でも，できるだけエネルギーの消耗を抑えたいのであれば，最も効率がよくなるような速度で歩行するのがよいことになる。一方，減量などのためできるだけ多くエネルギーを消費したいのであれば，同じ移動距離なら歩行よりも走行の方が目的に適うことになる。

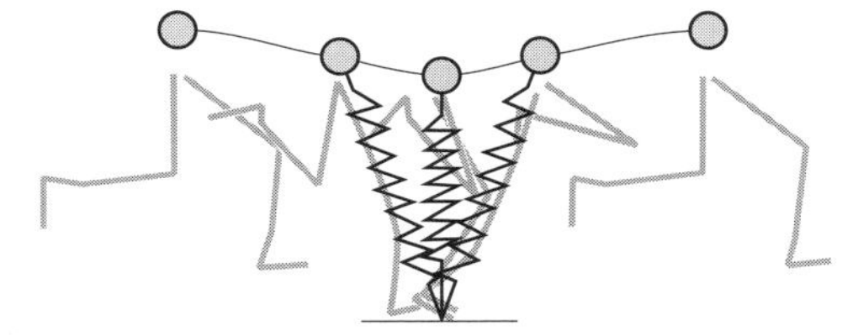

図 9-9　走行の身体重心ーバネモデル
（土江，2008 を参考に作成）

Key word

トルク：身体各部位の回転運動の組み合わせである身体動作は，身体各部位に回転力（トルク）が加えられることで生じる。身体各部位に加えられるトルクには，筋が力を発揮することで関節周りに生じるトルクと，隣接する部位の関節間で押し引きし合うように働く力（関節間力）の向きが部位重心を外れることによって生じるトルクとがある。

エネルギー：身体運動は，食事で摂取したエネルギー（化学的エネルギー）によって筋が活動することで行われる。運動する物体がもつエネルギーを運動エネルギーといい，ある高さに位置する物体がもつエネルギーを位置エネルギーという。運動エネルギーと位置エネルギーの和を力学的エネルギーという。運動しているとき，物体としての身体は力学的エネルギーをもっている。

運動連鎖：関節で連結した身体部位をムチのように順序よく動かし末端部の速度を大きくするのが運動連鎖と呼ばれる動作である。この時，末端部のもつ力学的エネルギーは，末端部周辺の筋活動だけでは到達不可能な大きさとなる。運動連鎖では，脚部や体幹部の強大な筋で生じさせた大きな力学的エネルギーを，関節を通じて末端部に向かい順々に伝達（移動）させていくことで，末端部の力学的エネルギーを非常に大きくしているのである。

ブックガイド

■ 力学の入門と共にバイオメカニクスをやさしく理解するために

深代千之・石毛勇介・若山章信・川本竜史（2010）『スポーツ動作の科学―バイオメカニクスで読み解く』東京大学出版会

■ 様々な身体運動やスポーツ種目のバイオメカニクスを幅広く理解するために

金子公宥・福永哲夫編（2004）『バイオメカニクス』杏林書院

引用参考文献

金子公宥・福永哲夫編（2004）バイオメカニクス．杏林書院：東京．
金子公宥（2006）スポーツ・バイオメカニクス入門．杏林書院：東京．
北川 薫編（2011）機能解剖・バイオメカニクス．文光堂：東京．
桜井伸二（1992）投げる科学．大修館書店．
土江寛裕（2008）陸上運動．佐藤祐造ほか編，健康運動指導マニュアル．文光堂：東京，pp.112-119.
深代千之・平野裕一・桜井伸二・阿江通良編著（2000）スポーツバイオメカニクス．朝倉書店：東京．
深代千之（2000）反動動作のバイオメカニクス：伸張－短縮サイクルにおける筋－腱複合体の動態．体育学研究，45: 457-471.
星川 保（1982）大きさと重さの異なるボールの投げ．Japanese Journal of Sports Sciences, 1: 104-109.
Cavagna, G. A. and Kaneko, M.（1977）Mechanical work and efficiency in level walking and running. J. Physiol., 268: 467-481.
Gordon, A. M., Huxley, A. F., and Julian, F. J.（1966）The variation in isometric tension with sarcomere length in vertebrate muscle fibres. J. Physiol., 184: 170-192.
Neumann, D. A.（2016）Kinesiology of the musculoskeletal system. Elsevier.
Nigg, B., Macintosh, B., and Mester, J.（2000）Biomechanics and biology of movement. Human Kinetics.

第10章 体育経営管理

本章と関連する章 【第1章】【第6章】【第16章】【第19章】【第21章】

予習課題

①経営はいつ頃から始まったり，必要とされたりしたのか考えてみよう。
②経営管理を英訳すると何となるか？　また，何を意味するか考えてみよう。
③経営と管理の違いはどのようなことになるのか考えてみよう。

1. 体育経営管理とは

体育やスポーツ経営の原形は，ギリシア・ローマ時代にさかのぼると言われている。当時は，あくまで為政者や一部の富裕階級によって行われていた「パトロンスポーツ」に限られる。ギリシアの「スタディオン」，ローマの「キルクス」，「コロッセウム」は，数万人規模の観客を収容できる巨大な施設であり，その建設はもちろんのことであるが，そこでの競技や催しの運営が手放しでできるはずもなく，いわゆる，マネージャーやディレクターの存在は不可欠である（図10-1参照）。日本においても，勧進相撲のような資金調達や営業本位で行われるようになったのは，江戸時代からである。「年寄」が現れるのも，ちょうどその頃からと言われている（亀山，1985）。

18世紀から19世紀にかけて近代スポーツが誕生したイギリスは，これまで無秩序に行われていた活動に，統一性やエチケットなどの規約を与え，経営基盤としての「クラブ」やその連合体としての「アソシエーション」が多数つくられた（マッキントッシュ，1970）。とくに，クラブにおいてメンバーとビジターに分けるなど，棲み分けをしつつもクラブのブランドを維持していくなど，当時の意識としては希薄であったものの，まさに経営手腕が必要とされる場面も多くあった。そして，スポーツの普及による一般大衆化とメンバーの洗練などによる排他性などが絡み合うかたちとなっていった。政治的，政策的な推進ももちろんであるが，当時より，スポーツをめぐっては，経営という人間の営みが少なからず存在していた。20世紀，21世紀と時が流れ，スポーツが多様化，変容していっても，欠くことができない要素であることをまずは理解しておきたい。

かつて，体育経営管理学という学問領域は，体育管理学といい，体育における施設を整え，時間や集団を決め，指導者を確保し，運動を行い，伴って生じる事故や危険を回避し，運動の成果をもたらすことと捉えられていた。そのため，よりよい運動をするための条件設定を整えることが主な課題であった。しかし，管理という用語が多様な意味をもって使われるようになってきたことから，より体育の事象や問題を説明したり，理論化したりする上で，様々な解

図10-1　キルクスでの戦車競走（Eichel, 1983を参考に作成）

釈が生まれ，新たな概念や術語が次々と見出されるようになった。体育という概念もスポーツと併記されたり，体育とスポーツの概念が複層化するにつれ，体育管理についても，より幅広く，多くの変化に対応できるよう，検討が進められた。

体育を行う場としては，もっぱら学校中心に展開されてきたが，地域や職場など社会一般に急速な拡がりをみせ，学校における生徒だけでなく，主体的・自発的に活動する社会人，あるいはプロスポーツ，スポーツクラブといった，それを生業として活動するようにもなってきた。こうした変化に対して，1989（平成元）年より，教育職員免許法の科目も「体育経営管理学」に改められ，新たに“経営”という用語が盛り込まれた。一般的に経営とは，財の生産，流通の単位組織体（企業）をその目的に則して効率的に運営するための計画，組織，命令，調整，統制などの活動といわれるが，ヒト・モノ・カネといった経営資源をコントロールし，経営サイクルとしてよりよい成果を生み出すために運営することは，体育やスポーツにも当てはまる。学校の体育やスポーツ活動においては，非営利活動が中心となるが，利益や利潤は生徒らの満足度や達成感に相当するものと考えられる。

いわゆる一般経営学においても同様に進歩が著しく，18世紀後半から19世紀初頭にかけてのイギリスの産業革命と，アメリカの南北戦争終了後の資本主義の発達に伴って発展している。それまでの「生業」や「家業」から，「他人労働」を利用しながら生産体制を維持し，まとまりのある経済活動を営むことに変容している。そして，20世紀初頭には学問体系も一般化され，「経営の神様」と呼ばれたP. F. ドラッカー（1909—2005）は，現代経営学の発明者といわれる人物であり，経営とは，組織の成果を上げさせるための道具・機能・機関であるとしている。また，心理学，哲学，倫理学，経済学，歴史など幅広い分野にわたる知識と洞察を身につけなければならないともしている。近年では，認知心理学や社会学のアプローチも盛んとなっているが，これらは，体育やスポーツの場合にも共通するものといえる。

■ 2. 経営管理とマネジメント

多くの大学における講義科目名においては，経営管理と称している場合とその英訳としてマネジメントとしている場合がある。単純な英訳では，経営と管理であるので，前者はマネジメント，後者はアドミニストレーションなどと訳される。しかしながら，ほとんどはマネジメントである。マネジメントの意味には，管理と経営が含まれるため，同義として表記している。先のP. F. ドラッカーはアメリカの経営学者であり，そのアメリカのスポーツは，四大プロスポーツとして，アメリカンフットボール，ベースボール，バスケットボール，アイスホッケーが盛んである。そして，各リーグのマネジメントにより，巨額の金銭がうごめくものの，プレーヤーにとってはアメリカンドリームを掴み取り，各リーグだけでなく，スポンサーや放送局，大学も含め双方がビジネスとしてもWin-Winの関係性を構築している。

1985（昭和60）年に設立された，北米スポーツマネジメント学会（NASSM）では，スポーツマネジメントを「あらゆる方面の人々によって事業化が推進されているスポーツ，エクササイズ，ダンスおよび遊戯に関連したマネジメントの理論と実践」と定義している。つまり，プロスポーツや営利活動のみとはしない，かなり広義な概念としている。体育・スポーツ経営管理もしくは体育・スポーツマネジメントにおいては，包括的な定義づけというよりは，組織だけではなく，より個別の集団やチームといった対象が異なれば意味内容も異なり，種々スポーツ活動が存在する。その目的を達成するために行われる統制活動は，対象管理や要素管理であり，狭義の経営管理，マネジメントとなる。このように，用語がひとり歩きし，様々な解釈や新たな概念，術語も次々と見出されるようになったため，混乱や理解の齟齬が起こらないよう，用語の意味を理解し，定義づけしておかなければならない。

経営学の組織論の系譜についても，少し触れておきたい。いわゆる古典管理論と呼ばれるも

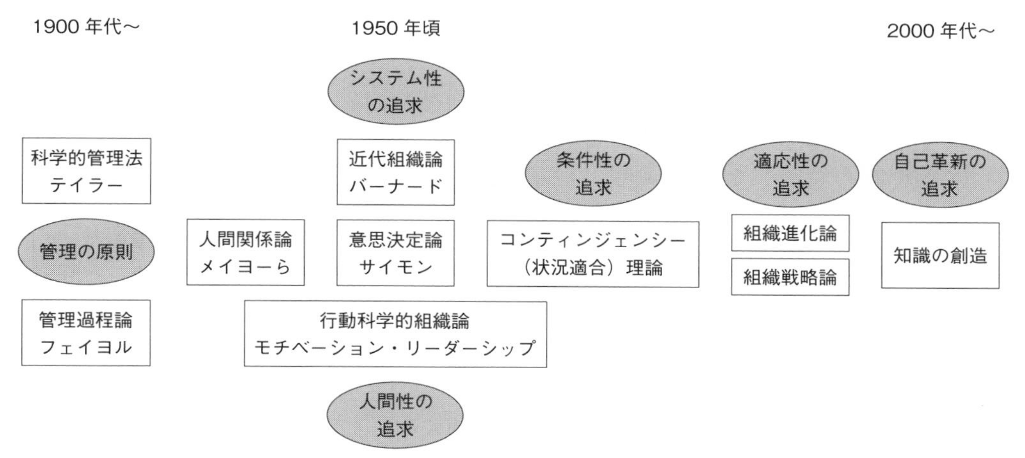

図 10-2　組織論の流れ（山下・原田，2005 を参考に作成）

のが，1900 年初めのテイラーの「科学的管理法」やフェイヨルの「管理過程論」である。組織の構成員や従業員は，管理の原則のもと仕事を遂行するものであり，命令を受け入れ，自らが問題を解決したり，影響力を行使する能力は持たないとしていた。その後メイヨーらの「人間関係論」では，人には動機や価値があるとして誘因が必要であるとした。1950 年代にはシステムを追求するバーナードやサイモンに代表される「近代組織論」や「意思決定論」，人間性の追求として「行動科学的組織論」のモチベーションやリーダーシップ理論が展開されている。そして，条件性を追求する「コンティンジェンシー（状況適合）理論」，「組織進化論」，「組織戦略論」，近年では，適応性を追求し，生産よりも研究や開発にシフトする，自己革新を追求する「知識の創造」という考え方となっている。

日本において「経営」という用語が，体育・スポーツの分野で論じられるようになったのは，1912（明治 45）年，小澤の「運動場之經營」である。運動場の土質や舗装材などに関する研究結果を示す内容であった。その頃は，ちょうど，経営学という学問が誕生した時期であるが，1920 年代の昭和に入ると宮田の「體育運動經營原論」，佐藤の「學校體育經營の理論と實際」といった書籍が刊行されている。しかし，この頃も取り扱われる内容が施設用具の管理から運動衛生や体育教材の指導法に重点が移ったかたちであり，諸外国の経営学をふまえるものではなかった。欧米のスポーツ組織に対する研究は，1980 年代組織構造，組織過程，組織有効性などに焦点を当てた研究が成果を収めている。一方，日本の体育・スポーツにおける経営に，アメリカの経営管理学を最初に導入したのが宇土とされているが，1960 年代において，組織論に固執するわけではなく，体育的な現象を生起させるための条件を提案した。その後，スポーツ活動の場に焦点を当て，スポーツ集団やチームマネジメント研究が相当数蓄積されている。

3. 体育経営管理の対象―マネジメントの実際

(1) 学校体育

学校の体育では，教科教育としての体育や保健体育の授業と，教科外体育の運動部活動，体育的行事，自由時間を通して，運動やスポーツと関わる。また，日本においては，学校体育のスポーツ施設が最も多く，2018（平成 30）年度「体育・スポーツ施設現況調査」において，全体の 60.4％を占めている。また，幼稚園や保育園を含めると，大学卒業まで 20 年近く学校体育施設で運動やスポーツを行うこととなる。人間の成長過程において非常に重要な時期であり，学習活動とともに，人格形成の場として社会生活に必要な諸機能を獲得しなければならない。

教科体育は，学習指導要領に基づき，専門の教員により行われている。また，教科外体育は，体育的行事については，年間で計画され，恒例行事として学校全体で取り組むものである。しかし，運動部活動は専門外の教員が指導に当たるケースも少なくないため，一定レベル以上の教育的，体育的な効果や効用を保証する公共性や公平性を原則とし，地域間，学校間，教師間でよくもわるくも教育格差が生じないようにしなければならない。一部の私立学校においては，学習活動やスポーツ活動などにおいて，より特徴を打ち出し，多くの生徒獲得や競争が行われている。これらについては，より自律的なマネジメントが展開されているといえる。

(2) 地域スポーツ

地域スポーツは，そもそもは戦後の社会体育の復興において，スポーツ振興の中心的な役割を担う体育行政であった。学校体育に対する用語であり，学校を卒業後あるいは，学校教育以外の場における体育活動として，「地域」に目が向けられた一政策である。1961（昭和36）年にはスポーツ振興法が制定され，高度経済成長によりスポーツの大衆化にもより貢献する形となった。1970年代以降は「みんなのスポーツ」や「生涯スポーツ」といった施策，そうした流れを汲んだ「スポーツ振興基本計画」が制定され，総合型地域スポーツクラブのモデル事業が始まった。地域の連携をスポーツによってつなぎ，世代間交流など，住民が主体的にスポーツ環境を充実させる「新しい公共」をコンセプトとしている。

しかしながら，こうした地域スポーツの施策を推進していくための国予算は決して多くなく，スポーツ振興の予算は全体のスポーツ予算が324億円程度のなか14億円程度であり，僅か4%程度である。一方の地方公共団体のスポーツ関係予算においても，決して十分であるとはいえない。国からの補助金や交付金があるにしても，多くのクラブは会費やイベントなどによる収入に加え，運営が厳しいのが現状である。2021（令和3）年度には全国で3,583クラブが設立されており，都市化や少子高齢化が加速し，学校運動部活動の受け皿としての機能も期待されるなか，地域スポーツの重要性と役割がますます大きくなっている。そのため，NPO法人として法人格を取得し，企業からの寄付やスポンサー支援を受けたり，公共施設の指定管理者となり，安定した財源を獲得したり，より持続可能な運営ができるよう，積極的なマネジメントが求められる。

(3) 民間スポーツ

1960年代後半から，スイミングスクールが全国各地でつくられるようになり，その後，高度経済成長に伴い，職場におけるレクリエーションが注目された。生産の拡大とともに所得が増え，自由になる金銭も増えた時期であった。新たな遊びや余暇活動として，スキーやボウリングも盛んとなった。しかしながら，1973（昭和48）年のオイルショックによる低成長期を迎え，不況下，手軽に健康問題を解消する手段のひとつとして，ジョギングやマラソンが人気となった。その後，1987（昭和62）年に通称「リゾート法」が制定されると，ゴルフ場開発に代表される，ハイクオリティー・ハイコストのレジャーが再び登場するようになり，1990年代のバブル経済を迎え，倹約志向から一気に好景気に転じ，ジムやスタジオを併設した複合施設であるスポーツクラブ，フィットネスクラブも増加していった。人々のライフスタイルの移り変わりに伴って，こうしたスポーツ施設も単なる場の提供だけでなく，多くのサービスを提供し，継続的に足を運ぶための魅力を創造するようになってきた。

民間スポーツは，会員数を多く集めることにより，よりよいサービスが提供できるため，公共のスポーツ施設や地域スポーツ活動とは違い，顧客のニーズに合わせ，施設や環境をよりよく整備したり，展開をしていかなければならない。近年では業態も多様化し，いわゆる，スタジオ，ジム，プールの三種の神器を備えた総合型大型施設から，小規模，女性専用，個別マンツーマンなど，大きく変容している。いずれの業態においても民間スポーツの場合は，運営に関わり，プログラムやサービスのマーケティングだけでなく，会員を増やすためのプロモーションやセールス，安全管理，採用や育成，施設管理維持，事業計画，予算管理，採算性の分析など，オペレーションが多岐にわたる。担当者はもちろんのこと，マネジャーや経営者がよく理解し，適切で効果的なマネジメントを実行しなければならない。

(4) プロスポーツ

日本におけるプロスポーツといえる最古のスポーツは，勧進相撲といえる。江戸時代に浪人や力自慢のものが，相撲を職業として全国で興行を行い，歌舞伎と並ぶ一般庶民の娯楽であった。のちの1889（明治22）年に東京大角力協会と大阪相撲協会が設立され，組織的な興行が行われている。プロ野球は，1936（昭和11）年に日本職業野球連盟が創立され，リーグ戦がスタートしている。いずれも，試合や大会を開催する組織があり，そこでマネジメントしながら運営している。1953（昭和28）年には力道山が旗揚げした日本プロレスが始まり，1993（平成5）年にはプロサッカーJリーグが開幕した。

プロスポーツは，単に試合会場でチケットを購入し，スポーツを観戦するだけではない。勝敗，技術，戦略など，高度なみる価値がある「商品」でなければならない。そのために選手はプレーやゲームに全力を注ぐものであるが，チームやスタッフもその価値をより高めるために，協働していかなければならない。また，統括する組織であるリーグにおいても，娯楽としてだけでなく，リーグ相互が協調したり，地域連携やスポーツ文化の醸成に寄与しなければならない。いちスポーツ企業として商業主義を徹底するのではなく，皆が意義を感じられるようなビジネスモデルを，綿密なマーケティング活動から形成できるようマネジメントしていく必要がある。近年では，TVに限らず多くのメディアやIT，IoTといったテクノロジーの革新が進んでおり，よりグローバルな視点ももち合わせていかなければならない。

(5) スポーツイベント

スポーツにイベントという言葉が使われるようになって久しい。これまではスポーツの行事や催事が一般的であった。意味的な大きな違いはないものの，行事・催事は，例えば，芸能や演劇，スポーツ活動そのものを指すものであり，イベントとなるとさらに広義的に，文化振興や観光振興も含まれてくる。英語でイベントは，「重大な事件や出来事」を指し，より重大な出来事にはメインイベントと呼ぶように，スポーツイベントであれば，大会や試合だけでなく，それらをさらに盛り上げる演出や雰囲気が加わるイメージである。スポーツがするだけでなく，みる，つくる，ささえるなど多様化し，そのみるスポーツイベントをプロデュースしていくことが価値創造でもある。スポーツ活動という，かたちがない製品を商品としていかにつくりあげるかが重要である。

スポーツイベントには，オリンピックやワールドカップサッカーのような国際的なメガスポーツイベントから，各地の小規模で誰もが参加できるイベントまで大きく4つに分類することができる(Gratton, 2000)。また，定期的な開催から，一過的，単発的な開催もある。定期的な開催であれば，開催地が変わっ

表10-1　Gratton et al.（2000）の4つの類型化
（訳およびイベント例追記は筆者）

	定義	イベント
Ⅰ	大規模な経済活動とメディアの関心が強い，開催都市が固定化されていない国際的な観戦型イベント	オリンピック ワールドカップサッカー
Ⅱ	大規模な経済活動とメディアの関心を伴う，毎年行われる国内の大規模イベント	東京マラソン ベルリンマラソン
Ⅲ	不定期的に行われる1回限りの大規模な観戦型・競技型イベント	陸上グランプリ
Ⅳ	各種スポーツ競技団体が定期的に開催する，大きな経済活動を伴わない主要な競技型イベント	国内選手権

ていき，世界各地，日本各地で多くの人々が観戦することができ，地域の活性などにも貢献している。スポーツイベントでは，参加する者，観戦する者が顧客に相当し，楽しんだり，満足したり，利益を享受するものである。また，大きなイベントであれば，TV 放送を行い，実際に参加や観戦ができなくても，楽しむことができる。そして，広告効果への期待，観光や旅行の喚起，建設業界や地元企業などに受注が入るなど，多くのマーケットが連携し，関係者がみな利益を享受するようなマネジメントが求められる。

Key word

マネージャー：運動部活動の庶務や世話係を担当するメンバーを思い浮かべるが，欧米ではケアテイカー（Caretaker）と呼ばれる。経営学やマネジメントにおいては，企業の支配人や管理職，スポーツチームにおいてはチームのトップやヘッドコーチであり，本章においてもそれぞれの経営，マネジメントを行う人物を意味する。

経営サイクル：マネジメントサイクルと同義であり，企業が目的を達成するために，多元的な計画を策定し，計画通りに実行できたのかを評価し，次期への行動計画へと結びつける一連の管理システム。

一般的には，P（計画）－ D（実行）－ C（評価）－ A（修正）のサイクルである。

マーケティング：価値ある商品（製品）を提供するための活動や仕組みである。価値を探るための調査や，創り上げるための戦略，顧客へ伝えるための営業，届けるための流通，渡すための販売などを指す。

ブックガイド

■ 体育管理学と体育経営管理学を学ぶために

宇土正彦・佐々木吉蔵・梅本二郎・高島稔編著（1976）『体育管理学入門』大修館書店
宇土正彦・八代　勉・中村平編著（1989）『体育経営管理学講義』大修館書店

■ 体育経営管理学をより深く理解するために

伊丹敬之・加護野忠男（1993）『ゼミナール経営学入門』日本経済新聞社
井原久光（1999）『テキスト経営学［増補版］』ミネルヴァ書房
柳沢和雄・木村和彦・清水紀宏（2017）『体育・スポーツ経営学』大修館書店
柳沢和雄・清水紀宏・中西純司（2017）『よくわかるスポーツマネジメント』ミネルヴァ書房
山下秋二・中西純司・畑　攻・冨田幸博（2000）『スポーツ経営学』大修館書店

引用参考文献

小澤卯之助（1912）運動場之經營．開発社：東京．
亀山慶一（1985）歴史と伝統を有する興行としての相撲．生活文化史，6：53-60.
佐藤友久（1950）學校體育經營の理論と實際．目黒書店：東京．
スポーツ庁（2018）体育・スポーツ施設現況調査．文部科学省：東京．
スポーツ庁（2021）令和３年度総合型地域スポーツクラブ育成状況調査．
マッキントッシュ：石川旦・竹田清彦訳（1970）スポーツと社会．不昧堂：東京．
宮田覺造（1933）體育運動經營原論．目黒書店：東京．
山下秋二・原田宗彦編著（2005）図解スポーツマネジメント．大修館書店：東京．
Drucker, P. F.（1990）Management the nonprofit organization. Harper Collins: New York.
Eichel, W.（Hrsg.）（1983）Illustrierte Geshichte der Koerperkultur. Sportverlag: Berlin.
Gratton, C., Shibli, D., and Dobson, N.（2000）The economic importance of major sports events. Managing Leisure, 5(1): 17-28.

第11章 発育発達

本章と関連する章 【第３章】【第８章】【第９章】【第12章】

予習課題

①発育とはどういうことか，発達との違いは何か考えてみよう。
②運動機能の発達について，子どもたちの姿を想像しながら考えてみよう。

1. 発育・発達

(1) 発育・発達の定義について

子どもから大人（成体）に変化していく様を表す言葉には，「成長」，「発育」，「発達」，「成熟」などがあり，その定義や用いられ方は学問分野などによっても少しずつ異なる。体育・スポーツ分野では，「発育（growth）」を身体の大きさなどの形態的な変化，「発達（development）」を身体の構造や機能的な変化として表す言葉として用いられている。

(2) 発育段階・発達段階について

人間にはいくつかの「発育段階」「発達段階」があると考えられている。子どもの「発育段階」は，新生児期（生後４週間），乳児期（１歳まで），幼児期（１～６歳），学童期（６～12歳），思春期（12歳～身長が止まるまで）に分けられる。

一方，「発達段階」については，心理学者ジャン・ピアジェ（1896～1980）が提唱した「認知発達理論」において，認知力の成長を「感覚運動期（０歳～２歳）」「前操作期（２歳～７歳）」「具体的操作期（７歳～11歳）」「形式的操作期（11歳～）」の４つに分けている。心理学者エリク・H・エリクソン（1902～1994）が提唱した「心理社会的発達理論」は，心の成長を「乳児期」「幼児前期」「幼児後期」「学童期」「青年期」「成人期」「壮年期」「老年期」の８つに分けている。

2. 身体の発育・発達

私たちの身体の大きさは生まれてから約20年の間に著しく発育する。発育の目安で最もわかりやすい変化が身長と体重である。身長が最も伸びる時期は男子で11歳頃，女子では10歳頃で，女子のほうが男子に比べ１歳早くピークをむかえる。

(1) 身体計測と体格指数

身体計測は，体格評価には不可欠なものである。体格評価は，年齢に応じていくつかの方法が用いられている。

生後３カ月から５歳までの乳幼児期の体格評価には，体格指数としてカウプ指数が用いられている。カウプ指数の計算式は次のとおりである。

カウプ指数＝体重（kg）÷身長（m）÷身長（m）

乳幼児は体重の増加スピードが著しく変化するため，年齢によって正常な範囲のカウプ指数が調整されている。また，乳幼児期は成長速度に個人差もあるため，正常な範囲はあくまでも目安とされている。カウプ指数を用いた乳幼児期の正常な範囲を表11-1に示す。

児童・生徒（小・中学生）の体格評価には，栄養状態や発育の程度を表す体格指数としてローレル指数が用いられている。ローレル指数の計算式は次のとおりである。

ローレル指数＝体重（kg）÷身長（m）÷身長（m）÷身長（m）× 10

また，ローレル指数は，肥満・やせの判定指標にも用いられている。ローレル指数が130程度で標準的な体型とされ，プラスマイナス15の115～145未満に収まっていれば「ふつう」とされている。145以上160未満は「ふとりぎみ」，160以上は「ふとりすぎ」，100以上115未満は「やせぎみ」，100未満は「やせすぎ」と分類している。ローレル指数を用いた児童・生徒（小・中学生）の体格判定表を表11-2に示す。

成人（高校生以上）ではボディマス指数（BMI：Body Mass Index）が使用され，肥満度を表す体格指数として，肥満判定の指標に用いられている。BMIの計算式は次のとおりである。

ボディマス指数＝体重（kg）÷身長（m）÷身長（m）

日本の場合，18.5以上25未満を普通体重，25以上を肥満と判定している。特にBMI値が22の場合を標準体重としており，統計的に最も病気になりにくいとされている。なお，標準体重は［身長（m）×身長（m）× 22］で求めることができる。この指数を用いた成人（高校生以上）の体格判定表を表11-3に示す。

BMIは，国際的な指標として用いられているが，肥満の判定基準は国により異なる。例えば，WHO（世界保健機構）の基準では，25以上30未満を過体重（overweight），30以上を肥満（obese）としている。

表11-1　乳幼児（生後3カ月～5歳）の正常な範囲

月齢・年齢	カウプ指数
3カ月～1歳未満	16～18未満
1歳～1歳6カ月未満	15.5～17.5未満
1歳6カ月～3歳未満	15～17未満
3歳～5歳まで	14.5～16.5未満

表11-2　児童・生徒（小・中学生）の体格判定表

ローレル指数	判定
100未満	やせすぎ
100～115未満	やせぎみ
115～145未満	ふつう
145～160未満	ふとりぎみ
160以上	ふとりすぎ

表11-3　成人（高校生以上）の体格判定表

ボディマス指数（BMI）	判定
18.5未満	低体重（やせ型）
18.5～25未満	普通体重
25～30未満	肥満（1度）
30～35未満	肥満（2度）
35～40未満	肥満（3度）
40以上	肥満（4度）

注）日本肥満学会の基準

(2) 成長曲線

年齢ごとの身長・体重をつないだ曲線を成長曲線という。男女別に示されており，それぞれ 50 のラインが標準の成長曲線とされている。これは 2014 年 4 月に公布された「学校保健安全法施行規則の一部を改正する省令」によって，児童生徒等の健康診断について，子どもの発育を評価する上で，身長・体重の成長曲線が積極的に活用されるようになった。また低身長や思春期早発症の診断にも使用されている（図 11-1）。

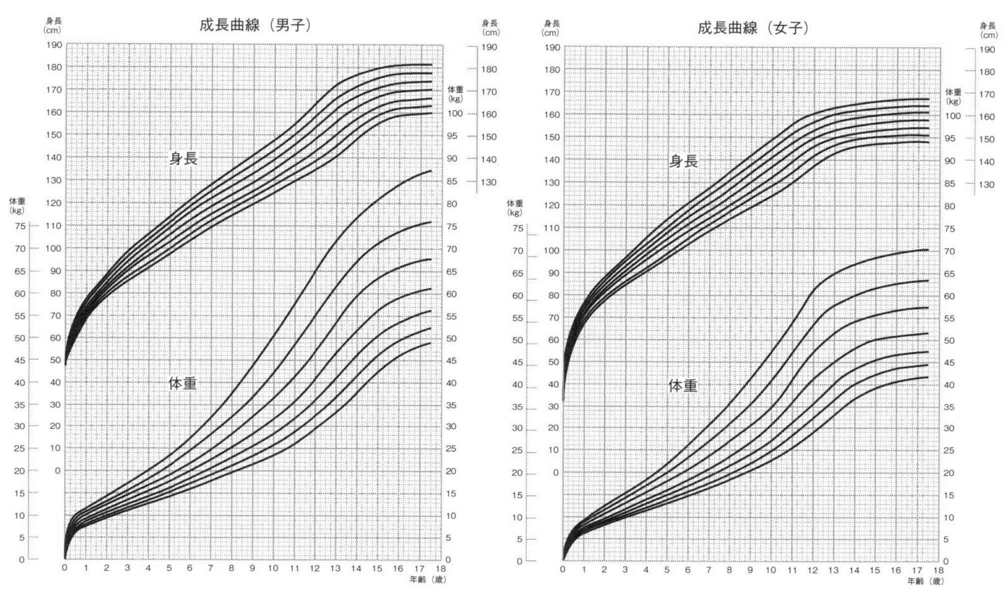

図 11-1　男女別の成長曲線（厚生労働省，2004）

(3) 暦年齢と生理的年齢

発育を評価するものには，これまでの身長や体重の他に，暦年齢，骨年齢などがある。しかし，暦年齢はあくまでも出生時からの年齢であり，同じ年齢であっても発育度合いが異なることがある。そのため生理的年齢の一つである骨年齢を見ることによって個人の発育度合いを見ることができる。骨年齢は骨の成熟度を評価し，骨の年齢が何歳相当であるのかを年齢で表したものである。骨年齢の測定方法は，一般に左側手根骨の X 線写真（図 11-2）を利用し，骨の数と形を調べることで暦年齢に対して成長が進んでいるか，遅れているかなどの判断がなされる。

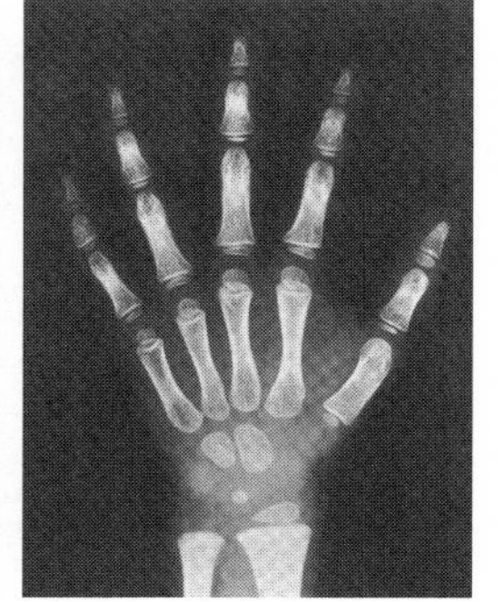

骨年齢：12歳（男）　　骨年齢：４歳（男）

図 11-2　左側手根骨の X 線写真イメージ

（骨成熟研究グループ，1993）

例えば，暦年齢が同じ 15 歳であっても，骨年齢は 13 歳から 17 歳までと個人差が見られる。この場合，骨年齢が 17 歳の人の方がより速く走ることができ，より強い力を発揮することができる。このことからも運動指導の場面においては，身体の発育度合いを暦年齢だけで判断するのではなく，成長に個人差があることから生じる身体能力の違いを理解し，トレーニングの質や量を調整することが重要となる。

(4) 視覚・聴覚の発達

視覚は最大の情報量を得る感覚器であり，その発達は胎児期から始まり幼児期にかけてめざましく進む。生後2カ月頃には赤と緑などを区別できるようになり，6カ月を過ぎると赤黄緑青の区別ができるようになる。すべての色が識別できるのは1歳を過ぎてからである。この頃には視力は0.2程度となり，3歳頃には0.6から1.0，6歳には大人と同じぐらいにまで発達する。視力はいろいろな物を見ることで脳が刺激を受けて発達していくのである。

聴覚については胎生8カ月頃には母体外部の音に反応を示すようになる。生後3カ月頃には音色を聞き分け音の出る方向に目を動かしたり，顔を向けるなどができるようになる。そして2歳頃には音の高低を区別し，メロディーを口ずさむようになり，3歳頃には大人と同程度のメロディーを記憶できるまでに発達する。

■ 3. 運動機能の発育・発達

(1) スキャモンの発育曲線

人間は生まれてから20歳までに，身長や体重，臓器などが大きく発育していく。その発育を「神経型」「リンパ型」「一般型」「生殖器型」の4つに分類しグラフ化したものが，図11-3の「スキャモンの発育曲線」である。横軸は年齢，縦軸は20歳を100%としたときの発育の度合いを示している。

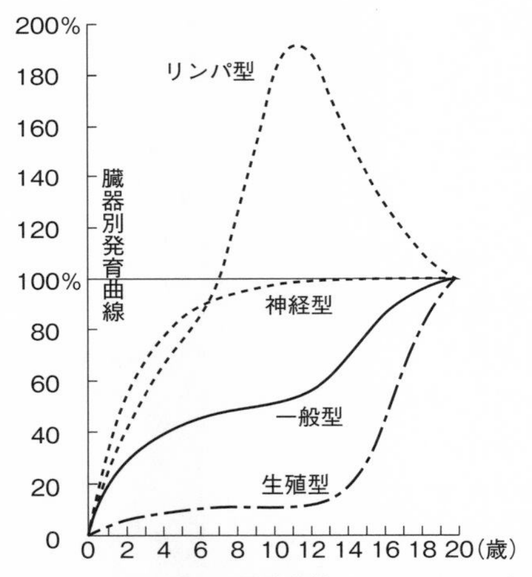

図11-3 スキャモンの発育曲線（Scammon，1930）

「神経型」は，6歳までに成人の90%程度まで著しく発育し，12歳頃には100%となる。脳，脊髄，頭蓋骨，視覚器などの発育がこれにあたり，これらの臓器は身体を器用に動かすことやリズム感の維持など運動能力に大きく関係している。自分が経験したことのない運動や難しい高度な技術であっても見ただけで習得できることがあるのは，この「神経型」の発育が大きく関係している。したがって，「神経型」の発育が著しい12歳未満に「神経型」に関わる臓器を最大限発育させることは重要である。例えば，身体を使った遊びである運動あそびを日常的に行うことは，「神経型」の発育にとって効果的な手段の一つである。

「一般型」は，幼児期までに急速に発育し，その後は緩やかになり，13歳以降に再び発育する。身長や体重の他，呼吸器や消化器などの発育がこれにあたる。「一般型」が発育する時期に有酸素運動を十分に取り入れることで，持久力の向上が期待できる。

「リンパ型」は，思春期に最も高くなり，そこから徐々に下がっていく。免疫力を向上する扁桃腺やリンパ腺といったリンパ組織の発育がこれに当たる。

「生殖器型」は，思春期に入る 14 歳頃から発育が著しくなる。男性の陰茎や睾丸，女性の卵巣や子宮などの第二次性徴に関わる臓器の発育がこれにあたる。性ホルモンによる男女差がはっきりとしてくることが特徴で，特に男性は男性ホルモンによる骨格筋の発育が著しく，筋力トレーニングに適した時期である。

表 11-4　スキャモンの発育曲線の特徴

分類	発育の特徴	臓器
神経型	生後 0 歳から 6 歳までに急激に発達 12 歳までに大人と同じ	脳，脊髄，頭蓋骨，視覚器
一般型	乳幼児期と思春期に盛んな発育を示す 発育曲線は S 字状曲線を描く	骨格，筋肉，呼吸器，消化器，循環器
リンパ型	乳幼児期から学童期にかけて急激な発育 12 歳頃には成人の 2 倍に近づく	リンパ腺，胸腺，扁桃腺
生殖型	10 歳まではほとんど発育が見られない 思春期に入ると急激に発育を開始（第二次性徴）	子宮，卵巣，陰茎，睾丸

(2) 運動の基本的動作の発達

乳幼児の運動の発達は，「頭部から足の方向へ」「中心部分から抹梢部分へ」「粗大運動から微細運動へ」のように，一定の順序性がある。頸定（首のすわり），おすわり，寝返り，はいはい，立つ，歩く，片足立ち，階段昇降という全身運動である粗大運動から，つかむ，手を伸ばす，握る，離すなどの基本動作，物や道具を操作する上肢の運動である微細運動へ進んでいく。乳児は，4 カ月で支えられると座れるようになり，7 カ月頃にはひとりで座れるように，10 カ月頃にはいはい，生後約 15 カ月でひとり歩きが可能になる（図 11-4）。

物のつかみ方は，手のひら全体で物を包み込む動作から，指先だけで物をつかむようになり，やがて親指と他の指でつまめるようになる（図 11-5）。また生後 6 カ月前後より座位が安定すると，手を自由に使う機会が増えるようになる。

このように乳幼児期は身体の発育発達に伴い，多様な動きを獲得し積み上げていくものである。Clark and Metcalfe (2002) は，生後間もない期間の反射や原初的な動きを土台にして，環境に適応しながら段階的に進んでいく発達の様子を構造的な枠組みで示している。反射動作期（誕生～ 2 週）は手にものが触れると握り返す手掌把握反射や，脇の下を支えて身体を前傾させ

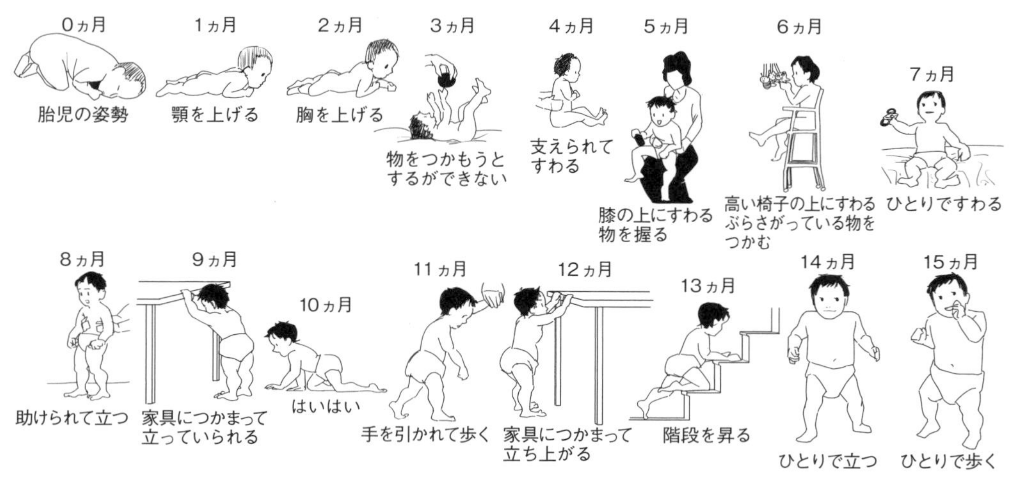

図 11-4　運動発達の順序（Shirley，1933 を参考に作成）

	2カ月	4カ月	6カ月	8カ月	10カ月	12カ月
つかみ方	把握反射	小指と掌の間に入れてつかむ。	親指以外の4本の指と掌の間に入れてつかむ。小さな物をつかむときは4本の指を揃えて，掻き寄せるようにする。	親指を人さし指のほうに動かせる（内転）ようになり，有効に働きはじめる。	指がひとつひとつ独立してきて，親指と人さし指で物をつまめるようになる。	親指と人さし指でつまんだとき，他の指が広がらなくなる。

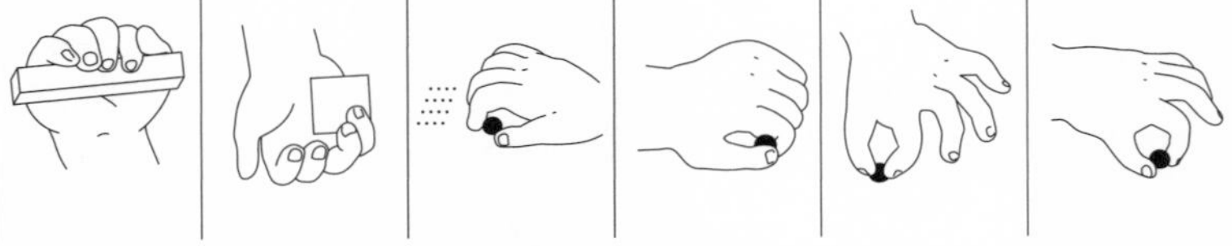

図 11-5　物のつかみ方の発達（三木，1958 を参考に作成）

ると，足を交互に歩くような動きをする足踏反射など，この時期特有の反射運動が見られる。その後，動作適応準備期（2週～1歳）に入ると，月齢が進むにつれておすわり，はいはい，つかまり立ちを経て，歩行が可能になるなど様々な動きを獲得する。そして基本的動作獲得期（1歳～7歳）には，走る，飛ぶなど移動運動スキルが発達し，平地での歩行が安定するにつれて，3歳頃までに障害物を乗り越えたり，階段の上り下りができたりなど複雑な歩行が行えるようになる。さらにバランス感覚もよくなり，行動範囲が急激に広くなる。スキャモンの発育曲線に見られるように，神経型の発達が優先するこの時期は外的刺激の適応性が高いので，いろいろな動きの要素が含まれていて多様な動きの獲得につながる遊びは発育発達の手段として有効である。したがって，そのための十分な時間や空間の確保，および仲間の存在も非常に重要になってくる。また環境が整わず，基本的な動きの獲得が不十分であったり偏りがあったりすると，その後の難しい動作の習得にあたってつまずき（上達の壁）を引き起こす可能性もあるとしている。

学童期になると自分の意志を持って運動ができるようになり，動きが洗練されていく段階である。特に9歳から12歳頃はゴールデンエイジと呼ばれ，運動能力が急速に発達する。この時期にいろいろなスポーツと出会い，経験することで，より複雑な動き，より力強い動きができるようになる。そして，自分に合ったスポーツを見つけ自信をつけることで積極的な行動につながり，心の発達にも好影響を与えると考えられる。

■ 4. 学童期・思春期の病気

体格指数，成長曲線，骨年齢，第二次性徴において，標準よりかけはなれる場合，なんらかの病気によるものではないか，調べる必要がある。また，正常な発育をしている場合でも，急激な成長に伴う鉄欠乏性貧血や，女子に多い起立性調節障害，神経性食欲不振症など思春期特有の病気もある（表 11-5）。

表 11-5　病気と主な症状

病気	主な症状
鉄欠乏性貧血	偏食　蒼白　立ち眩み　動悸　息切れ
起立性調節障害	立ち眩み　朝起き不良　めまい　頭痛
神経性食欲不振症	体重減少　無月経　貧血
神経性過食症	過食　排出行動　不整脈　胃痙攣
糖尿病	体重減少　多飲　口渇
気管支喘息	呼吸困難　咳　喘鳴
アトピー性皮膚炎	湿疹　痒み　鱗屑（りんせつ）
過敏性腸症候群	排便に伴う腹痛　下痢　便秘

Key word

基本的な動き：人間の基本的な動きは36種類に分類される。立つ，座る，寝ころぶ，起きる，回る，転がる，渡る，ぶら下がるなどの「体のバランスをとる動き」，歩く，走る，はねる，跳ぶ，登る，下りる，這（は）う，よける，すべるなどの「体を移動する動き」，もつ，運ぶ，投げる，捕る，転がす，蹴る，積む，こぐ，掘る，押す，引くなどの「用具などを操作する動き」が挙げられる。通常，これらは，幼児期からバランスよく身に付けることが望ましいとされている。基本的な動きを土台にして運動あそびや生活経験などを通して，やさしい動きから難しい動きへ，一つの動きから類似した動きへと，多様な動きを獲得していく。

運動あそび：運動あそびとは身体を使った遊びのこと。幼児期の発育発達を促すために大切であり，鬼ごっこやボール遊び，縄跳び，ブランコ，鉄棒など遊具を使った遊びなどもある。運動能力の向上だけでなく，友達との関わりからコミュニケーション能力や社会性も身につく。

ゴールデンエイジ：子どもの運動能力が急速に発達する9～12歳頃のこと。スキャモンの発育曲線に基づいており，この時期は技術や動作の習得に優れ，目で見たことが簡単に動作に反映できる。そのため一生のうちで最も運動を習得しやすい時期とされている。その前の5～8歳頃をプレゴールデンエイジ，ゴールデンエイジの後の13～15歳頃をポストゴールデンエイジと呼ぶこともある。

ブックガイド

■ 発育発達をより深く理解するために

ロバートM. マリーナほか：高石昌弘・小林寛道監訳（1995）『事典発育・成熟・運動』大修館書店

■ 子どもの運動やスポーツを理解するために

浅見俊雄・福永哲夫（2015）『子どもの遊び・運動・スポーツ』市村出版

■ 子どもの発達と支援について考えるために

大城昌平・儀間裕貴（2018）『子どもの感覚運動機能の発達と支援―発達の科学と理論を支援に活かす』メジカルビュー社

引用参考文献

浅見俊雄・福永哲夫（2015）子どもの遊び・運動・スポーツ．市村出版：東京，pp.53-62.

厚生労働省（2004）成長曲線. https://www.mhlw.go.jp/shingi/2004/02/dl/s0219-3b.pdf,（参照日2023年6月26日）.

骨成熟研究グループ（1993）日本人標準骨成熟アトラス―TW2法に基づく．金原出版：東京

佐々木玲子（2014）乳幼児の動作獲得と習熟. 子どもと発育発達，11(4)：213-217.

日本発育発達学会編（2014）幼児期運動指針実践ガイド. 杏林書院：東京.

福田恵美子（2005）コメディカルのための専門基礎分野テキスト人間発達学. 中外医学社：東京.

三木安正編（1958）現代心理学体系5　児童心理学．共立出版：東京.

Clark, J. E., and Metcalfe, J. S. (2002). The mountain of motor development: A metaphor. In Clark, J. E. and Humphrey, J. (Eds.), Motor development: Research and reviews, NASPE Publications: Reston, VA, pp. 163-190.

Scammon, R. E. (1930) The measurement of the body in childhood. In: Harris, J. A., Jackson, C. M., Paterson, D. G., and Scammon, R. E. The measurement of man. University of Minnesota Press: Minneapolis, pp.173-215.

Shirley, M. M. (1933) The first two years: A study of twenty-five babies, Vol. 2: Intellectual Development. University of Minnesota Press: Minneapolis.

第12章 測定評価

本章と関連する章 【第1章】【第2章】【第3章】【第7章】【第8章】【第9章】【第11章】【第13章】【第20章】

予習課題

①人間やスポーツを「『測る』ことを科学する」を考えてみよう。
②自己成長や目標を追求するための測定方法を考えてみよう。

1. 体育測定評価とは何か

(1) 体育測定評価とは

体育測定評価（以下測定評価）は，測定学（計量学）から派生した学問で，体育・スポーツ・健康に関わる測定方法や評価方法を主に科学的に研究する学問である。測定器（measuring instrument）や測定手法を開発し，測定結果の信頼性や妥当性，有用性を評価する。測定器とは例えばアンケートやテストなど，変数を測定するために使用する手段を指し，測定手法とはそれらを適切に運用する方法を指す。

(2) 測定尺度の種類

測定評価で扱うデータは主に定量変量と定性変量の2つに大別され，さらに定量変量は比率尺度と間隔尺度，定性変量は，順序尺度と名義尺度に分類される。これら4つの分類はスタンレー・スティーヴンズ（1946）が提案した尺度水準として測定対象である個体の特性に数値を付与するための基準である（表12-1）。

表12-1 スティーヴンズの4つの尺度水準

1. 名義尺度（Nominal Scale）：カテゴリーに分類される変数。性別，国籍など
2. 順序尺度（Ordinal Scale）：順序がある変数。学年，評点など
3. 間隔尺度（Interval Scale）：間隔が一定の変数。温度，時間など
4. 比率尺度（Ratio Scale）：間隔が一定で，基準点が存在する変数。重量，身長など

名義尺度は測定対象の特性や属性に対して，数値を割り当て区別や分類（カテゴリー化）をする基準をいう。例えば男女の分類において，男に1，女に2を割り当てることである。男女に異なる数値を割り当てれば，男に0，女に1を使ってもよい。この数量化は，量的関係を含まない質的分類であり，四則演算をすることに意味がない。

順序尺度は対象に数値を割り当て，順序関係を定義する基準である。例えば学校成績において「秀」，「優」，「良」，「可」，「不可」と分類されたとき，それぞれ「5」，「4」，「3」，「2」，「1」という数を与える測定である。順序関係が保証されれば，いかなる数値を用いてもよいが，付与された数値間の差が等しいとは限らない。例えば競技順位の場合，1位と2位の差と2位と3位の差は順位の数値間が等しいように見えるがタイムや得点などが異なる。順序尺度の測定値も四則演算する意味がない。

間隔尺度は，順序関係だけではなく，距離も明確に定義する基準である。比率尺度との違いは原点があるか否かである。温度の場合，10℃は18℃より8℃低く，8℃の差に意味がある。また，摂氏0℃は温度がまったくないという意味ではなく，水の氷点を0として任意に決めた点にすぎない。摂氏の0℃は華氏の32°Fに相当し，これは原点を任意に変えうることを意味する。これに対して，身長や体重の0cmや0kgはそれぞれが0であることを意味する（絶対原点）。また，体重の40kgは20kgの2倍を意味するが，温度の40℃は20℃の2倍を意味しない。温度は間隔尺度であり，身長や体重は比率尺度である。比率尺度は距離に加えて測定値の比にも意味がある。

名義尺度，順序尺度，間隔尺度，比率尺度は後者の尺度ほど水準が高く，間隔尺度や比率尺度は名義尺度や順序尺度の概念を含む。例えば，50人の身長を間隔尺度（cm）で測定し，大小関係から順位に変換することはできるが，順位尺度で測定されたものを間隔尺度であるcm単位への変換はできない。

表12-2　変量と測定尺度

個体（人間）	身長（cm）	体重（kg）	投擲距離（m）	順位	性別（男1女2）
1	185	83	7.5	4	1
2	156	63	6.2	12	2
3	177	74	8.1	2	1
4	179	80	7.4	5	1
5	166	62	7.1	8	2
・	・	・	・	・	・
・	・	・	・	・	・
・	・	・	・	・	・
・	・	・	・	・	・
n	161	69	6.9	10	2
	比率尺度・間隔尺度			順序尺度	名義尺度

個体の数

これらの尺度水準には適した統計手法が異なるため，正確な結果を得るためには尺度水準に応じて適切な統計手法を選択することが重要となる。

このように体育・スポーツ・健康に関わる測定評価学は統計学とも密接な関係にあり，バイオメカニクスや体育心理学といったデータ（変量）を扱うすべての学問に関連しているため，多角的な視点から研究が行われている。

■2. どのように測定するか

「体育・スポーツ・健康」における測定は体組成や筋力，有酸素性能力，スピード，柔軟性などの個人のフィットネス特性の他に，戦術や技術，ワークレートといったスポーツパフォーマンスの測定と非常に多様である。

(1) フィットネス特性の測定

最も基本的な体型の測定として，身長や体質量（体重）がある。例えば身長の計測には一般的に手動の身長計が用いられ，独立型や壁掛け型などの様々な形の身長計がある。また，体質量の測定で最もよく使用される機器は台秤やデジタル式がある。台秤は電源がなくても使用でき，キャリブレーション手順が明確な点が特徴であるが，測定が手動であるため正確性にかけ，測定時間が長くなるなどの欠点もある。デジタル式の体重計は専門的な技術を必要とせずにより正確な数値を計測できるが，電源を必要としキャリブレーションを電気的な機能に頼ることになる。

近年デジタル式の体重計には，体脂肪率や除脂肪体重の測定ができる，生体インピーダンス法を用いた機器も増えている。この手法は全身の水分量の推定（電気の抵抗値の測定により）から体脂肪率を計算しているが，事前に水分を摂取すると体脂肪率に影響することから適切な体水分量であることを確認する必要がある。これに対して測定に影響がほとんどないような，正確な測定方法（ゴールドスタンダードとも言う）として水中体重秤量法（水中体重測定法）がある。水槽の中に置かれた体重計や秤で，頭まで水に沈んだときの体重を測定する（図 12-1）。水中では身体の体積分の水の重さを浮力として受ける（アルキメデスの法則）ことから，水中体重と外での体重の差から体積がわかり，大気中の体重を体積で割って身体の密度を求めることができる。

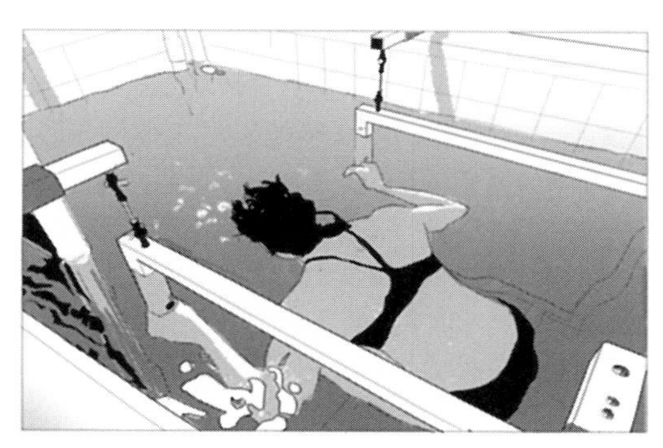

図 12-1　水中体重秤量法（University of Nebraska Omaha HP を参考に作成）

体脂肪率の測定において水中体重秤量法は最も正確に測定できると言われているが，デメリットとしてコストが高く，数少ない研究機関にしか測定機器がないため一般的ではない。このように測定を行うときには正確性やコスト，実施の容易さなどを考慮して，目的に合った測定器具を選択する必要がある。

(2) スポーツパフォーマンスにおける測定

スポーツパフォーマンスのデータはフィールド上で起きているイベントに着目した測定が多く行われており，主に試合分析とワークレート分析として主観的運動強度や血中乳酸濃度，脳波，筋電図，運動実施中の加速度や位置座標などが含まれる。

試合分析の一例としてバレーボールではプレーの種類（サーブ，レシーブ，スパイク，ブロックなど），プレーを遂行したチーム・プレイヤー，プレーの結果などが記録される。これらのデータはチームおよびプレイヤーが上手く遂行できたかを示すためや，戦術的な分析に用いられる。もし，あるチームのスパイクがレフトを多く使ってプレーすることを決めたなら，イベント（レフトからのスパイク）の頻度は，その戦術的決定を反映することになる。

また，ワークレート分析は移動距離や軌跡，加速度などを分析するもので，サッカーやラグビーなどで分析されている。これらの測定は多様なテクノロジーが利用されており，GPS 装置や電波シグナル，慣性センサ，画像処理に基づくプレイヤー追跡システムによってプレイヤーの位置情報が定期的に計測されている。高強度の活動（ランニング，ゲームに関連した活動）や低強度の活動（静止，歩行，ジョギング）を繋ぎ合わせて測定することによって試合時の動きの時系列分析を行うことができる。

一方で一部のスポーツパフォーマンスの分析として，バイオメカニクス分野における代表的な測定方法であるモーションキャプチャを用いた三次元動作解析が行われている。この分析では多くの場合，複数台のカメラを設置し，キャリブレーションを行い，反射マーカーを全身に貼付することが殆どである。このような実験室的な状況は実際の試合におけるパフォーマンスの状況下にはほど遠く，限界があることが認識されながら，多くのスポーツスキルが分析されているのも現状である。

3. どのように評価するか―新体力テスト

体育・スポーツ・健康に関わる最も日本でメジャーな測定といえば，新体力テストがある。歴史的な経緯として新体力テストの前身は1964年（昭和39年）の東京オリンピックの開催に伴って「スポーツテスト」という名で1998年（平成10年）まで実施されていた。スポーツテストでは背筋力や踏み台昇降運動，斜め懸垂腕屈伸などが測定項目として用いられていた。その後，1999年度（平成11年）から新体力テストとして，これまでのテストを全面的に見直し，国民の体位の変化，スポーツ医・科学の進歩，高齢化の進展等を踏まえ導入した経緯がある。

多くの読者が経験したであろう，現在の新体力テストは8項目の実技テスト項目である「握力」「50m走」「ボール投げ」「反復横とび」「持久走」「上体起こし」「立ち幅とび」「長座体前屈」としている。さらに詳細に見てみると，運動能力評価として走跳投に関わる3つの「走能力」「跳躍能力」「投球能力」，また，体力評価として，「スピード」「全身持久力」「瞬発力」「巧緻性」「筋力」「筋持久力」「柔軟性」「敏捷性」の8つの体力要因を評価している。さらに8項目の運動特性（動きの特性）として「すばやさ」「動きを持続する能力（ねばり強さ）」「タイミングの良さ」「力強さ」「体の柔らかさ」の5つに整理している（表12-3)。

表12-3 新体力テスト項目と評価内容の対応関係（文部科学省，2012a）

テスト項目	運動能力評価	体力評価		運動特性	
50 m走	走能力	スピード	すばやく移動する能力	すばやさ	力強さ
持久走	走能力	全身持久力	運動を持続する能力	ねばり強さ	
20 mシャトルラン	走能力	全身持久力	運動を持続する能力	ねばり強さ	
立ち幅とび	跳躍能力	瞬発力	すばやく動き出す能力	力強さ	タイミングの良さ
ボール投げ	投球能力	巧緻性 瞬発力	運動を調整する能力 すばやく動き出す能力	力強さ	タイミングの良さ
握力		筋力	大きな力を出す能力	力強さ	
上体起こし		筋力 筋持久力	大きな力を出す能力 筋力を持続する能力	力強さ	ねばり強さ
長座体前屈		柔軟性	大きく関節を動かす能力	体の柔らかさ	
反復横飛び		敏捷性	すばやく動作を繰り返す能力	すばやさ	タイミングの良さ

※ねばり強さ：動きを持続する能力

※小学生では20 mシャトルラン，中学生では持久走と20mシャトルランのどちらかを選択

測定後に行われる実技テスト項目の評価は得点を用いて行われる。得点を用いた評価はテスト項目ごとの記録をもとに，10点満点の評価を行う方法である。測定された値をもとに何かを評価する場合は集団準拠型評価（Norm-referenced evaluation）と目標準拠型評価（Criterion-referenced evaluation）の2つの方法がある。新体力テストは前者の集団準拠型を採用しており，対象集団のテスト分布をもとに，標準偏差やパーセンタイルをもとに何段階かに区分し，得点表が作成されている。

このように新体力テストはそれぞれのテスト項目に評価が割り当てられ，長年にわたって全国規模で収集された。しかし，新体力テストにおいて気を付けなければいけないのは，「体力の現状を確かめ，心身を鍛錬してその健全な発達を図り，健康に自信を持って生活できるようにするため」として行われてきたことである。

スポーツ選手の場合は，日常生活を健康に過ごすことが到達目標でないことは明らかである

し，個人の生活強度，個人差，年齢差も大きい。つまりスポーツ選手やテストの対象とするレベルによって，また，目的を何とするかによって測定項目や方法を選択し，評価の観点を正しく選択しなければならない。

Key word

統計手法：統計手法には記述統計と推測統計の2つの異なるタイプの統計分析がある。記述統計はデータを要約し，整理，説明するために使用される。平均値や中央値，最頻値，標準偏差などの測定値を計算する。例えば，測定被験者の年齢を記述統計したい場合は，年齢の平均値と標準偏差を算出する。

一方で推測統計はデータサンプルに基づいて母集団について一般化するために使用される。統計モデルや確率論を用いて予測を行い，母集団のパラメーターを推測し，結論の導出に用いる。例えば，男女のスコアに差があるかどうかを判断したい場合，推測統計を使用して2つのグループの平均値を比較し，p 値を算出して差の有意性を評価する。

よい測定方法（テスト）の条件：よい測定方法（テスト）の条件には大きく分けて「妥当性」「信頼性」「有用性」の3つが挙げられる。妥当性（Validity）は実際にどの程度的確にテストの目的を捉えているかの度合いを「内容的妥当性」「基準関連妥当性」「構成概念妥当性」「表面的妥当性」で評価する。信頼性（Reliability）は同じ測定対象者に対して，同じ条件のもとで，同じ結果を得られているという「再テスト法」や「平行テスト法」を用いて測る。有用性（Usefulness）は，テストが実施しやすいかどうかを「効率性」や「実用性」で判断する。

ブックガイド

■ 体力測定を知るために

独立行政法人日本スポーツ振興センターほか（1999）『フィットネスチェックハンドブック』大修館書店
山本利春（2001）『測定と評価―現場に活かすコンディショニングの科学』ブックハウス・エイチディ

■ スポーツ科学で使う統計学を知るために

出村慎一・山次俊介（2011）『健康・スポーツ科学のためのやさしい統計学』杏林書店

引用参考文献

出村慎一（2004）例解 健康・スポーツ科学のための統計学 改訂版．大修館書店：東京．
ピーター・オドノヒュー：中川昭ほか訳（2020）スポーツパフォーマンス分析入門―基礎となる理論と技法を学ぶ．大修館書店：東京．
フクダ・デイビット：渡辺一郎監訳（2019）スポーツパフォーマンスのアセスメント―競技力評価のための測定と分析．ナップ：東京．
文部科学省（2012a）第1章 子供の体力向上のために．pp.8-14.
文部科学省（2012b）第4章「新体力テスト」のよりよい活用のために．pp.142-150.
Stevens, S. S.（1946）On the theory of scales of measurement. Science, 103（2684）: 677-680.
University of Nebraska Omaha. https://www.unomaha.edu/news/2016/12/underwater-weigh-holiday-sale.php（accessed 2023-01-20）

第13章 体育方法

本章と関連する章 【第１章】【第５章】【第９章】【第12章】【第15章】【第20章】

予習課題

①体育方法という領域はどのようにして発生・発展してきたのかについて考えてみよう。
②体育方法ではどのような研究手法を用いるのか考えてみよう。

1. 体育方法とは

体育方法とは，運動の具体的な指導方法を提示することを目的とした研究領域である。方法（method）という語はギリシア語のmetahodosに由来し，もともとは一定の目的を達成するための道を表していた。この語に由来する「方法論」という用語は，一般的には，科学的研究や認識の方法に関する理論として解されている。しかし，教育学の領域では，「教育目標や教育内容に関する理論」を意味する「教授学」（didactics）と対照する形で，「計画的に手際よく教育を行う方法に関する理論」という意味で用いられてきた。ドイツ語では前者をMethodologie，後者をMethodikとして区別している。しかし，英語ではこの２つの概念はmethodologyの１語で表されてしまうために，この２つを明確に区別できない（日本体育学会，2006，p.612）。このことが，我が国における「体育方法」という領域の理解の混乱（日本体育学会，2006，p.612）を招く一因となっている。また，笠井（1977）は，日本体育学会において1968年に体育方法専門分科会を設立した当初は，「体育方法」という概念の検討を深く行うことなく，その頃の発表題目を総括して選んだことに言及しており，永嶋（2005）は，今日なお“体育方法”の概念が多面性・多様性をもってとらえられがちなのは，この分科会創立時の事情に起因している可能性を指摘している。具体的な研究の中身に触れる前に，その成り立ちについて解説したい。

2. 体育方法の成り立ち

(1) 欧米諸国における発生

19世紀のヨーロッパでは，ナショナリズムにより各国が富国強兵を目指して国民教育のための学校制度を作り上げていく中で，例えばドイツでは，「教育的身体習練」が学校教育における主要な教科として地位を固めていった（朝岡，2011）。この時期の学校は，教育の対象をそれまでのブルジョアの子弟から国民すべての子弟へと拡大したため，必然的に短時間のうちに多数の教員を養成することが求められ，これを達成するために教材の鋳型化，モザイク化，構築化が推し進められた。それに伴い教員養成課程では，教育的身体習練を通してどのような教育目標を達成するかよりも，授業においてどのような運動をどのような手順で教えるのかに主たる関心が向けられるようになり，「体育運動の理論」の中で次第に教材の指導方法論が中心的な位置を占めるようになっていった。ただし，この時代の教科体育では，教材の大部分が「体操（Turnen, gymnastics）」だったので，この時期の指導方法論の内容も体操の領域に限定されていた（朝岡，2011）。19世紀後半になると，ヨーロッパ各地で近代スポーツが姿を現したことから，従来の体操中心の授業内容に，次々と新しいスポーツ種目が取り入れられ，教員養成課程でも個別のスポーツ種目の指導方法論を取り上げざるをえなくなっていった（朝岡，2011）。

加えて，19 世紀末にアメリカのジョン・デューイが唱えた，子ども中心の教育への転換を主張する新教育運動の影響を受けて，アメリカとヨーロッパで体育の教育目標をめぐる議論が活発化し，ドイツ語圏では，「体育の理論」の中核領域は，「体育教授学（体育は何を教えるのかを問う：教育目標の研究）」，「体育運動学（動きの質的評価と形成の問題を扱う：教材の研究）」，そして，「体育方法学（運動財の具体的な指導方法を提示する：教材の指導法の研究）」へ分化することになった（朝岡，2011，2012）。このことから，本来の意味での「体育方法」は，学校体育における指導方法の提示を目的とした研究領域といえる。

(2) 我が国における発生

我が国の体育方法の成り立ちは，ドイツほか欧米諸国の影響を受けつつも，それとは少し違う形で発生した経緯がある。戦後の学制改革に伴う新制大学での卒業必修要件として追加された 4 単位の正課体育が 1949 年に開始されたのに伴い，そこでの諸問題を解決する推進母体として 1950 年に設立されたのが日本体育学会である（村木，2010）。とりわけ，中核となったのは，第 6 回（1955 年）大会から発表部門として設けられた「指導に関する部門」で，これが 1969 年に体育方法専門分科会として正式にスタート（朝岡，2016）して今日の体育方法専門領域に至る。体育方法専門分科会の設立の背景には，戦後復興から高度経済成長時代とともにアジアで最初の開催となったオリンピック東京大会をはさみ，大学および中等教育課程における体育教員養成機関の急増があった（村木，2010）。我が国の体育方法という領域は，新制大学に必修化された体育科教員とともに，急増する高校および大学進学率という教員ニーズの増大に呼応するもの（村木，2010）として発生したものといえる。

(3) 体育方法と体育科教育

日本体育学会における体育方法専門分科会は，その設立当初から大きく分けて 2 つの研究分野が含まれていた。1 つは運動の技術そのものの分析的研究や各種の運動の習熟過程の研究であり，もう 1 つは，各種運動種目の指導や体育学習に関する研究であった。この 2 つの研究は，前者は自然科学的研究であるのに対し，後者は教育学的研究手法を中心とする人文科学的研究であった。この両者は異なるものであるが，前者は素材としての運動自体の研究であり，後者は運動を利用しての教育であり，それらは基礎科学と応用科学という関係にあるため，前者が後者を助けて指導に貢献するという間柄であった（永嶋，2005）。この 2 つの研究は，互いにその重要性が認識されながらも，前者は次第に「運動技術ないし運動方法学の研究」として，後者は「体育の学習指導の研究」としてそれぞれ深化することとなる。しかしながら，教育作用の 1 つを表す体育と学校における教科としての体育をともに含む「体育」という概念が，その後の歴史的発展の中で次第に社会体育をも包含して，広くスポーツと同義に使われるようになるのに伴って，体育方法の研究領域は次第に教科教育や学校教育の領域を超えて，スポーツの指導法の研究へと拡大されるようになった（日本体育学会，2006, p. 612）。他方で，教科教育や学校教育の領域は，1970 年代以降のアメリカの体育教授学（didactics of physical education, 授業方法に関する研究）の影響を強く受け，1979 年に体育方法専門分科会から独立（永嶋，2005；日本体育学会，2006，p. 612）して今日の体育科教育専門領域へ至る。

3. 体育方法の研究

(1) 体育方法の研究手法

体育方法には他の領域のような独自の研究方法論は見当たらない。スポーツバイオメカニクス，スポーツ生理学，スポーツ心理学といったそれぞれの専門領域は，バイオメカニクス，生理学，心理学といった母体科学を持ち，その母体科学で確立された研究手法を体育・スポーツに応用することで，複雑で難解な人間の運動の理解を深めようとするのに対し，体育方法専門領域はそれらの手法を頼りに，その時点あるいは状況において最適と思える方法でアプローチして体育・スポーツ現場の運動課題の解決を目指そうとする。それでは，体育方法学の独自性はどこになるのかというと，それは「どのような問題を解決するのか」という研究課題の独自性にあるといえるであろう。つまり，体育・スポーツ実践において発生した運動問題をどのように考えたら解決できたのか，あるいは失敗したのかといったプロセスを説得的に記述していくことが重要となる（青山，2013）。ここからは，いくつか研究事例を取り上げ，それぞれどのようなアプローチで問題を解決しようしたのかを見ていくことにしたい。取り上げる運動種目は限られるが，あくまで「研究課題」と「研究手法」に焦点を当て，できる限り多くの運動種目に応用可能なものを示したつもりなので，参考にされたい。

(2) 運動パフォーマンスとトレーニングの関係に関する研究

戸邉ほか（2018）は，セルフコーチングを実施する 1 人の走高跳選手が記録を向上させた事例に着目し，その間の 1 年 8 か月にわたるトレーニング日誌の記述によって，記録向上過程における対象者の取り組みを明らかにするとともに，定量的データによって，記録向上に伴った体力的要因および技術的要因の変化を明らかにすることで，パフォーマンス向上のための実践知の提示を目指した。この研究では，事例を回顧的に記述するために，対象期間である 1 年 8 か月間のトレーニング日誌の内容を整理統合し，これらのデータの信頼性と妥当性を確保するために，トレーニング日誌の内容が作為的に変更されていないかをコーチが確認した（表 13-1）。

この期間における体力的要因を高めるトレーニングとして，走能力向上を目的とした 100 ～ 200 m のスプリントトレーニング，主に最大筋力の向上を目的としたクリーンやスクワットなどのウェイトトレーニング，力発揮能力の向上を目的としたボックスジャンプやハードルジャンプなどのプライオメトリックトレーニングを実施した。技術的要因を高めるためのトレーニングとして，走高跳の跳躍を行う跳躍練習と，その分習法としてのドリルを行うテクニックトレーニングを実施した（図 13-1）。

さらに，これらトレーニングの効果を検証するためのコントロールテストとして，体組成，30 m 走タイム，垂直跳の跳躍高および 6 回連続リバウンドジャンプの RJ-index（跳躍高／接地時間：図子ほか，1993）を計測した。走高跳のパフォーマンスの評価は，シーズンベストを記録した 1 大会，生涯ベストを記録した 3 大会における実際の競技の様子を 2 台の高速度ビデオカメラを用いて動画撮影し，最高パフォーマンスを記録した試技の動作を対象に，DLT 法により踏切 1 歩前から踏切までの局面の身体セグメントの 3 次元座標値を求めて各種パラメーターを算出した（表 13-2）。

戸邉ほかは，スポーツパフォーマンスの向上過程を主体者の定性的記述と定量的分析によって検討することが，パフォーマンス獲得の機序の解明に有益であることを言及している。

表 13-1 月ごとのトレーニング概要（戸邉ほか，2018）

月	Training Cycle	トレーニング目標	トレーニング日数	主なトレーニング内容	トレーニング拠点
2012 年 9 月	試合期	跳躍技術の安定	15 日	TT, PT, WT（最大スピード法）	筑波大学
10 月		筋量の増大，スプリント能力の向上	12 日	TT, PT, WT（最大スピード法）	
11 月	鍛錬期	筋量の増大，スプリント能力の向上	15 日	WT（筋肥大法），ST（100m ～ 150m）	
12 月		筋量の増大，スプリント能力の向上	20 日	WT（筋肥大法），ST（100m ～ 200m）	
2013 年 1 月	試合期	最大筋力の向上，ダブルアームアクションの定着	20 日	PT, WT（最大筋力法），ST（100m ～ 200m）	筑波大学
2 月	鍛錬期	最大筋力の向上，ダブルアームアクションの定着	16 日	TT, PT, WT（筋肥大法，最大筋力法）	スウェーデン（1 月 10 日～ 2 月 3 日）
3 月	準備期	力発揮能力の向上，ダブルアームアクションの定着	18 日	PT, WT（最大筋力法，最大スピード法）	筑波大学
4 月	試合期	力発揮能力の向上，助走から踏切局面にかけての動作の安定	15 日	TT, PT, WT（最大筋力法，最大スピード法）	
5 月		力発揮能力の向上，助走から踏切局面にかけての動作の安定	16 日	TT, PT, WT（最大スピード法）	
6 月		より素早い振り込み動作の習得	15 日	TT, PT, WT（最大筋力法）	
7 月		より素早い振り込み動作の習得	12 日	PT, ST（100m ～ 200m）	
8 月	準備期	試合期前半で消耗した体力の改善，つぶれない踏切動作の習得	18 日	TT, PT, WT（最大筋力法）	
9 月	試合期	力発揮能力の向上，つぶれない踏切動作の習得	17 日	TT, PT, WT（最大スピード法）	
10 月		つぶれない踏切動作の習得	12 日	TT, WT（最大スピード法）	
11 月	鍛錬期	筋量の増大	20 日	WT（筋肥大法），ST（100 m～ 200 m）	
12 月		筋量の増大	21 日	WT（筋肥大法），ST（100 m～ 200 m）	
2014 年 1 月		最大筋力の向上，跳躍の感覚を取り戻す	19 日	TT, WT（最大筋力法）	筑波大学
2 月	試合期	力発揮能力の向上，跳躍の感覚を取り戻す	12 日	TT, PT, WT（最大スピード法）	エストニア（1 月 19 日～ 2 月 18 日）
3 月	準備期	最大筋力の向上，助走から踏切局面にかけての動作の安定	18 日	TT, WT（最大筋力法）	筑波大学
4 月	試合期	力発揮能力の向上，助走から踏切局面にかけての動作の安定	17 日	TT, PT, WT（最大スピード法）	
5 月		力発揮能力の向上，助走から踏切局面にかけての動作の安定	4 日	TT, WT（最大スピード法）	

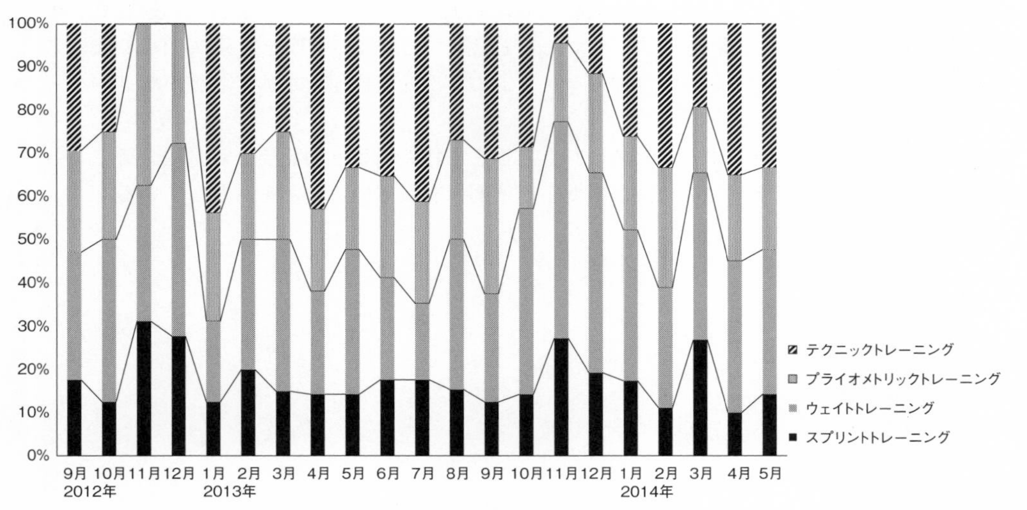

図 13-1 月ごとの各種トレーニング実施回数の割合の変化（戸邉ほか，2018）

表 13-2　踏切局面のバイオメカニクス的基礎パラメーター（戸邉ほか，2018）

	ストライド長（m）	接地時間（s）	身体重心高（m）		身体重心水平速度（m / s）		身体重心鉛直速度（m / s）	
			接地時	離地時	接地時	離地時	接地時	離地時
競技会 1	1.92	0.167	0.93	1.35	7.18	4.48	0.12	4.48
競技会 2	1.81	0.173	0.93	1.36	7.85	4.15	-0.32	4.58
競技会 3	1.87	0.160	0.91	1.37	7.70	4.47	-0.17	4.71
競技会 4	2.12	0.153	0.92	1.34	8.01	4.47	-0.09	4.93

(3) 運動パフォーマンスとフィードバックに関する研究

池田ほか（2019）は，円盤投の国内トップレベル選手と学生トップレベル選手を対象に，ベンチプレスおよびメディシンボール投げの測定（体力要素）と，実際の円盤投の 3 次元動作解析（技術要素）に加え，得られたデータの解釈と活用方法について選手本人とそのコーチにインタビューを実施し，データが示す客観的な事実を技術指導や体力トレーニングに通ずる主観的な示唆へ繋ぐことを試みた。この研究では，円盤を投げ出す際の肩関節水平内転動作の主働筋である大胸筋の筋機能を評価するため，ベンチプレスの最大挙上重量（Repetition Maximum: 1RM）と，パワー（1RM 測定で挙上した重量の 40%，60%，80% の負荷でできるだけ速く挙上する）を測定した。また，全身発揮パワーを評価するため，5kgのメディシンボールを用いて 3 種類（フロント，サイド，バック）の投げ方による投てき距離を計測した。国内トップレベル選手と学生トップレベル選手の円盤投の動作の違いを検証するため，選手側方と後方に 1 台ずつ高速度ビデオカメラを設置して動画撮影し，得られた映像をもとに DLT 法により 3 次元座標値を求めて身体各部と円盤の各種パラメーターを算出した。加えて，選手やコーチが有する運動感覚（主観）と実際の動作（客観）を関連付けて検討するため，ベンチプレス，メディシンボール投げおよび 3 次元動作解析により得られたデータをもとに選手本人とそのコーチにインタビューを実施した。具体的なインタビューの内容は以下に示す通りである。

質問①　今回の分析データから，技術面・体力面の課題は見つかりましたか？　また，技術的な長所だと認識できた点はありますか？

質問②　今回の分析結果について，ご自身の意識と一致する点，ズレを感じる点があれば教えてください。

質問③　今回の研究目的の一つに，「データを元に“どのような感じで動けばよいか”という主観的情報を導き出すこと」があります。これまでのご自身の経験と今回のデータを合わせて得られた主観的情報があれば教えてください。

池田ほかは，バイオメカニクスデータを分析するだけではなく，一流選手のもつ「主観的情報」や「動きのコツ」，選手の体力特性を組み合わせることでパフォーマンス向上，技術指導に役立つ普遍性のある技術論の構築に貢献できる可能性を指摘している。

(4) 状況判断に関する研究

八板ほか（2021）は，バスケットボールの状況判断と戦術行動に関する知識の有無を評価するための知識テストの作成を試みた。この研究では，全日本大学バスケットボール選手権大会のゲーム映像から速攻を志向する場面を抜き出すとともに，抜き出した映像をもとに矢印と記号を用いて選手とボールの動きを，質問 1 としてそのシーンにおける攻防プレイヤーの人数，質問 2 としてその状況において選択するプレイを 5 ～ 7 個の選択肢から最適と思われるものを解答させる問題用紙（図 13-2）を作成し，44 シーン 88 問の「オリジナルテスト」を考案した。

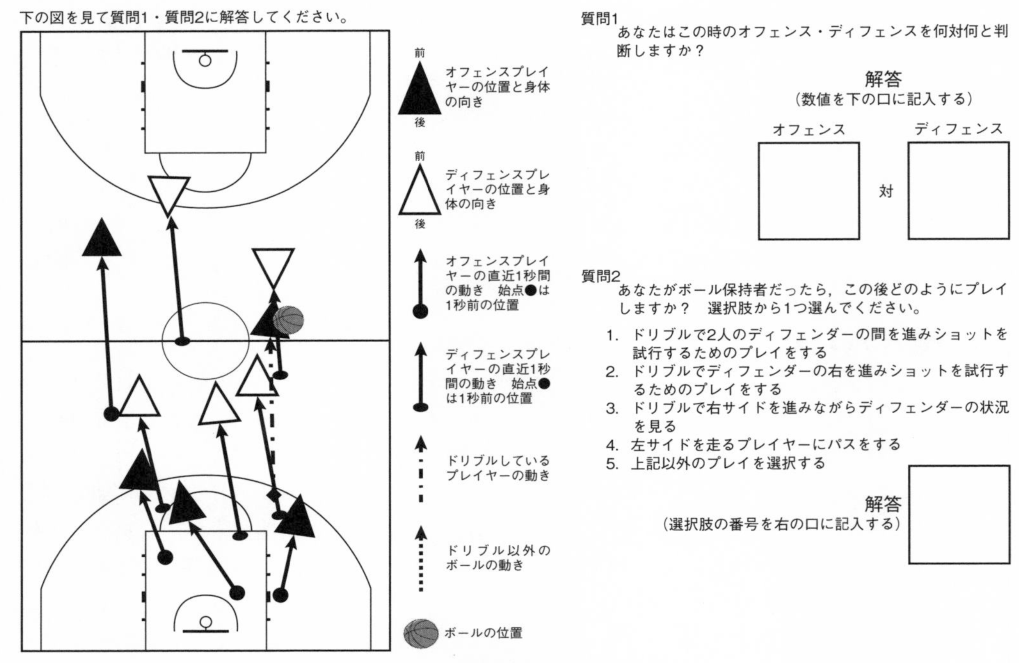

図 13-2　テストの問題例（八板ほか，2021）

全国大会出場経験を有し大学生を指導する現役の日本バスケットボール協会公認コーチ 7 名にオリジナルテストの解答を依頼し，コーチ 7 名の過半数の解答が一致した問題（質問 1・質問 2）を正答のある採点可能な問題としてまとめ「暫定的テスト」とした。さらに暫定的テストを地区大会 5 位以上の大学バスケットボール部員 65 名に実施し，解答データからクロンバックの α 係数を用いた信頼性（内部一貫性）の高い問題を抽出し，これを「信頼性の確認された問題群のテスト」として，上記同レベルの成績を有する大学バスケットボール部員 125 名に追加実施し，この 190 名を全日本大学バスケットボール選手権大会出場の有無によって全国大会群と地方大会群に分類した。分類した全国大会群と地方大会群のテスト結果を集計し，t 検定による群間比較によって基準連関妥当性を検討し，これを「信頼性，妥当性を有することが確認されたテスト」として，上記標本と同レベルの競技水準を有する大学バスケットボール部員 60 名に実施し，テストの交差妥当性を検討した（図 13-3 及び表 13-3）。

八板ほかは，「信頼性，妥当性を有することが確認されたテスト」と実際のプレイ場面における状況判断を併せて検討すれば，基礎的な知識を有していたにもかかわらずできなかったのか，有していないからできなかったのかがわかるため，状況判断やプレイの成否の理由に基づいたトレーニングや不足している必要な知識の習得に結びつけることが可能になると言及している。

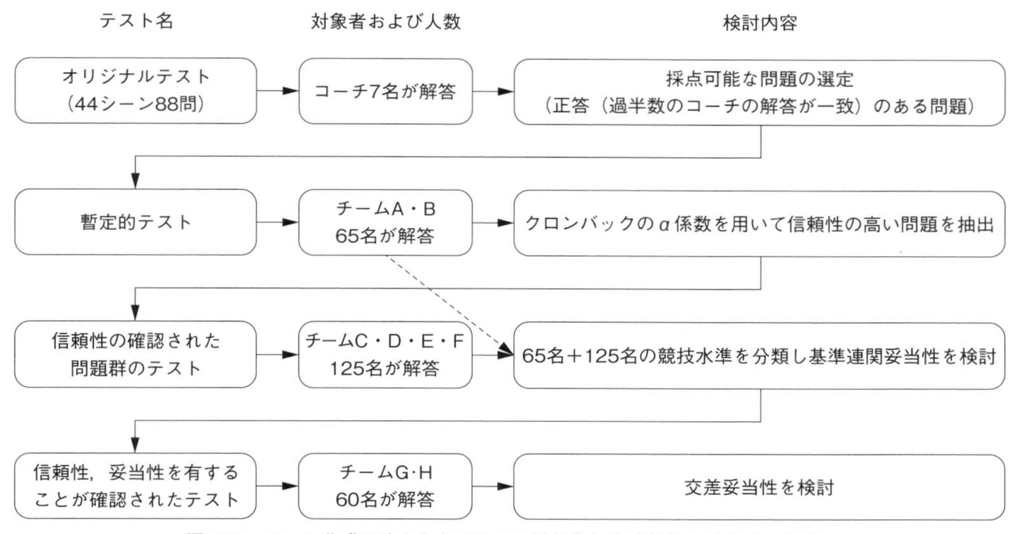

図 13-3　テスト作成の流れと各テストの対象者と検討内容（八板ほか，2021）

表 13-3　信頼性および妥当性検証の対象となった標本の所属と競技水準（八板ほか，2021）

検査項目	チーム	全国大会群		地方大会群		計	
		男子	女子	男子	女子		
項目選択 基準連関妥当性	A		45			65	190
	B				20		
基準連関妥当性	C	21				125	
	D	57					
	E				19		
	F				28		
交差妥当性	G		23			60	
	H			37			
計		78	68	37	67	250	

Key word

運動学：スポーツにおける人間の運動に関する研究と解され，教育学的視点，バイオメカニクス的視点，サイバネティクス的視点，モルフォロギー的視点など様々な運動学が提唱されている。

オープンスキル：サッカー，バレーボール，テニスや，ボクシング，レスリング，柔道，剣道，相撲のように，ボールや相手の位置が絶えず変化する環境下で，適切な状況判断を求められるスポーツにおけるスキルのことを指す。

クローズドスキル：陸上競技（競走，跳躍，投擲），水泳競技（競泳，飛込），器械運動や，ゴルフ，ライフル射撃，スキージャンプのように，比較的安定した変化の少ない環境下で，同じ動作の反復，あるいは事前に決められた動作を行うスポーツにおけるスキルのことを指す。

ブックガイド

■ 体育・スポーツにおける実践研究の方法を広く学ぶために

福永哲夫・山本正嘉『体育・スポーツ分野における実践研究の考え方と論文の書き方』市村出版

■ 体育・スポーツにおける実践的な研究の方法を広く学ぶために

出村愼一（監）長澤吉則（編）『健康・スポーツ科学のための動作と体力の測定法―ここが知りたかった測定と評価のコツ』杏林書院

福永哲夫・山本正嘉『体育・スポーツ分野における実践研究の考え方と論文の書き方』市村出版

ニウドソン・モリソン：阿江通良（監）『体育・スポーツ指導のための動きの質的分析入門』ナップ

引用参考文献

青山清英（2013）体育方法学およびコーチング学に関連する名称は統一できるのか？．コーチング学研究，26(2)：231-233.
朝岡正雄（2011）ドイツ語圏における発展過程から見たコーチング学の今日的課題．体育学研究，56：1-18.
朝岡正雄（2012）コーチング学のない体育学／一般理論のないコーチング学．コーチング学研究，25(2)：195-198.
朝岡正雄（2016）体育学におけるコーチング学の役割．コーチング学研究，29(3)：5-11.
池田祐介・小林志郎・堤　雄司・下門洋文・市川　浩（2019）円盤投における男子日本トップ選手と大学トップ選手の体力要素と投てき動作の比較および選手による投てき動作に対する主観的評価．コーチング学研究，33(2)：127-144.
図子浩二・高松　薫・古藤高良（1993）各種スポーツ選手における下肢の筋力およびパワー発揮に関する特性．体育学研究，38：265-278.
戸邉直人・林　陵平・苅山　靖・木越清信・尾縣　貢（2018）一流走高跳選手のパフォーマンス向上過程における事例研究．コーチング学研究，31(2)：239-251.
永嶋正俊（2005）体育方法専門分科会の活動を顧みる．体育学研究，50：91-104.
日本体育学会監（2006）最新スポーツ科学事典．平凡社：東京.
村木征人（2010）コーチング学研究の小史と展望．コーチング学研究，24(1)：1-13.
八板昭仁・青柳　領・倉石平・野寺和彦（2021）バスケットボールの速攻の戦術行動に関わる状況判断の知識テストの作成．コーチング学研究，35(2)：189-199.

第14章 保　健

本章と関連する章 【第１章】【第３章】【第15章】【第18章】

 予習課題

①日本に「体育」の教員免許状を持った教師は，何人ぐらいいるだろうか。予想してみよう。ちなみに，日本の中学校の数は約１万校，高校の数は約６千校である（2022年現在）。
②保健体育教師を志望している人は，受験したい各都道府県教育委員会のホームページをチェックしてみよう。また，教育職員免許科目（教科及び教職科目）はいつの段階で履修しなければならないのか。章末資料「保健体育教師までの道のり」を使って作成してみよう。

日本体育・スポーツ・健康学会の保健専門領域では，この領域が設置された1975年以降，保健に関わる様々な研究発表がなされている。これら研究発表を大別すると，保健教育や学校保健，健康管理，地域保健，運動と健康，運動と衛生などに分類することができる。

さて本章では，こうした研究分野の中から，大学の教養レベルまでに身につけておきたい「保健教育」の基礎・基本について述べていく。なぜならそれは，この書籍を手に取った多くの方々が，将来「体育」教師になることを志望していると思われるからである。

1.「体育」教師とは

冒頭でも述べたように，この書籍を読んでおられる方は，将来は中学か，あるいは，高校の「体育」教師を志望されている人なのかもしれない。ところが，日本には「体育」の教員免許状を持った教師が一人もいないというのは，ご存じだろうか。いやいや「高校の体育の先生は体育教官室にいた」，「中学や高校で体育を教えていた先生は，自身のことを体育教師と呼んでいた」という人がいるかもしれない。

しかし，日本の教員免許状について規定している「教育職員免許法」には，「体育」の教員免許状は存在しない。存在しているのは，中学も高校も「保健体育」の教員免許状だけである。ちなみに「保健」だけの教員免許状は存在する（次ページ囲みの①参照）。というわけで，「予習課題①」の答えは，０人ということになる。

ところで，なぜこのような回りくどいことから話し始めているかというと，大学で教えている保健科教育法に関連する講義の第１回目に，「高校で印象に残っている保健授業を挙げてください」という課題を出すと，「高校の保健授業は覚えていない」や，「高校では保健授業は実施していなかった」などという学生が，公立・私立の出身高校にかかわらず毎年必ず十数名存在するからである。覚えていないというのは学生自身の責任なのだが，もし仮に実施していないということになると，それは過去にあった「高校必修履修科目未履修問題」にもつながりかねず，高校における保健体育教師の存在意義にも関わってくる。

つまり，日本で「保健体育」の教員免許状を取得し授業を担当している教師は，「体育」の授業だけでなく「保健」の授業も教えるのが，「教師としての仕事」なのである。もちろん高校によっては，「保健」を教える教師と「体育」を教える教師が分担して授業を実施している高校も存在する。しかし，日本国内の高校で，「保健」の授業を実施しないということは有り得ないこ

となのである。まずは，このことを十分に理解して，保健体育教師を目指してもらいたい。

①「教育職員免許法」（昭和22年法律第147号）
第二章　免許状（種類）
第四条の５の１　中学校の教員にあっては，国語，社会，数学，理科，音楽，美術，保健体育，保健，技術，家庭，職業（職業指導及び職業実習（農業，工業，商業，水産及び商船のうちいずれか一以上の実習とする。以下同じ。）を含む。），職業指導，職業実習，外国語（英語，ドイツ語，フランス語その他の各外国語に分ける。）及び宗教
２　二　高等学校の教員にあっては，国語，地理歴史，公民，数学，理科，音楽，美術，工芸，書道，保健体育，保健，看護，看護実習，家庭，家庭実習，情報，情報実習，農業，農業実習，工業，工業実習，商業，商業実習，水産，水産実習，福祉，福祉実習，商船，商船実習，職業指導，外国語（英語，ドイツ語，フランス語その他の各外国語に分ける。）及び宗教

註）下線：波線は校種別の教員，実線は「保健体育」と「保健」の免許状を示す。「保健」単独の免許状はあるが，「体育」単独の免許状は存在しない。

■ 2. 保健授業が存立する法的根拠（法的枠組み）

保健授業とは教育課程の実施である。教育課程は学校が編成して実施することであり，学習指導要領に則って実施される。学習指導要領が示す教育課程は弾力的で，最低限の基準を示したものである。教師は，特に必要がある場合には，学習指導要領に示されていない内容であっても付加して指導することができることになっている。

我が国の法体系では，国会が決める「憲法」を頂点に，その下に国会が定める「法律」，さらにその下には内閣が定める「政令」，続いて各省大臣が定める「省令」「告示」で構成されている。この一種の上下の体系のもとで，学習指導要領は「告示」されている（図14-1）。

①憲法：第25条「生存権・健康権」，第26条「教育権」では国の社会的使命を規定している。
②法律：教育基本法の第１条の「教育の目的」で「心身ともに健康な国民の育成」，第１条と第５条で「資質」，第２条の２と第５条の２で「能力」について規定している。また，学校教育法の第30条の２で「学力の３要素（知識・技能，思考力・判断力・表現力，主体的に学習に取り組む態度）」について規定している。
③省令：学校教育法施行規則の（小）第50条，第51条，（中）第72条，第73条，（高）第83条，第84条ほかで教科，科目，授業時数などを，第55条の２で「地域の実態に合わせて実施」について規定している。
④告示：学習指導要領の（小）体育（保健領域），（中）保健体育（保健分野），（高）保健体育（科目保健）などの保健授業で教える内容（教育課程）の基準について規定している。

■ 3. 学習指導要領と保健授業の担当者

保健授業は，小学校では体育科，中学・高校では保健体育科という教科に位置づけられている（表14-1）。保健授業で教える内容（教育課程）の基準は，文部科学省が『学習指導要領』として告示している。学習指導要領は，ほぼ10年に一度改訂され，教科ごとに学習指導要領の詳しい内容を記載した『学習指導要領解説』が発行される。

保健授業の担当者は，小学校では学級担任，中学・高校では保健体育科教諭である。また，兼職発令を受けた養護教諭が主担当として，あるいは兼職発令を受けなくても，副担当（T・T）やゲストティーチャーとして保健授業に参画する場合もある。

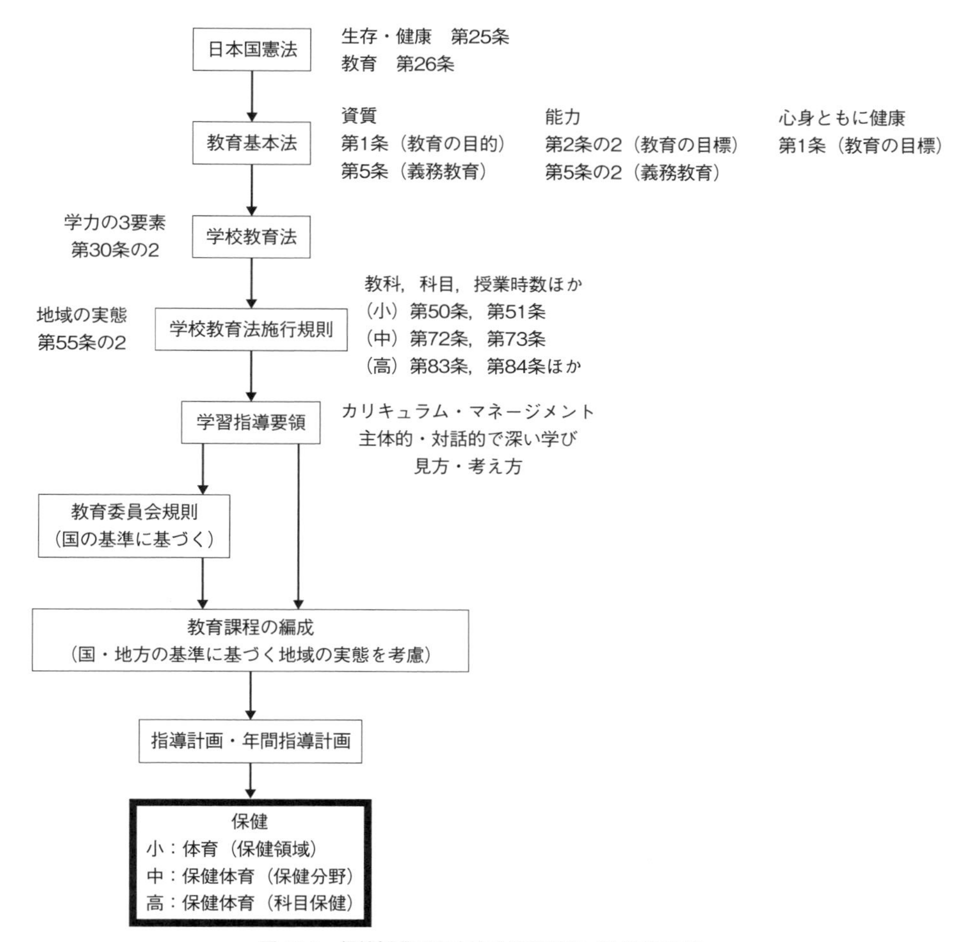

図 14-1　保健授業が存立する法的根拠（法的枠組み）

保健授業は「保健学習」という別の呼び方もある。その他にも学校では，健康についての指導の用語が様々な呼び方で使われている。例えば，保健学習，保健指導，保健教育，健康教育，学校健康教育である。これらの違いについては，章末の「Key word」で解説している。

保健学習，保健指導，保健教育，健康教育，学校健康教育の分類は，勉強を始めたばかりの人にとっては，大変わかりにくい内容かもしれない。ただし勉強が進んでいくと，「あっ，そういう意味で区別してこの論者は使っているのか」とわかってくるので，いまの教養課程の段階では，大まかなアウトラインを理解できれば十分である。

4. 保健授業の役割と存在意義

保健体育教師が担う保健授業は，すべての国民が，生涯における成長期というある時期の一定の期間に，学校という一定の場所で，学習指導要領に示された一定の内容を，それに基づいて作成された教科書を使って，教えることに専門的な資格をもつ教師により集団的に学ぶもので，そこには，地域や職域などで実施される他の健康教育には見られない，特有の役割がある。

特有の役割とは，社会的基盤として国民が保健の知識に関して一定の水準と内容の共通性を維持する役割，つまり，共通教養としての「ヘルスリテラシー」の形成を保証する役割である。保健授業では，その学びを通して，健康文化の担い手と作り手として自立し，生涯にわたって公共的な健康文化づくりの実践に参加し，健康の主権者として公的責任を果たしていける国民

表 14-1　教育課程における保健授業の位置づけ

<table>
<tr><th>区分</th><th colspan="2">小学校</th><th colspan="4">中学校</th><th colspan="2">高等学校</th></tr>
<tr><td>位置づけ</td><td colspan="2">体育科・保健領域</td><td colspan="4">保健体育科・保健分野</td><td colspan="2">保健体育科・教科保健</td></tr>
<tr><td>指導の時間</td><td colspan="2">第３・４学年「８単位時間程度」
第５・６学年「16単位時間程度」</td><td colspan="4">３年間を通じて 48 時間（各学年 16 単位時間）</td><td colspan="2">２単位（原則として入学年次及びその次の年次の２か年）
各学年 35 単位時間</td></tr>
<tr><td rowspan="5">指導学年と学習項目</td><td colspan="2">1，２学年なし</td><td>第1学年</td><td rowspan="5">・健康な生活と疾病の予防（3年間を通じて）</td><td>（4時間）</td><td>・心身の機能の発達と心の健康（12 時間）
（4 時間）＋（12 時間）</td><td>第1学年</td><td>・現代社会と健康
・安全な社会生活
（35 時間）</td></tr>
<tr><td>第3学年</td><td>・健康な生活（4 時間）</td><td rowspan="2">第2学年</td><td rowspan="2">（8時間）</td><td rowspan="2">・傷害の防止（8 時間）
（8 時間）＋（8 時間）</td><td rowspan="2">第2学年</td><td rowspan="2">・生涯を通じる健康
・健康を支える環境づくり
（35 時間）</td></tr>
<tr><td>第4学年</td><td>・体の発育・発達（4時間）</td></tr>
<tr><td>第5学年</td><td>・心の健康
・けがの防止（8 時間）</td><td rowspan="2">第3学年</td><td rowspan="2">（8時間）</td><td rowspan="2">・健康と環境（8 時間）
（8 時間）＋（8 時間）</td><td rowspan="2">第3学年</td><td rowspan="2">原則なし</td></tr>
<tr><td>第6学年</td><td>・病気の予防（8 時間）</td></tr>
</table>

的保健教養ともいえる，「ヘルスリテラシー」の基礎・基本を育てることが求められている。

子どもたちは，このヘルスリテラシーの獲得によって，社会生活を営むにあたって必要とされる実用的で機能的なヘルスリテラシー，つまりは，各種メディアから示される様々な健康情報の理解や共有，医療機関でのインフォームドコンセントやセカンドオピニオンなどにも対応できるようになる。このような共通教養としてのヘルスリテラシーの形成は，学校以外の健康教育で培うことが困難となっている。

また，学校における保健の学びの経験は，保健授業を中心とはしているがそれにとどまるものでない。身体の教育も，生理学的な身体を対象にするだけでなく，精神的・文化的存在としての身体を対象とし，言語，芸術，科学，社会，技術に関わる総合的な領域内容が，保健授業の学びにも浸透し合って機能しており，各内容領域は学校でのカリキュラム全体を通して教育されるものである。そのため，ヘルスリテラシーを育てるためには，保健授業のような学びの経験の文化的価値を意味づけ，構造化した総合的で共通なカリキュラムに基づく組織的，体系的で計画的な学校独自のカリキュラム作成とマネイジメントが必要であり，そこにまた健康教育とは異なる，教科としての保健授業の存在意義を見出すことができる。

■ 5.　おわりに

「保健体育」の教員免許状を取得し，教員採用試験に合格するには，計画的段階的に準備を進めていかないといけない。一方で最も大切なのは，自分は何のために保健体育教師になるのか，自分は保健授業で何を教えたいのかについて十分に考え，保健授業も担当する保健体育教師としての資質と能力を高めておかなければならないことは言うまでもない。

Key word

高校必修履修科目未履修問題：2006年頃，大学進学実績の向上を重視した高校が，学習指導要領では必履修だが大学受験には関係ない教科や科目を履修させなかったため，単位不足となって卒業が危ぶまれる生徒が多数判明した問題である。多くの学校は補習で対応したが，受験や卒業を直前に控えた状況での長時間の補習に対して，生徒（保護者）側から反発の声が上がった。

保健学習，保健指導，保健教育：成長期の児童・生徒を対象にし，小学校では体育科，中・高校では保健体育科という教科で実施される「保健学習」と，教科外で特別活動として実施される「保健指導」がある。保健学習の一部は「総合的な学習の時間」でも実施され，理科や家庭科，社会科等の教科の中で実施されている場合もある。「保健学習」と「保健指導」はまとめて，「保健教育」と呼ばれる。

健康教育，学校健康教育：「健康教育」とは，人の誕生から死までを対象にし，地域，学校，職場，医療機関などで，母子保健，学校保健，産業保健，成人保健，老人保健福祉，精神保健，歯科保健などとして実施される保健計画事業の教育的側面をいう。特に学校で行われる健康教育のことを「学校健康教育」と呼ぶ場合もある。

ヘルスリテラシー：多義的であり，その定義は様々である。WHOは「健康を保持増進するために，情報を理解し，利用するための動機づけと能力を決定する認知的・社会的スキル」（1998）として，社会適応的に定義している。他方フィンランドはWHOの定義よりも進歩的であり，「健康に関連する(1)理論的な知識，(2)実践的な知識，(3)批判的思考，(4)自己の気づき，(5)倫理的な責任（市民性）」（2016）として，日常生活を過ごすために必要とされる機能的知識のみならず，現代的な健康課題の改革に必要とされる能力，いわゆる批判的思考も定義している。

ブックガイド

■ 保健科教育を広く学ぶために

日本保健科教育学会編（2017）『保健科教育法入門』大修館書店

森　昭三・和唐正勝編著（2002）『新版保健の授業づくり入門』大修館書店

■ 保健授業づくりをより深めたい人のために

保健教材研究会編（1999）『新版「授業書」方式による保健の授業』大修館書店

保健教材研究会編（2004）『最新「授業書」方式による保健の授業』大修館書店

引用参考文献

菱村幸彦（2019）はじめて学ぶ教育法規．教育開発研究所：東京．

和唐正勝（1987）現代社会における保健科教育への期待．森　昭三・和唐正勝編著，新版保健の授業づくり入門．大修館書店：東京，pp. 2-9.

章末資料：保健体育教師までの道のり

◆教育職員免許科目（教科及び教職に関する科目）取得予定科目を記入しよう

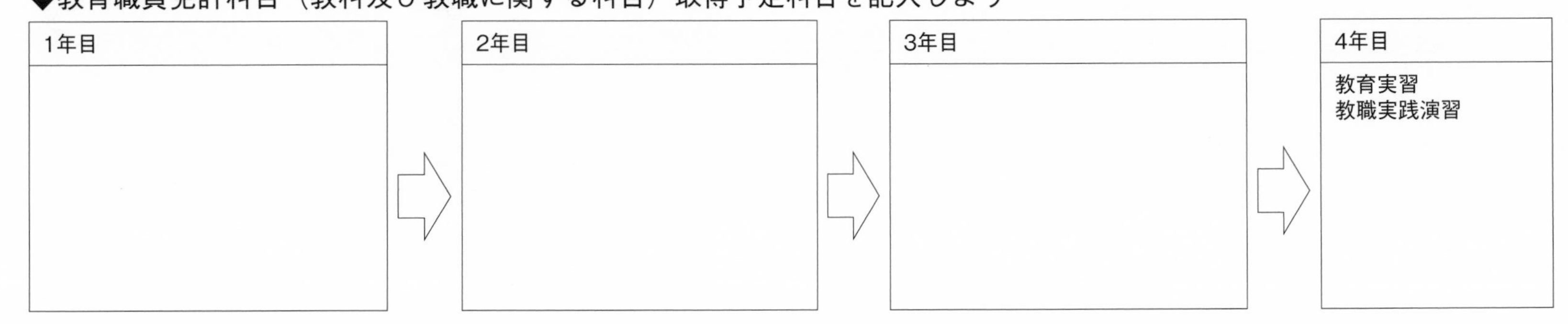

1年目	2年目	3年目	4年目
			教育実習 教職実践演習

◆教員採用試験受験の年

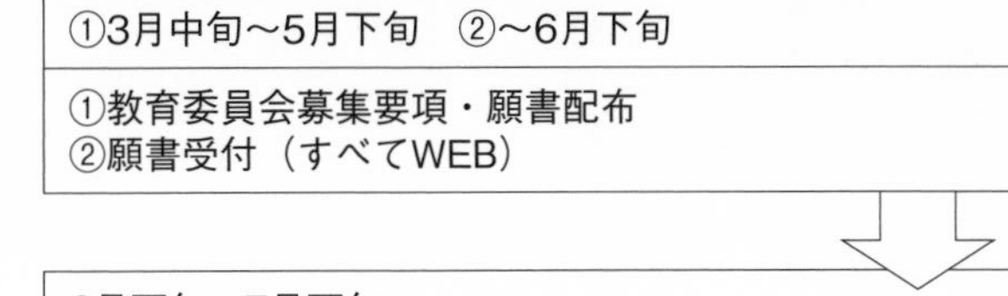

①3月中旬～5月下旬　②～6月下旬

①教育委員会募集要項・願書配布
②願書受付（すべてWEB）

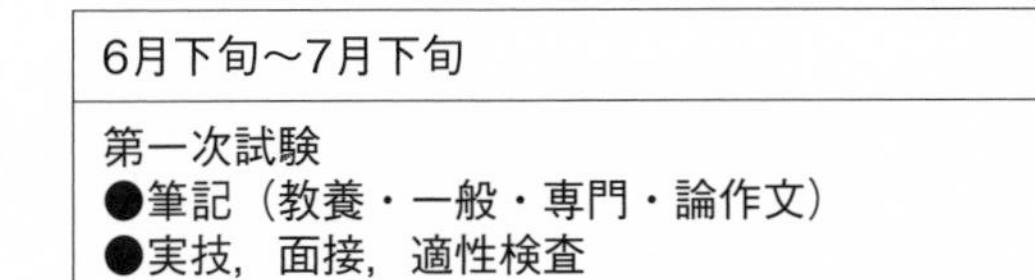

6月下旬～7月下旬

第一次試験
●筆記（教養・一般・専門・論作文）
●実技，面接，適性検査

一次試験合格通知

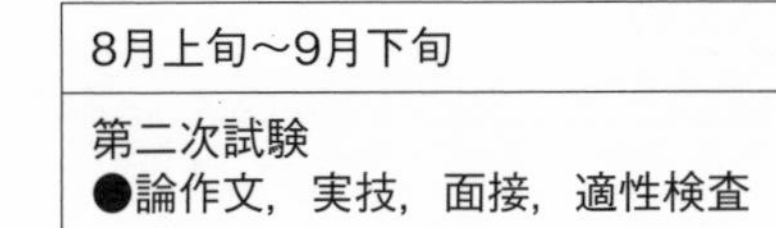

8月上旬～9月下旬

第二次試験
●論作文，実技，面接，適性検査

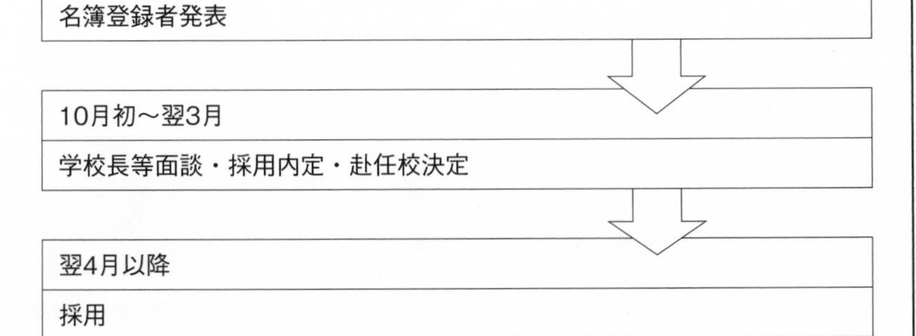

9月中旬～10月下旬

二次試験合格通知

9月末～11月初旬

名簿登録者発表

10月初～翌3月

学校長等面談・採用内定・赴任校決定

翌4月以降

採用

（2022年現在）

第15章 体育科教育学

本章と関連する章 【第1章】【第13章】【第14章】【第20章】【第21章】【第22章】

 予習課題

①「よい体育の授業」は，どのような授業か考えてみよう。
②体育教師とスポーツのコーチャーは同じでしょうか？ 「Yes ／ No」
その理由を自分なりに考えてみよう。

1. 体育科教育学とは

(1) 体育科教育学の性格

体育科教育は，学校の教科である体育（保健体育）に関する教育活動，内容の総称である。

体育科教育学は，教育学（教科教育学）を親科学，体育学を関連科学として行われる研究分野である。日本教育大学協会教員養成課程検討委員会（1966）は，「教科教育学の基本構想案」を発表した。これにならえば，体育科教育学は，「体育に関する基礎科学と教育科学とをふまえて，目標，内容および方法を明らかにし，教授学習過程の理論的実践的研究をおこなう科学」と規定できる。体育に関する基礎科学とは，本書を構成する各章の内容である体育学（スポーツ科学）の学問分野のことである。高橋（1987）は，体育科教育学の性格について次のように述べている。

> 「体育科教育学は，現実の子どもと運動やスポーツとの関わりによって，「こうあらしめたい」という価値や目標を設定し，その目標の実現に最も有効な内容や方法を選択し，さらにそれらの妥当性を検証していこうとするものである。換言すれば，体育科教育の目標・内容・方法の一貫した原理を探求し，たえざる授業改革に役立てようとする学問である」（高橋，1987，p.22）

体育科教育学は，一回性の出来事の連続からなる体育の授業で生じる事実に着目し，体育の授業を改善するための原理や原則を見出していこうとする点で実践的である。また，体育科教育学に携わる際は，体育の授業の実践者（当事者）として，あるいは実践者らに共感し寄り添いながら事実や課題を把握していく立場と客観的な観察者として努めて冷静に，かつ慎重に分析を進めていく立場を併せもつ必要がある。この点において，体育科教育学は，臨床的な性格をもつ。

(2) 教員免許状取得との関連

読者の中には，体育・保健体育の教員免許状を取得しようと考えている人がいるかもしれない。例えば，中学校教諭一種免許状（保健体育）を取得するには，教育職員免許法施行規則に定められる科目について必要単位数（最低67単位）を修得する。このうち8単位は，教科の指導法（情報機器及び教材の活用を含む）を修得する必要がある。体育の授業の改善を目的とする体育科教育学は，教科の指導法（情報機器及び教材の活用を含む）と密接に関連する領域で

ある。教職を目指す人は，この授業（科目の名称は大学によって異なる）の中で体育科教育学の内容を詳しく学修することになる。

(3) 日本体育科教育学会の発足

体育授業を扱う研究は，日本体育学会（1950年設立，現在は，日本体育・スポーツ・健康学会）の中で行われていた。1969年には，日本体育学会の中に「指導に関する部門」を発展させるために体育方法専門分科会（現在は，専門領域）が発足し，体育授業を扱う研究が行われた。その後，体育授業を扱う研究の充実を図るために，独自の専門分科会を立ち上げる機運が生じた。1979年，体育科教育学専門分科会は，教科体育における学習指導の研究を行う領域として体育方法専門分科会から独立した（日本体育学会監修，2006，p.612）。日本体育科教育学会は，体育科教育学専門分科会を母体として1995年に発足した比較的新しい学会である。

■ 2. 体育科教育学の対象・領域

体育科教育学は，体育の授業の改善を目的とする学問である。したがって，体育の授業は，体育科教育学の直接の研究の対象である。また，学校で行われる体育の授業以外の体育的な諸活動と体育の授業は，相互に関連が図られることで教育の成果を上げられるため，教育の現場において不可分の関係にある。そのため，体育科教育学の研究対象は，クラブ活動や運動会などの体育的行事も含まれる。

図15-1は，宇土（1983）による体育授業（学習指導）の構造モデルである。

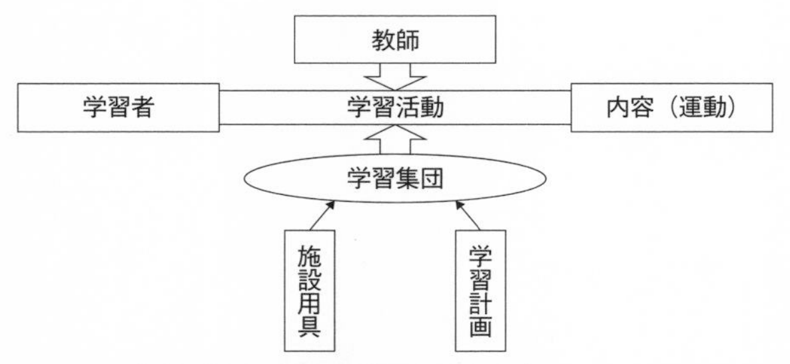

図15-1 体育の授業（学習指導）の構造モデル（宇土，1983，p.9）

体育の授業は，教師，学習者，内容（運動）が三位一体となって展開される。学習者である児童・生徒が学習の内容である運動を行う学習活動は，体育の授業の中核を成している。このモデルには，学習者相互の協力関係を重視してグループ学習といった小集団学習が広く行われていることから，学習集団が位置づいている。また，施設用具，学習計画が付加的な条件として加えられている。

体育の授業の構造を見ると，体育の授業を指導する教師が各要因の状態を把握したり，それぞれの要因の間に適切に介在したりすることによって学習の成果を上げられることがイメージしやすい。具体的には，例えば，教師が学習者の技能の水準や心理的な準備状況などを把握すること，内容（運動）に関する技術の構造を把握して，各授業で指導する事項とその具体的な手立て・指導法を身に付けていることなどは，よい体育の授業を遂行するための要因となる。体育の授業の構造を理解することは，体育科教育学の研究やそれらの成果を理解するための助けになる。ただし，このことは，体育科教育学が体育の授業を直接対象として，体育に関する基礎科学の知見を応用することによって，学習の効率や効果を求めるためだけの検討を行う領域であることを意味するわけではない。確かに，「体育の授業の目標－その達成のための内容－具体的な手立てとしての方法」に関連して行われる授業研究は，体育の授業改善の具体的な

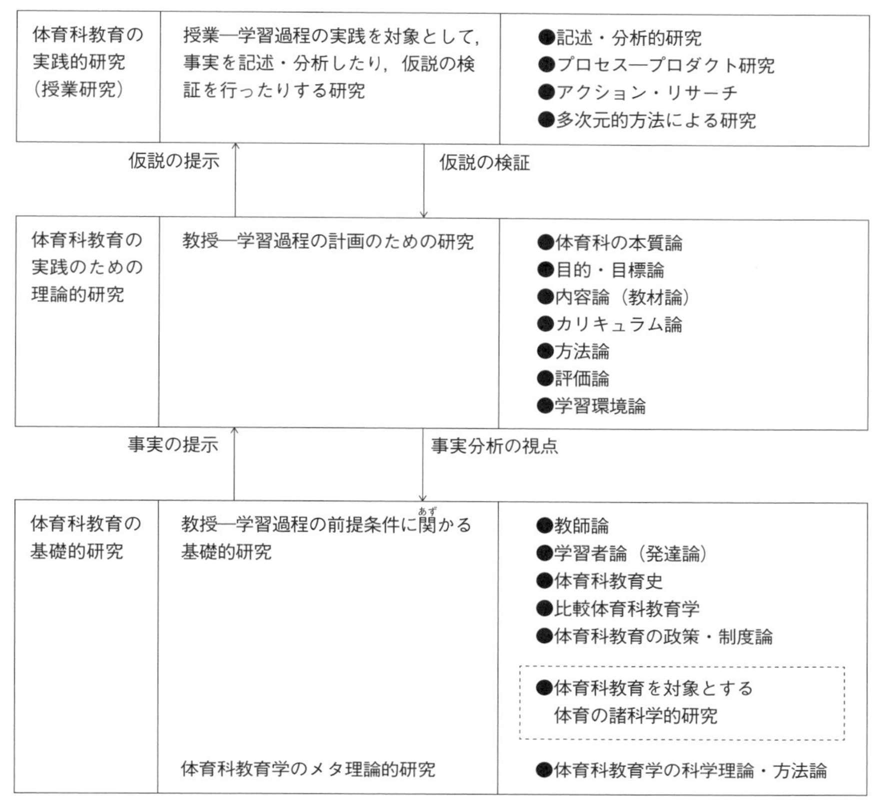

図 15-2　体育科教育学の研究領域の層（高橋，1992，p.22）

方途となる。しかし，学校の授業は，教育制度のもとで行われるものであるし，時代や社会背景のもとにとられる政策などの影響を受ける。したがって，体育の授業が実践される基礎となる諸要因についても体育科教育との関連から検討することになる。

図 15-2 は，体育科教育学の研究領域の層を示す（高橋，1992）。体育科教育学の研究領域は，①体育科教育の実践（授業）そのものを対象として行われる「実践的研究（授業研究）」，②体育科教育の方法原理を体系的に明らかにする「理論的研究」，③体育科教育の理論や実践のための基礎的知識を提供する「基礎的研究」の三層で示される。そして，これら三つの領域が相互に依存しながら全体として体育科教育学の研究領域が構成される。この枠組みは，体育科教育学が理論と実践の往還を繰り返すなかで体育の授業の改善に有効な知見を見出そうとしており，また，それらを体育の授業に実装しようとすることを示している。

体育科教育学は，体育の授業そのものを扱う「実践的研究（授業研究）」を重視する。加えて，体育の授業が成立する基盤（前提）となる理論的研究や基礎的研究についてもその範疇とするものであり，それぞれが重要な領域を構成している。

3. 体育科教育学の研究成果

体育科教育学の研究成果として，①子どもからみたよい体育授業（形成的授業評価），②よい体育授業を支える教師行動（教師行動研究）に焦点化して，研究成果の一部をレビューする。

(1) 子どもから見たよい体育授業

よい体育の授業は，時代や社会の状況あるいは体育に対する理念によって変化する。

高田（1976）は，「授業はもともと児童生徒のためにあるもの，彼等が喜ばないことにはよい授業とはいえない，よい授業とは，児童生徒がよい授業といってくれるものに限る」（p.25）との考えから，「子どもから聞く」ことによって，よい体育の授業の条件を明らかにしようとした。そして，子どもから聞いた内容を経験的にコーディング，カテゴリー化した項目として，高田4原則といわれる，よい体育授業の4条件（「快適な運動」「技能の伸長」「明るい交友」「新しい発見」）を示した（pp.26-28）。小林（1978）は，高田4原則に基づいて，「よい体育授業への到達度調査」を開発した（表15-1）。この方法は，それぞれの項目に「はい・いいえ」の選択肢を設け，「はい」には「どんなことですか」，「いいえ」には，「なぜですか」という設問をつけ，自由に記述させる。各項目に「はい」と回答した人の％を計算して，四角形のプロフィールを描くものであった（pp.233-239）。「よい体育授業への到達度調査」は，1時間の授業を形成的に評価する方法として，教育現場からの支持を集めた。

表15-1 「よい体育授業への到達度調査」の項目（小林，1978，pp.233-234）

1	せいいっぱい，全力をつくして運動することができましたか。
2	わざや力を伸ばすことができましたか。
3	「アッ，ワカッタ！」とか「アア，ソウカ」と思ったことがありましたか。
4	班（またはクラス）の人たちと，力を合わせて仲よく学習することができましたか。

高橋ほか（1994）は，子どもの立場から実証的に検討する方法で形成的評価法を開発した。長谷川ほか（1995）は，高橋ほかの作成した形成的授業評価法を再検討し，より簡便な評価法を開発するとともに，その診断基準を作成した。開発にあたっては，62の小学校，291の授業，3年生から6年生までの9,127名の児童を対象にした調査が行われた。因子分析の結果，4因子（「成果」「意欲・関心」「学び方」「協力」）9項目から構成された形成的調査票が開発された（表15-2）。「成果」は，感動の体験（形成的評価票の項目1と対応，以下同じ），技能の伸び（項目2），新しい発見（項目3），「意欲・関心」は，せいいっぱいの運動（項目4），楽しさの体験（項目5），「学び方」は，自主的学習（項目6），めあてをもった学習（項目7），「協力」は，なかよく学習（項目8），協力的学習（項目9）から構成された。

表15-2 「形成的授業評価票」の項目（長谷川ほか，1995，p.98）

1	深く心に残ることや，感動することがありましたか。	感動の体験
2	今までできなかったこと（運動や作戦）ができるようになりましたか。	技能の伸び
3	「あ，わかった！」とか「あっ，そうか」と思ったことがありましたか。	新しい発見
4	せいいっぱい，全力をつくして運動することができましたか。	せいいっぱいの運動
5	楽しかったですか。	楽しさの体験
6	自分から進んで学習することができましたか。	自主的学習
7	自分のめあてにむかって何回も練習できましたか。	めあてをもった学習
8	友だちと協力して，なかよく学習できましたか。	なかよく学習
9	友だちとお互いに教えたり，助けたりしましたか。	協力的学習

作成された形成的評価票は，それぞれの項目に「はい・どちらでもない・いいえ」の選択肢を設け，「はい」に3点，「どちらでもない」に2点，「いいえ」に1点を付与して，各項目，各次元，全項目の平均点を算出する。そして，診断基準にしたがって，項目別，次元別，総合評価（全項目）について，それぞれ5段階での評定を得ることができる。診断基準は，全運動種目を対象としたものだけでなく，種目別にも開発されている（長谷川ほか，1995，pp.99-101）。形成的授業評価票は，研究だけでなく，教育現場の授業改善のため，また，教師が自身の体育授業実践がどのくらいの位置にあるのかを知るための優れたツールとして活用されている。

(2) よい体育授業を支える教師行動

高田（1976）は，「授業を左右する決定的な要因は，やはり教師その人にある」（p.33）と述べる。教師行動研究は，教師の行動が体育の授業の成果とどのように関係しているのかを解明しようとする体育科教育学研究の典型事例である。例えば，「よい体育授業への到達度調査」（小林，1978）によって，子どもに体育の授業を評価させることで，授業全体の良し悪しを知ることができる（「仮説－成果研究」）。しかし，子どもから得られた評価は，どのような授業の過程によってもたらされたのか知ることができない。1970 年代，アメリカを中心に様々な組織的観察法が開発された。組織的観察法は，授業過程での教師や学習者の行動をあらかじめ定義された行動カテゴリーとして設定し，これに基づいて観察・記述していく方法である（日野ほか，1996，p.123）。組織的観察法は，「仮説－成果研究」において不明であった授業の過程を省略することなく明らかにすることで，授業における因果関係を解明する「過程－成果研究」を可能にした（高橋，1987，p.59）。体育の授業研究は，組織的観察法の開発によって発展し，優れた知見が見出されている。以下の２つの論文は，前者が授業中の教師行動の具体的な事実について明らかにしようとする記述分析的研究であり，後者が授業中の教師行動の何がどのように学習成果に影響するかを明らかにしようとするプロセス－プロダクト研究である（深見，2021，pp.100-106）。

高橋ほか（1991）は，体育授業中の教師行動を分析するため独自の観察システムによる組織的観察法を作成し，66 の小学校の体育授業について観察分析を行うとともに，どのような教師行動が児童の授業評価と深く関連するのか検討した。この研究では，体育の授業中の教師行動は，4 大教師行動（「マネジメント」「直接的指導」「巡視」「相互作用」）から成ることを確認した。「マネジメント」は，授業に関わる管理的行動，「直接的指導」は，すべての児童を対象として，教師から児童に学習内容に関わった情報が伝達される行動，「巡視」は，児童の学習行動や学習環境を観察する行動，「相互作用」は，教師と児童の間で情報交換がなされる行動である。教師行動と児童の授業評価の関連は，マネジメントの時間量と授業評価はマイナスの相関が見られる一方，マネジメントでも肯定的なフィードバックは授業評価とプラスの相関が示された。また，直接的指導も授業評価とマイナスの相関を示したことから，教師の頻繁なあるいは長い説明は授業評価を下げると考えられた。相互作用の量と質は，授業評価に深く関係しており，発問（分析的），受理（傾聴），肯定的フィードバック（技能的），矯正的助言（技能的），励ましは授業評価とプラスに関係し，矯正的フィードバック（行動的），否定的フィードバック（技能的，認知的）はマイナスに関係した。教師の運動参加は，授業評価にマイナスに関係し，教師の補助は，プラスに関係していた。熟練教師と一般教師の比較では，相互作用の全体量は，熟練教師の方が一般教師よりも多いこと，下位項目についても受理（傾聴），肯定的フィードバックなどが多かった。つまり，熟練教師は，学習者の話に耳を傾けており，よい点を肯定的な言葉で評価し成長を促していることが明らかにされた。

深見ほか（2000）は，3 年生以上の 6 単元 47 授業時間（跳び箱運動（跳び箱あそび））を対象に，単元過程の授業における 4 つの場面（「直接的指導場面」「マネジメント場面」「運動学習場面」「認知的学習場面」）の時間的割合と教師のフィードバック頻度を観察分析するとともに，形成的授業評価の変化を検討した。「直接的指導場面」は，教師がクラス全体の児童を対象にして説明などを与える時間，「マネジメント場面」は，移動，待機など学習成果に直接つながらない活動場面，「運動学習場面」は，児童が練習したり，発表会を行っている場面，「認知的学習場面」は，児童がグループで話し合ったり，記録をとっている時間である。この研究では，6 つの単元中 4 単元において，単元のはじめに直接的指導場面に多くの時間がかけられ，単元が進むにつれてその割合が減少する傾向が見られた。一方で，運動学習場面は，単元の後半に増加する傾向が見られた。また，これらに対応して，教師の肯定的・矯正的フィードバックが増加する傾向が見られ，このようなパターンで授業が展開されたとき，児童の形成的授業評価は単元が進むにつれて向上する傾向が見られたことが報告された。本研究で示された展開パターンは，成功裏に遂行される単元のモデルを示したといえる。

教師行動研究は，記述分析的研究，プロセス－プロダクト研究以外にも，教師行動および学習成果を比較分析する比較実験的研究，マネジメント方略や教師の相互作用行動などを意図的に取り入れる介入実験的研究，子どものつまずきを予測したりつまずきへの対処法を検討したりするなどの教師の実践的知識に関する研究が行われている。

章末のブックガイドを参考に，さらに学習を深めてほしい。

Key word

カリキュラム：学校教育の目的・目標を達成するために，各学校が組織し，配列した教育内容の全体計画である。教育課程は，カリキュラムの訳語として用いられている。1970年代以降，教育内容の計画という教える側からの捉えでなく，学習者の学びの経験の総体へとカリキュラムの捉え方は変わってきている。

教授・学習過程：教授は一般に教師などの教育者が行う教授活動であり，学習は児童や生徒などの学習者の学習活動という意味で用いられ，両者が一つの過程としてあらわれている状態が教授・学習過程である。授業では，教師と学習者の相互作用によって教授・学習過程が成立する。

教師教育：学校の教員を養成するための準備教育だけでなく，現職教員の力量を高めるための研修・教育のことを指す。

ブックガイド

■ 体育科教育学の研究方法や事例を理解するために

日本体育科教育学会編（2011）『体育科教育学の現在』創文企画
日本体育科教育学会編（2021）『体育科教育学研究ハンドブック』大修館書店

引用参考文献

宇土正彦（1983）体育と体育科教育．宇土正彦編著，体育科教育法入門．大修館書店：東京，pp.3-12.
小林　篤（1978）体育の授業研究．大修館書店：東京.
高田典衛（1976）体育授業入門．大修館書店：東京.
高橋健夫（1987）体育科教育学の性格．成田十次郎・前田幹夫編著，体育科教育学．ミネルヴァ書房：京都.
高橋健夫（1992）体育授業研究の方法に関する論議．スポーツ教育学研究，11(特別号)：19-31.
高橋健夫・岡沢祥訓・中井隆司・芳本　誠（1991）体育授業における教師行動に関する研究：教師行動の構造と児童の授業評価との関係．体育学研究，36：193-208.
高橋健夫・長谷川悦示・刈谷三郎（1994）体育授業の「形成的評価法」作成の試み：子どもの授業評価の構造に着目して．体育学研究，39：29-37.
日本体育学会監（2006）最新スポーツ科学辞典．平凡社：東京.
長谷川悦示・高橋健夫・浦井孝夫・松本富子（1995）小学校体育授業の形成的評価表及び診断基準作成の試み．スポーツ教育学研究，14：91-101.
日野克博・高橋健夫・伊與田賢・長谷川悦示・深見英一郎（1996）体育授業観察チェックリストの有効性に関する検討：特に子どもの形成的授業評価との相関分析を通して．スポーツ教育学研究，16(2)：113-124.
深見英一郎（2021）教師行動研究．日本体育科教育学会編，体育科教育学研究ハンドブック．大修館書店：東京.
深見英一郎・高橋健夫・細越淳二・吉野　聡（2000）体育の単元過程にみる各授業場面の推移パターンの検討：小学校跳び箱運動の授業分析を通して．体育学研究，45：489-502.

第16章 スポーツ人類学とは何か

本章と関連する章 【第2章】【第5章】【第10章】

 予習課題

①関心のあるスポーツイベントについて，その担い手である組織がどのように変容して今日に至っているか調べてみよう。
②博多で行われる祭「博多祇園山笠」の最終日に行われる「追い山」についてネットで調べ，ここで行われる内容はスポーツといえるかどうか考えてみよう。

1. スポーツ人類学とは

(1) スポーツと文化人類学

スポーツ人類学は，スポーツを文化人類学（民族学・民俗学）の方法によって研究する分野で，スポーツを文化の問題として通時的（時間的・歴史的な変化の相に従ってみること）または共時的（対象の一時的時点での様子を記述すること）に分析して考える学問である。

スポーツ人類学という名称が最初に現れたのは，アメリカの人類学者で社会学者でもあるブランチャードと体育学者のチェスカが共同で1985年に出版した本，“*The Anthropology of Sport: An Introduction*”である。彼らは人類学を自然人類学，考古学，言語学，文化人類学からなる総合人類学と理解したが，それでは膨大な対象と方法論になるため，スポーツ人類学はこれら4科学との接近をはかりつつも，文化人類学を優先させる対応を選んだ（寒川，2017, pp.2-3）。この本は1988年に『スポーツ人類学入門』（大林太良監訳 / 寒川恒夫訳，大修館書店）として邦訳され出版された。日本において，スポーツを文化人類学的に研究したのは，寒川恒夫による筑波大学学術博士学位論文『稲作民伝承遊戯の文化史的考察：東アジア，東南アジアを中心にして』（1981年）が最初である。寒川は，東アジアと東南アジアに行われる伝承遊戯（約婚球戯，蹴闘戯，ブランコ，綱引，競舟）を取り上げ，それぞれの文化史的地位を特定した。方法は，どの遊戯がどの民族に行われるのか，その担い手を明らかにした分布図を作成し，また個々の事例を民族誌とフィールドワークから抽出し，それら伝承遊戯（民族スポーツ）の伝播と変容の相を示した。例えば綱引では，次の結論を引き出している（寒川，2018, pp.334-335）。

1. 東・東南アジアでは綱引は元来水稲工作民文化層に属していた。
2. 構成要素から見ると，新年（あるいは農耕季の開始時）の性的豊穣儀礼という形が原型であり，後に，女優位の年占，綱蛇体観，綱処理等の要素を加え，今日見られる地域差を生み出す。
3. 新年の性的豊穣儀礼という特徴は，オリエントの初期高文化に発した天父地母聖婚観念に帰せられる。
4. 綱引の元来の担い手は水稲耕作民であり，一部焼畑耕作民の実修は彼らからの伝播であるが，元来の担い手を民族名で特定することは難しい。しかし，南中国を元郷とし，広く東南アジア大陸部へ移動したタイ系諸族は中でも重要な位置を占めよう。そして，

朝鮮と日本へは南中国から，水稲耕作をもたらした文化波（おそらくEberhardの越文化）によって伝えられ，また東南アジア島嶼部の存在は大陸部からの伝播である。

寒川のスポーツ科学における新たな研究成果により，スポーツ人類学に関心をもつ研究者が日本でも増えていき，1988年には日本体育学会（現在は日本体育・スポーツ・健康学会）に「スポーツ人類学専門分科会」（現在はスポーツ人類学専門領域）が設けられ，1998年には日本スポーツ人類学会，そして2009年にはアジアスポーツ人類学会が設立された。こうして今日では体育学やスポーツ科学の一領域として定着している。

スポーツ人類学で扱われるスポーツは，近代スポーツにとどまらない。最も広義なスポーツで，ルールが課す制約の中で身体を使って行う競争的活動と競争の形をとらない遊びや舞踊，さらにはエスノサイエンスとしての身体観や身体技法なども含まれる（寒川，2004，pp.2-3)。

(2) 国際スポーツと民族スポーツ

体育学やスポーツ科学でいうスポーツを区分すると，IOCを頂点として築かれた国際スポーツ（19世紀にイギリスで形成された近代スポーツのグローバリゼーション発展型）と特定の社会・民族・地域に行われる民族スポーツに大別される。

民族スポーツは伝統的，民俗的，土着的，先住民的と形容され，国際スポーツが国際社会を基盤とするのに対し，民族スポーツは特定の集団に限られ，スポーツ人類学にふさわしい対象である。民族スポーツは，中国の龍舟競漕やメキシコのトラトチリのように歴史的に古いものもあるが，日本の相馬地方の神旗争奪やバリ島のケチャのように，明治時代になって，また1930年代に創作されたものもある。いわゆる「創られた伝統」としての民族スポーツも，スポーツ人類学にとっては重要な研究対象である。創られた民族スポーツは，何らかの前身や母体があり，そこに新しい必要性から手が加えられたのであり，その意味で変容したものである。民族スポーツは伝統的だからといって，不変なのではなく，絶えざる変化の中に置かれている。こうした変容しつつある民族スポーツをフィールドワークによって考察していくことは，スポーツの生き様を見つめる事になる。

スポーツ人類学では，国際スポーツについても，もちろん研究対象にする。アメリカの人類学者マカルーンは，1984年に『オリンピックと現代社会の見世物論』を著している。ブランチャードは『スポーツ人類学入門』（日本語版1985年）で，スポーツとジェンダー，バイオレンス，国際政治，エイジングなどの社会的な問題の重要性に言及している。ブランチャードは，エスキモー社会における男女格差のメカニズム，およびその格差がエスキモーのスポーツにどのように反映しているのかについての情報は，私たち自身の社会における女性のスポーツ参加の問題研究に光を投げかけてくれる，と述べている。

通文化的（文化比較的）研究は文化人類学が得意とする方法論であり，こうした視点からのアプローチによって，国際スポーツの研究はさらに幅広いものになるのである。

2. スポーツ人類学の研究方法

(1) 史料とフィールドワーク（データの収集）

スポーツ人類学で求められるデータには，史料とフィールドワーク情報がある。史料は絶対年代が証明された文字資料で，過去を再構成して，当該スポーツの起源，伝播や変容を見ていくのに必要である。フィールドワーク情報は，研究者が実際に調査対象の社会に入り，参与観察によって入手するデータで，原則的に調査時点の情報になる。フィールドワークの記述で重要なのは，調査地の人たちが自覚している情報（イーミック情報）と調査者による解釈情報（エティック情報）とを分けて記述することである。

フィールドワークで集められた情報を分析するのに有効な方法として，スポーツ文化複合の考えがある。これはどのような情報をインフォーマント（情報提供者）から集めたらよいか，ということでもある。

(2) スポーツ文化複合（データの分析）

スポーツを文化現象と捉え，様々な文化要素からなる一つの有機体的複合体と考えるのがスポーツ文化複合の考えである。これによりスポーツを文化として規定できること，スポーツをフィールドワークするための調査項目の下地を提供し，さらには，スポーツを通時的と共時的に比較することができるようになる。フィールドワークができない過去スポーツについても，文献史料と遺物とによって，スポーツ文化複合の考えで分析することができる。

文化人類学における文化の類別法としては，価値，信仰や知識と関わる精神文化，人と人との関係に関わる社会文化，物の製作や操作に関わる技術文化に分けるのが基本である。この分類をスポーツに当てはめて考えると，精神文化は全体を基礎づける価値観であり，社会文化は勝敗に関わる取り決めや当該スポーツを運営維持する組織であり，技術文化は使用する施設や用具の製作方法と操作方法（身体技法やスポーツ技術を含む）ということになろう（寒川，1994, pp.18-24）。文化要素は3つだけではなく調査者の視点に応じて，より多くのものになる可能性がある。その際に大事なのは，これらの文化要素が，それぞれ関係しながら営まれているという関係のあり方である。この関係の在り方が当該スポーツの特徴ということになる。

(3) エスノサイエンス身体論

体育学・スポーツ科学からの理論モデルとして，身体論，学習論，健康論がある。近代西洋医学の視点とは異なる身体論や健康論で，近年のスポーツ人類学では，フィールドワークによるエスノサイエンスの試みが始められた。エスノサイエンスは，自然科学と異なり，人類学者が調査対象にする伝統的社会の認識方法を分析するのに用いた概念で，人々が動植物をどう分類しているかについて研究する際に使われた用語である。例えば日本人は進化論を受け入れるまで，鯨は魚に分類していたように，動植物のみならず，人体，社会や宇宙について独自に認識する仕方をエスノサイエンスといい，そうした身体の見方をエスノサイエンス身体論と呼んでいる。そこでは，ヨーガや太極拳，伝統マッサージなどに見られる身体図式について分析されている（寒川，2017，pp.6-7）。

スポーツでパフォーマンスを上げる際に用いるトレーニング方法は，運動刺激に対する人体の生理的反応機序に則した医学的実験を通して，その有効性が確かめられたものであり，解剖学や生理学など科学的因果律に基づいたトレーニング法である。

それに対して，日本の伝統的な武術や舞踊では，パフォーマンスを上げるために，しばしば丹田に意識を集中することが求められる。丹田は臍の少し下にあるとされるが，解剖学的に確認されるものではない。学習者はイメージすることから始める。このような指導はアジアに多く見られ，中国なら身体に気が流れていると考え，身体の不調やパフォーマンスを気の流れに還元して考える。気も丹田も解剖するなどして客観的に存在を証明することはできないが，人はこれを自分の体の中で主観的に，その存在を感じることができる。心と身体をつなぐものとしての「気」は近代医学には見えないが，日本の武術家や舞踊家はパフォーマンス向上に不可欠としてこれを受け入れ，それを伝書に書き残してきた。今日でも独自のエスノサイエンス身体論に基づく健康法として，気功，太極拳，ヨーガなどがグローバルに行われている。医科学的に未確認であるこれらの健康法や伝統的トレーニングになぜ人々が惹きつけられるのか，ということにスポーツ人類学は貢献できるのである。

3. フィールドワークによるデータの収集と分析—伝統的運動文化に関する共時的研究の例

文化人類学的研究の手法のなかで，特にフィールドワークが中心的役割を果たしていることは，前節において述べた通りである。

近年，スポーツ科学の人文・社会科学的研究の発展にともなって研究テーマが細分化されるなかで，スポーツの文化人類学的研究においても，体育・スポーツ史をはじめ近接領域の研究方法を援用することによって，多彩な研究成果が蓄積されてきている。

筆者（山田）は，スポーツを通じた地域開発（地域づくり，地域活性化，内発的発展）の観点から，鹿児島の伝統的運動文化である「妙円寺詣り」に着目し，参与観察および史料収集を行ってきた。また，共同研究として，アンケート・インタビュー調査も実施している。ここでは，それらの成果を，共時的研究の一例として紹介したい。

(1) 妙円寺詣りのいま

妙円寺詣りは，鹿児島の伝統的な三大行事のひとつとして知られている。今日では，旧暦9月14日に近い10月の第4土・日曜日に，妙円寺詣りと妙円寺詣り行事大会が開催されている[1)]。

妙円寺詣りでは，個人や家族連れ，友人グループ等での参加者が，それぞれのペースで鹿児島市内から約20kmの道のりを歩き，日置市の徳重神社や妙円寺を参拝する。妙円寺詣り行事大会では，徳重神社に参拝する武者行列，武道・スポーツの大会[2)]，郷土芸能の奉納，書道や生け花の展示，呈茶などが行われる。また，同神社の境内では，ステージ・イベントや飲食物の販売も行われ，賑いをみせる。

さらに，第4日曜日には，「妙円寺詣りふぇすたウォークリー」も開催される。ウォークリーの参加者は，照国神社から徳重神社をめざして約20km（ハーフは，途中の物産館から出発し約10km）のコースを歩く（図16-1参照）。

(2) 調査結果から

筆者ら（山田ほか，2020）によるアンケート・インタビュー調査の結果は，次のようにまとめられる。

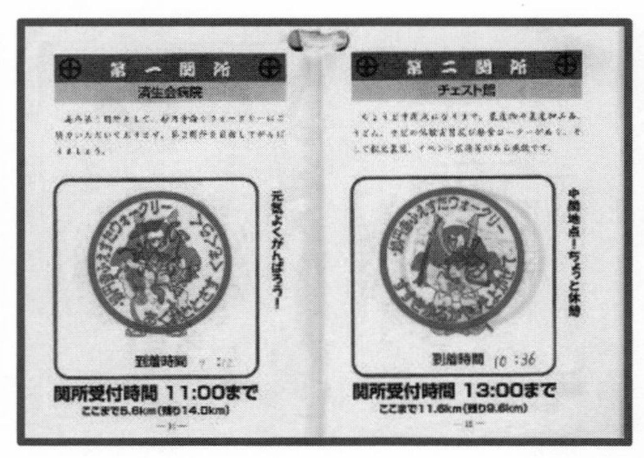

図16-1 通行手形と完歩証

ウォークリーの各関所では，通行手形にスタンプの押印と通過時刻の記載を受ける（資料左）。徳重神社横の第四関所では，完歩証に「敵中突破」のスタンプの押印を受ける（資料右）。

1）紙幅の関係上，妙円寺詣りの由来や行事等の詳細については，山田ほか（2020）を参照されたい。

2）日程を早めて開催される大会もある。

自由参加者，ウォークリー参加者，鹿児島市学舎連合会の武者行列参加メンバー，武道大会の主催者および参加団体指導者では，共通して，地域の歴史を振り返り思い起こすことができる伝統行事への参加という点に意義を見いだしているということが考察された。また，自由参加者，ウォークリー参加者の回答では，ボランティア・スタッフのおもてなしに感謝する感想もみられた。武道大会の主催者や参加団体指導者の回答では，青少年の健全育成，他団体との交流なども意義として挙げられていたが，参加者の減少や大会の存続を危惧する声もあった。また，指導者のなかには，妙円寺詣り行事大会としての武道大会というよりも，部活動の延長線上にある大会というイメージがあることも，調査結果から窺えた。

(3) 伝統的運動文化の新たな価値と可能性を探る

アンケート調査を実施した2017年のウォークリーは，台風の影響により朝から大雨に見舞われたが，それでも参加者たちは歩き通した。このことからも，妙円寺詣りが，年中行事として根づいていることが窺える。

参加者たちが，完歩をめざして歩く秋の薩摩路——そのところどころに立てられた，関ヶ原の戦いに参戦した武将たちの家紋入りの幟旗が，参加者たちを迎え，また見送るようにはためく。このような，往時を彷彿させる特有の風情もまた，リピーターをいざなう一要因になっていると思われる。

また，妙円寺詣りは，多くのボランティア・スタッフによって支えられており，地域住民のアイデンティティの強化という機能も有しているといえる。その一方で，どのジャンルの伝統行事，伝統文化にも共通していえることであるが，妙円寺詣りにおいても，後継者や担い手を育成することが，今後の発展の課題として挙げられる。そのためには，子どもの頃から妙円寺詣りに参加してきた高齢者や運営を支えるボランティア・スタッフと次代の担い手となる子どもたちが，体験談や伝統行事の意義を語り合う世代間交流の場を設けるなど，この伝統的運動文化を守り持続的に発展させていくという意識を，地域を挙げて醸成するような取り組みも必要であると考える。

行事大会や関連イベントも開催され，また観光化も図られ，参加者と地元のボランティア・スタッフとの温かい交流もみられる現代の妙円寺詣りは，荘厳さと華やかさをあわせもちながら現代に適応して定着しており，活力ある地域づくりに有効な資源であると考えられる。そして，そのような現代に生きる妙円寺詣りの事例に，伝統的運動文化の新たな価値と可能性を見いだすことができる。

■ 4. スポーツ文化複合の概念を用いた通時的研究の例

史料に基づき，時間的・歴史的な変化の相に従ってみることが通時的研究であり，ここでは真田の著した19世紀独立直後の近代ギリシャで行われたオリンピア競技祭に関する研究について見ていく（真田，2010）。この競技祭は，トルコから独立したギリシャにおいて，1859年，1870年，1875年そして1888・1889年に開催されたギリシャ国独自のオリンピックで，競技祭がどのように変容したのか，また文化的特徴について研究したものである。史料は，オリンピア競技祭を運営したオリンピア委員会の報告書，当時の新聞や関係者による著書などである。精神文化要素として，各競技祭の理念が挙げられる。社会文化要素として，競技祭を運営した組織であるオリンピア委員会について，さらに技術文化要素として，競技場，競技種目，競技規則などが挙げられる。

オリンピア競技祭の理念（精神文化）の変容：1859年の第1回オリンピア競技祭は，運動競技よりも産業製品の優劣を競う産業振興を目指した。1870年第2回オリンピア競技祭以降においては，学者や文化人により，古代の伝統を大事にするべく身体的な活力と芸術の崇拝，それらと産業とを連携して社会の発展を目指すというものに変容した。

運営組織（社会文化）：オリンピア競技祭を運営した組織は，1837年の王室条例では「国家産業委員会」であったが，実際に競技祭が行われる前年の1858年には，内務大臣指名のオリンピア委員会のもと中央オリンピア委員会が設置され，その下に各県オリンピア委員会が置かれた。これは政府直轄の委員会であった。1888年の第4回オリンピア競技祭では，上記の委員会の他に，中央体育学校の指導者が運動競技部門を運営した。やがて全ギリシャ体育協会が設立され，ギリシャの体育・スポーツの発展に関わっていく。オリンピア競技祭の組織は，産業振興から古代オリンピックとの接点を強くしつつ，運動競技の専門的な組織に変容した。

財政（社会文化）：競技祭を支えた財源はザッパスという人物による寄金と遺産によるものであった。富豪による寄金によっていたことが特徴であり，これは変容しなかった。このことがこのオリンピア競技祭がその後中断した大きな原因でもある。

競技場（技術文化）：運動競技が行われた競技場は，第1回競技祭ではアテネ市内の公園であったが，第2回と第3回競技祭では，古代の競技場を復元して実施された。古代との接点が強くなっていった。

運動競技種目（技術文化）：第1回，第2回競技祭は，古代オリンピックの種目が多く取り入れられていた。これにマスト登りなどの近代的競技が加えられていった。第2回の1870年までは参加資格に制限はなかったが，1875年の第3回競技祭から，学生や軍人など，日常的に競技のトレーニングを行う者に限られていく。その一方で，海外在住のギリシャ人も参加するようになるなど，全ギリシャ的な性格を持った。

産業製品競技（技術文化）：ギリシャのオリンピア競技祭は産業製品の競技も行われたのが特徴である。当初は農業，工業，鉱業や牧畜に関わる製品の優劣を競うものであったが，第2競技祭では，市民の道徳や身体の改善に関する物も展示されるようになり，第3回では学校体育やレクレーションに関する物も展示された。また芸術作品は第1回から含まれていたが，その数と種類は拡大し，第2回競技祭では，建築，絵画や彫刻など芸術競技の部門が設置された。音楽や詩歌の競技も実施され，第4回競技祭では，劇の競技も加えられるなど，発展的に変容した。

文化要素の変容から，近代ギリシャで行われたオリンピア競技祭は，産業振興に重きを置いた競技祭から，古代オリンピックとの連続性を重視しつつ，近代的な面と古代の伝統的な面とを併せもつ競技祭であったといえる。これがスポーツ文化複合の考えで分析した結論となる。

Key word

共時的研究と通時的研究：スポーツを文化の問題として，対象の一時的時点での様子を記述して考察することが共時的研究で，対象を時間的・歴史的な変化の相に従ってみることが通時的研究である。

国際スポーツと民族スポーツ：スポーツ人類学の視点からスポーツを区分すると，近代スポーツとしてイギリスのパブリックスクールから始められたサッカーやホッケー，ラグビーや陸上競技などが，共通ルールを作りながら変容し，国際競技連盟の元に国際的な広がりをもつに至っている国際スポーツと，各民族や地域に限定されつつも，伝統的な価値観を併せもつ民族スポーツに大別することができる。国際スポーツも多くは民族スポーツから生まれたものであり，民族スポーツも国際スポーツもそれぞれ，多様な変容が続いている。

フィールドワーク：当該スポーツについて分析する場合の方法論の一つで，当該地域の人々と一緒に生活することで，土地の人々が信じている当該スポーツの価値や運営などについての考えを記録していく方法。

スポーツ文化複合：フィールドワークやスポーツ文化の変容を分析する際の考えで，大きく次の 3 つの文化要素に大別されるが，研究者の視点で細分化されていく。
精神文化要素：理念や信仰
社会文化要素：運営する組織やその中でのルール
技術文化要素：競技施設や器具，その操作の仕方，勝敗の決め方

ブックガイド

■ スポーツ人類学を広く学ぶために

寒川恒夫（2003）『遊びの歴史民族学』明和出版
寒川恒夫編（2004）『教養としてのスポーツ人類学』大修館書店
寒川恒夫編著（2017）『よくわかるスポーツ人類学』ミネルヴァ書房

■ スポーツ人類学をより深く理解するために

寒川恒夫（2018）『アジア稲作民伝承遊戯の文化史』明和出版
ブランチャード，チェスカ：大林太良監訳　寒川恒夫訳（1985）『スポーツ人類学入門』大修館書店
ベズニエ，ブロウネル，カーター：川島浩平・石井昌幸・窪田　勝・松岡秀明訳（2020）『スポーツ人類学：グローバリゼーションと身体』共和国

引用参考文献

真田　久（2010）19 世紀におけるオリンピア競技祭．明和出版：東京．
寒川恒夫（1994）スポーツ文化論．杏林書院：東京．
寒川恒夫編（2004）教養としてのスポーツ人類学．大修館書店：東京．
寒川恒夫編著（2017）よくわかるスポーツ人類学．ミネルヴァ書房：京都．
寒川恒夫（2018）アジア稲作民伝承遊戯の文化史．明和出版：東京．
山田理恵ほか（2020）「妙円寺詣り」研究．鹿屋体育大学学術研究紀要，58：67-80.

第17章 アダプテッド・スポーツ科学

本章と関連する章 【第2章】【第6章】【第18章】【第19章】

予習課題

①「アダプテッド／ADAPTED」の意味を考えてみよう。
②「パラリンピック」とはどのような大会でしょうか？　調べてみよう。
③「オリンピック」に義足の選手が出場することについてあなたは賛成ですか？　Yes／No
その理由を自分なりに考えてみよう。

1.「アダプテッド・スポーツ」について

(1) アダプテッド・スポーツの定義について

英語圏では1970年代から，障がい者のスポーツ実践を「Adapted Physical Activity（APA）：アダプテッド・フィジカル・アクティビティ」（Depauw et al., 1994）や「Adapted Physical Education（APE）：アダプテッド体育」（Winnick et al., 2016）という言葉で表現されている。このAPA，APEが国際的にも用いられるようになり，「障害者スポーツ（Disability sports）」という言葉を用いない傾向にある。「ADAPTED：アダプテッド」と表記することで，「その人に合わせた実践」という概念で捉えることができ，その対象には障がい者だけではなく，子どもや妊婦，高齢者など，通常の競技規則で実施することが困難な人々も含まれることになる。わが国でも矢部（2004）が，障害のある人や高齢者のスポーツを総称した「アダプテッド・スポーツ」という造語を提唱した。『最新スポーツ科学事典』（2006）によると，「アダプテッド・スポーツ」とは「身体に障害のある人などの特徴に合わせてルールや用具を改変，あるいは新たに考案して行うスポーツ活動を指す。身体に障害のある人だけではなく，高齢者や妊婦等，健常者と同じルールや用具の下にスポーツを行うことが困難な人々がその対象となる」と定義されている。例えば，ジュニア世代の競技会でボールやコートのサイズを変更することや高齢者でも参加しやすいように開発されるニュースポーツなども，アダプテッド・スポーツに該当すると考えることができる。

(2)「車いすバスケットボール」の実践例

実際のアダプテッド・スポーツを見てみると，障害のレベルがゲームの勝敗に直接的に影響しないような工夫がなされている。例えば，車いすバスケットボールでは，障害のレベルに応じて各選手に1.0点～4.5点の持ち点が与えられ（障害のレベルが高いほど持ち点が低い），1チーム（5人）の合計が14.0点以下でなくてはならないというルールがある。また，「high8」という1チームの合計が8点以内という制限が設けられた大会もある。さらに重度の障害のレベルでクラス分けされた「車いすツインバスケットボール」という競技も日本で開発されている。車いすバスケットボール選手を対象に調査を行った渡（2007）は，この持ち点というルールがあるために戦術における各選手の役割を明確にでき（例えば持ち点の低い選手が持ち点の高い選手の動きを止めるなど），車いすバスケットボール独自の「面白さ」を生み出していると論じている。

(3)「アダプテッド・スポーツ」の方向性

アダプテッド・スポーツの将来性については以下のように述べられている。田中（2006）はこれからの障害者スポーツについて，「国際的に障害者を取り巻く環境は，ノーマライゼーション理念の浸透とともに，障害者もそうでない者も，分け隔てのない仲間として渾然一体のシステムを形成していくIntegrationという考え方が進んでいる。…省略…。この考え方をスポーツの特に競技規則によるスポーツにも当てはめるならば，障害があっても，いわゆる一般の競技スポーツの競技規則で参加が可能であれば，参加できるという当たり前のことにつながる。実際にオリンピックにおいても実績があり，イタリアの車いすの選手がアーチェリーに出場するなどがある。このことがすべての障害者に可能であれば，障害者スポーツというスポーツはないといえる。しかし，このように対応できる障害者ばかりではない。そのため，障害に応じた競技規則が必要になる。それが障害者スポーツである。逆にいうならば，だからこそ障害者スポーツというスポーツ文化が必要になる。逆に，障害者スポーツの側からIntegrationに働きかけることも可能である。すなわち，障害のない者が障害者スポーツに参加できるようにすることで，Integrationをさらに推進することができよう。…省略…。このことで，障害者スポーツというこれまで構築してきた文化を，特定の人たち（障害者）だけのものとしておくことはなくなるであろう」と述べている。

また藤田（2008）は，アダプテッド・スポーツの将来の方向性について，「障害者（アダプテッド）スポーツは，かつて，障害のある人だけが行うスポーツという意味合いが強い言葉でした。しかし，最近では車いすテニスのニューミックスと呼ばれる競技，車いすダンス，盲人マラソンなどのように，障害のある人とない人が一緒に行うスポーツが登場し，障害のない人が車いすを利用してスポーツを行う場（reverse integration）も考えられるようになりました。これから先は，障害のある人のためだけのスポーツという狭い概念ではなく，もっと大きな概念で捉える必要があります。障害者（アダプテッド）スポーツを一言で言い表すならば障害のある人も実践できるスポーツということになるでしょう」と述べている。実際に車いすバスケットボールでは健常者を持ち点4.5点として参加できるようにルールを変更した大会があるなど，すでに障害者だけが行うスポーツではなくなってきている。

■ 2.「障がいのある人のオリンピック」について

(1) パラリンピック，デフリンピック，スペシャルオリンピクス

IOC（国際オリンピック委員会）が「オリンピック」という名称の使用を許可した団体は，「パラリンピック」「デフリンピック」「スペシャルオリンピクス」の3団体である。表17-1にそれぞれの概要をまとめる。

(2) 障がい者スポーツの歴史

障がい者スポーツの歴史は，紀元前の記録を除いては，1888年，ドイツで聴覚障がい者のスポーツクラブが創設されたことが組織的な始まりとされている。第二次世界大戦後の1940年代に，イギリスのストーク・マンデビル病院で行われていた脊髄損傷者のためのリハビリテーションにスポーツが取り入れられ，その病院で開催された「ストーク・マンデビル大会」において，「アーチェリー」や車いすで行う「バスケットボール」「卓球」などのプログラムが登場した。その後，この大会がパラリンピック大会へと発展した（表17-2）。

■ 3.「Integration」と「Reverse Integration」の実践例（身体障がい）

ここでは，これまで実際のスポーツ現場で存在した「障がいのある選手が一般の競技に参加する（Integration）」や「障がいのない選手が障がい者スポーツに参加する（Reverse

表 17-1　「オリンピック」という名称の使用が許可されている 3 団体

パラリンピック /Paralympic Games：障がいのあるトップアスリートが出場できる世界最高峰の国際競技大会です。夏季大会と冬季大会があり，国際パラリンピック委員会（IPC）は，大会を通じ共生社会の実現を促進することを目指しています。それぞれオリンピックの開催年に，原則としてオリンピックと同じ都市・同じ会場で行われます。（日本パラリンピック委員会公式 WEB サイト）
デフリンピック /Deaflympics：聴覚に障がいのある，ろう者の国際総合競技大会が「デフリンピック（Deaflympics）」である。1924 年に設立された国際ろう者スポーツ委員会（International Committee of Sports for the Deaf）が運営組織となっている。参加資格は，補聴器をはずした裸耳状態での聴力損失が 55 デシベルを超え，各国のろう者スポーツ協会に登録している者とされている。安全性を確保するために，競技中の補聴器の使用は禁止されており，足下のライトの点灯でスタートを知らせたり，わかりやすく旗を振ったりするなど，各競技それぞれで視覚を使った競技運営が行われている。（日本パラリンピック委員会公式 WEB サイト）
スペシャルオリンピクス /Special Olympics：スペシャルオリンピックス（英語：Special Olympics，略称：SO）とは，知的障害のある人たちに様々なスポーツトレーニングとその成果の発表の場である競技会を，年間を通じ提供している国際的なスポーツ組織です。スペシャルオリンピックスは非営利活動で，運営は「ボランティアと善意の寄付」によっておこなわれています。またスペシャルオリンピックスでは，これらのスポーツ活動に参加する知的障害のある人たちをアスリートと呼んでいます。（公益財団法人 スペシャルオリンピックス日本公式 WEB サイト）

表 17-2　障がい者スポーツの歴史（日本パラスポーツ協会 HP より一部抜粋し作成）

年表	主な出来事
紀元前	・障がいのある人々が身体運動を行っていたという記録
1888 年	・ドイツでは聴覚障がい者のためのスポーツクラブが創設
1910 年	・ドイツ聴覚障害者スポーツ協会が創設
1924 年	・国際ろう者スポーツ連盟（CISS）設立 ・第 1 回国際ろう者スポーツ競技大会開催
1944 年	・イギリスのストーク・マンデビル病院内に脊髄損傷科開設 ※初代科長ルードウィッヒ・グットマン（Sir Ludwig Guttmann）
1948 年	・ストーク・マンデビル病院内でアーチェリー大会開催
1952 年	・第 1 回国際ストーク・マンデビル大会開催
1960 年	・国際ストーク・マンデビル大会委員会（ISMGC）が設立 ・国際ストーク・マンデビル大会開催（ローマ）
1964 年	・国際身体障がい者スポーツ大会開催（東京パラリンピック）
1976 年	・国際ストーク・マンデビル競技連盟（ISMGF）と国際身体障害者スポーツ機構（ISOD）が共催し脊髄損傷者に加え視覚障がい者と切断の選手が参加 ・ISOD 主催　第一回冬季大会開催（スウェーデン）
1980 年	・国際視覚障害者スポーツ協会（IBSA）設立 ・国際身体障がい者スポーツ大会（オランダ）大会　※脳性麻痺選手が参加
1985 年	・IOC は国際調整委員会（ICC）が国際身体障がい者スポーツ大会を「Paralympics（パラリンピックス)」と名乗ることに同意
1986 年	・国際聴覚障害者スポーツ協会（現 国際ろう者スポーツ委員会＝ ICSD）と国際精神薄弱者スポーツ協会（現 国際知的障害者スポーツ連盟＝ INAS-FID）が ICC に加盟
1988 年	・ICC 主催ソウルパラリンピック開催 ※オリンピック組織委員会がオリンピックとパラリンピックを初めて連動
1989 年	・国際パラリンピック委員会（IPC）創設
1998 年	・IPC 事務局始動
2000 年	・シドニーパラリンピック開催大会開催 ※大会期間中に IOC と IPC との協力関係について基本的合意

Integration)」の選手や実践例を紹介する。

(1) James Anthony Abbott

生まれつき右手の手首より先が欠損しているアメリカの元プロ野球選手であり，投手として MLB（メジャーリーグベースボール）では 1993 年のノーヒットノーランを含む通算 87 勝を収めている。1988年のソウルオリンピックではアメリカ代表として決勝戦の先発投手として日本と対戦し完投，アメリカ代表は金メダルを獲得した。

(2) Oscar Leonard Carl Pistorius

南アフリカ共和国のオリンピック・パラリンピック選手。先天性の身体障害により腓骨がない状態で誕生。生後11ヶ月時，両足の膝から下を切断。パラリンピックでは2004年アテネ大会，2008年北京大会，2012年ロンドン大会に出場し，6つの金メダルを獲得。2012年7月4日，ロンドンオリンピック陸上男子400mおよび男子4×400mリレーのメンバーに選出され，両脚が義足の陸上競技選手では初めてオリンピックへの出場を果たした。

(3) 成田緑夢

パラリンピックスノーボード種目金メダリスト。幼少期からスノーボード競技をはじめ，1998年長野オリンピックでは，わずか4歳でスノーボード種目のデモンストレーターを務めた。スノーボード競技では国際大会において好成績を残していたが，平行していたトランポリン競技の練習中に着地に失敗し，左足に麻痺が残った。退院後もスノーボード競技に復帰し，ハーフパイプ世界選手権大会9位，ジュニア世界選手権大会で優勝するなど，左足の麻痺がありながらも好成績を残した。2018年には，平昌パラリンピックのスノーボード競技に出場し，金メダルを獲得している。

(4) ブラインドサッカー

視覚障がい者のスポーツであるブラインドサッカーにおいては，視覚に障がいのない人の参加が認められている。敵陣のゴール裏に「ガイド（コーラー)」と呼ばれる人が立つことができ，視覚に障がいのない人が担当することができる。主に戦術的な指示を出したり，味方や相手の位置やゴールまでの距離などを声で伝えたりする。また，ゴールキーパーは晴眼者または弱視者が務める。視覚に障がいのある選手と視覚に障がいのない選手が声でコミュニケーションをとりながら試合を進める（日本ブラインドサッカー協会HPより一部抜粋)。

(5) 車いすスポーツの健常プレイヤー

大西ら（2016）は，国内の車いすソフトボールにおけるルールブックとクラス分けについて検討し，「障がい選手」だけではなく，「健常選手」も参加できるように修正・開発し，実際の大会での運用を試み，その有用性について明らかにした。さらに，健常選手が車いすソフトボールチームに参加することで，特に障がい選手だけではチームが組めないような場合には参加機会創出にも好影響を及ぼしている可能性について言及している。

4.「Integration」と「Reverse Integration」の成果と課題

高畠ら（2002）は，用具操作の魅力という観点から健常者がアダプテッド・スポーツに積極的に参加する可能性があることについて述べている。彼らは健常者を対象に下肢障害者スポーツに関する意識調査を行った。その結果，スポーツ用の車いすやチェアスキーに魅力を感じる人が多く，その理由として「操ることが楽しそうだから」「かっこいいから」といった回答が多くなされたことを報告した。また同調査において，過去に健常者で積極的にスポーツを実施していた後天性下肢障害者を対象に下肢障害者スポーツ体験と体験後のアンケート調査を行った。その結果，健常時に実施していたスポーツと比較して，下肢障害者スポーツの方が「道具との一体感」を感じたとの回答が73%を占め，「道具との一体感」が下肢障害者スポーツ特有の要素のひとつであることを示している。その一方で，「魅力を感じない」と答えた人から「障害者のためのモノだから健常者が乗るものではない」という意見が聞かれたことから，健常者も楽しめるスポーツとして広めるためには，競技用の車いすやチェアスキーなどを障害者のために開発されたものではなくスポーツの道具として捉えるという概念の必要性を述べている。

アダプテッド・スポーツという概念から健常者と障がい者が一緒にスポーツ活動を行うという気運が高まる中，健常者が参加できるほどの競技性の高さを問題視する報告もなされている。渡（2005）は車いすバスケットボールを例に，競技の高度化を志向するほど，結果的に「重度障害者をスポーツから遠ざける」という懸念があることを主張している。しかしながら，阿部(2006) は身体障害者スポーツの課題として「適切な機会が提供されないまま，スポーツには無縁だと考えている場合が多い。そこで，身体障害者にいかにしてスポーツの機会を提供して，それを生活の一部に導入していただくかが大きな課題である」と述べている。実際に内閣府(2008) が実施した障がい者のスポーツ実施に関する調査によると，スポーツ・芸術活動に参加したいが「参加しない・参加できない理由」として，「地域に希望するスポーツ・芸術活動がない」と回答した人が一番多かった。

5.「アダプテッド・スポーツ」の推進

我が国のアダプテッド・スポーツの推進について，スポーツ庁の調査報告（2016，2017）によると，2020 年東京オリンピック・パラリンピックの開催決定を契機として，地域においても特に障がい者スポーツの振興が進んでいる。しかしながら，障がい者スポーツの参加率については，依然として低いと報告されている。また，文部科学省の報告（2012，2013，2014）によると，スポーツの現場においても「インクルージョン（包括的な活動：障がい者と健常者が一緒にスポーツをする場）」という考え方が広がっており，スポーツを通した障がい理解が進んできている。特に，障がいのある人と障がいのない人が同じ環境で行うスポーツ活動の推進も重要視されている。2006 年 12 月に国連総会で採択された「障がいのある人の権利条約」において，「インクルーシブ教育（包括共生)」が示されたことから，障がいの有無に関わらず，誰もが同じフィールドで生活することができる教育，社会づくりが求められている。

6. おわりに

先行研究にもあるようにアダプテッド・スポーツを「大きな概念」として捉える必要がある。私たちがそのアダプテッド・スポーツの概念を用いて，「障がい」をどのように捉え，「スポーツ」とどのように関連付けて，それぞれの活動としてアプローチをかけていくかが非常に重要な点である。つまり，『アダプテッド /ADAPTED』という言葉の通り，「どのように適合させていくか」が重要である。本書を基に，スポーツに関する様々な研究成果や実践例を生かして，スポーツや運動が，地域社会や教育，産業においてすべての人々が得られる基本的な権利として存在するような社会づくりが推進されることを期待したい。

Key word

パラリンピック：4 年に一度オリンピック開催と同時に行われる障がい者を対象とした「もうひとつのオリンピック」。障がいのクラス（度合い）に応じて様々な競技種目の開発やルールの工夫が行われている。一方で，IPC が定めた「障がいクラス」に該当しない障がい種別もある。その該当しない選手は「パラリンピック」には出場できない。

Markus Rehm/ マルクス レーム：陸上走り幅跳びの世界記録保持者。マルクス選手の下腿義足での走り幅跳びの記録がオリンピック世界記録を上回っているが，オリンピックの出場に際しては「義足がパフォーマンスに有利に働いているのではないか」などの議論が巻き起こっており，叶っていない。

ブックガイド

■ アダプテッド・スポーツを広く学ぶために

藤田紀昭（2008）『障害者（アダプテッド）スポーツの世界―アダプテッド・スポーツとは何か』角川学芸出版

Winnick, J. and Porretta, D. L.（2016）『Adapted physical education and sport（6th ed.)』Human Kinetics.

矢部京之助（2004）『アダプテッド・スポーツの科学―障害者・高齢者のスポーツ実践のための理論―』市村出版

引用参考文献

阿部一彦（2006）身体障害者を対象とした実践の立場から―地域における障害者スポーツの普及活動. リハビリテーションスポーツ, 25(1)：27-28.

大西昌美・齊藤雄大・堀江　航（2016）車椅子ソフトボールにおけるルールブックとクラス分け制度の作成について. 北方圏生涯スポーツ研究センター年報, 7：1-14.

スポーツ庁（2016）『地域における障害者スポーツ普及促進事業』報告書.

スポーツ庁（2017）『地域における障害者スポーツ普及促進事業（障害者のスポーツ参加促進に関する調査研究)』報告書.

高畠　元・蓮見　孝（2002）モビリティー機器を用いたスポーツの可能性―下肢障害者スポーツ特有の魅力. デザイン学研究研究発表大会概要集, 49：386-387.

田中信行（2006）障害者スポーツの歴史的変遷からみた意義と今後の方向性―障害者スポーツというスポーツはあるのか. 日本スポーツ法学会年報, 13：35-46.

内閣府（2008）障害者施策総合調査「生活支援｣,「保健・医療」に関する調査報告書. pp.45-53.

日本体育学会監修（2006）最新スポーツ科学事典. 平凡社：東京.

藤田紀昭（2008）障害者（アダプテッド）スポーツの世界―アダプテッド・スポーツとは何か. 角川学芸出版：東京.

文部科学省（2012）『健常者と障害者のスポーツ・レクリエーション活動連携推進事業（地域における障害者のスポーツ・レクリエーション活動に関する調査研究)』報告書.

文部科学省（2013）『健常者と障害者のスポーツ・レクリエーション活動連携推進事業（地域における障害者のスポーツ・レクリエーション活動に関する調査研究)』報告書.

文部科学省（2014）『健常者と障害者のスポーツ・レクリエーション活動連携推進事業（地域における障害者のスポーツ・レクリエーション活動に関する調査研究)』報告書.

矢部京之助（2004）アダプテッド・スポーツの科学―障害者・高齢者のスポーツ実践のための理論. 市村出版：東京.

渡　正（2005）「健常者／障害者」のカテゴリーを揺るがすスポーツ実践―車椅子バスケットボール選手の語りから. スポーツ社会学研究, 13：39-52.

渡　正（2007）車椅子バスケットボールの「固有性」と「可能性」構成的ルールとしてのクラス分けと「面白さ｣. スポーツ社会学研究, 15：25-38.

Depauw, K. P. and Sherrill, C.（1994）Adapted physical activity: Present and future. Physical Education Review, 17: 6-13.

Winnick, J. and Porretta, D. L.（2016）Adapted physical education and sport. Human Kinetics.

第18章 介護予防・健康づくり

本章と関連する章 【第３章】【第８章】【第11章】【第14章】【第17章】

予習課題

①身近な高齢者を思い起こし，その人の特徴を考えてみよう。
②１日に座ったり寝転んだりしている時間（睡眠を除く）は何時間か考えてみよう。

介護予防・健康づくりは，社会の高齢化に伴い重要性が増してきたテーマといえる。本章では，多岐にわたる本分野の主題の中から，始めに高齢社会や老化の基礎を整理し，生涯の視点での健康づくりについて述べる。

1. 高齢化の現状

(1) 平均寿命の急伸

現在の死亡状況が今後変化しないと仮定した時に，各年齢の者が平均してあと何年生きられるかの期待値は平均余命といわれる。この０歳の平均余命が平均寿命である。厚生労働省の発表する「簡易生命表」では，2021年の日本人の平均寿命は女性87.57歳，男性81.47歳であった。戦後の日本人の平均寿命は，50歳台（女性53.96歳，男性50.06歳；1947年）であり，その後急速に延伸し，現在日本は世界で最も長寿の国となっている。

では，ヒトはどのくらい長生きできるのだろうか？　ヒトという動物種の最大寿命は，110～120歳とされる。100歳以上の人は百寿者，105歳以上は超百寿者，110歳以上はスーパーセンチナリアンとよばれる。日本におけるスーパーセンチナリアンの数は140人ほどで限られているが（慶應義塾大学医学部百寿総合研究センター），百寿者は年々その数が増加し2022年には９万人を超えている（厚生労働省）。人生100年といわれる時代が到来している。

(2) 社会の高齢化

平均寿命の急速な延伸は，社会の急速な高齢化を伴っている。高齢化率は，総人口の中で65歳以上人口の占める割合を指す。世界保健機関（World Health Organization: WHO）は，社会の高齢化を高齢化社会（高齢化率＞7%），高齢社会（同＞14%），超高齢社会（同＞21%）と定義しており，日本は1970年には高齢化社会，1994年に高齢社会，2007年に超高齢社会となった。2022年の高齢化率は29.1%であり，7%ごとの基準の４倍を超えてその後も延び続けている。日本は高齢化率で見ても，世界で最も高齢化の進んだ国である（総務省統計局）。

日本の総人口は，2011年から減少に転じ今後も減少が続くとされる。この中で高齢化はさらに進み，2036年には高齢化率33.3%と総人口の1/3以上が高齢者になると推計されている。平均寿命の延伸により，社会全体の高齢化の課題に向き合う必要性が生じている。

(3) 健康寿命の延伸

社会の高齢化が進む中，寿命の長さだけでなく質への注目が高まり，生活の質（QOL: Quality of Life）の向上が目指されるようになった。寿命のさらなる延長を第１の目標とするのではなく，健康に暮らせる期間の延長，病気や障害のある期間の圧縮の考え方が示され（Fries, 1996），日本においては，健康に暮らせる期間に着目した健康寿命の語が広まってきた。厚生労働省が公表する健康寿命は，「日常生活に制限のない期間の平均」を指標として算定している。また，「自分が健康であると自覚している期間の平均」や「日常生活動作が自立している期間の平均」を指標とした算定もある。

2022年に2010～2019年の10年間における健康寿命の推移が検証され，「平均寿命の増加分を上回る健康寿命の増加」つまり健康寿命の延伸は男女ともに達成として評価された（橋本，2022）。今後も一定程度の健康寿命延伸は可能と予測されているが，社会の高齢化がさらに進行する中で，健康づくりは個々人が取り組むとともに，健康増進に向けた社会環境整備も合わせて進められる必要がある。

■2. 高齢期の特徴

(1) 老　化

高齢期の心身の状態は，しばしば「老化」の語を用いて表現される。老化は広義と狭義があるものの，一般的には「加齢現象の中で特に個体の成熟期以降の衰退期での変化」（鈴木，2021）と捉えられている。

老化は身体的な面が注目されやすいが，現象面で「生物的な老化」，「心理的な老化」，「社会的な老化」の3区分に整理できる（杉澤，2021）。「生物的な老化」は，主に身体的な変化であり，骨粗鬆症や認知症などの老年病の発症や，白髪の増加などの外観の変化，老眼や難聴などの感覚器の機能低下，体力低下などが起こる。「心理的な老化」では，生物的には「低下」で表現されることが多い高齢期の変化において，経験の蓄積に伴う適応といった精神機能の獲得に関わる変化も認められる。「社会的な老化」は，社会的な地位，役割などの変化であり，家族形成や仕事における立場の変化と深く関わる。社会的側面では，内的変化だけでなく，周囲の人や環境といった外的な影響を受ける特徴がある。周囲が，高齢者を衰えた存在と画一的に扱うことを高齢者差別（Ageism）というが，年齢で差別されることのない社会が目指される。

高齢期は，そこに至るまでの心身の発達，生活習慣，経験の蓄積が個体に反映するため，個人差が広がる。老化は一様ではないことへの留意が必要である。

(2) 加齢に伴う体力の変化

文部科学省が毎年実施する体力・運動能力調査は，日本人の各年齢における体力の目安を提示している。「握力」，「長座位前屈」，「上体起こし」の3種目は6歳からの全年齢区分の共通項目であり，79歳までの体力の変化を概観することができる。代表的な筋力指標である握力を見ると，20歳代頃までの顕著な向上，40歳代頃までの維持，その後低下という傾向がわかる。

但し，これは異なる生育条件で育った別人の集団による比較であり，加齢に伴う変化を知るには個人の経年変化に着目した観察も必要となる。地域在住中高年者の体力の包括的な12年間の縦断的研究では，40～92歳の中高年期を見通すと，特に男性はほぼすべての体力要素において，加齢に伴い各体力の値が低くなるとともに低下が顕著になる傾向が認められた（Kozakai et al., 2020）。女性はすべてではないものの，筋パワーなどは同様の傾向であった。高齢期の体力の衰えは，体力レベルが単に低い状態にあるだけでなく，急激に低下していく可能性を含んでいる。

近年の高齢者では，体力の改善傾向も報告されている。地域在住高齢者の25年間の通常歩行速度に関する研究は，1992年次の65～69歳の歩行速度が2017年次の80～84歳の歩行速度に相当し，この期間に高齢者の身体機能が15年以上若返ったことを報告している（鈴木，2019）。握力でも同様の傾向が認められており，現在65歳以上を高齢者とする定義を75歳以上とする提言も出されている（日本老年医学会）。文部科学省の調査でも高齢者の体力向上傾向は確認されており，高齢期の体力レベルは，時代の影響も受けて変化している。

(3) 心理・社会的機能の変化

高齢期は，「喪失の年代」といわれる。人生の転機となる入学・卒業・就職・結婚・子の誕生・退職・死別などをライフイベントとよぶが，高齢期に多くの人は，退職，配偶者や友人との死別，子の独立（離別）などの経験をする。このような人や社会との関係性の喪失は，うつなどの心の症状や社会的孤立を招きやすい。外出頻度が週に1回未満となった状況を閉じこもりとよぶが，閉じこもり状態が心身機能のさらなる低下を引き起こし，孤立死（孤独死）に及ぶことも懸念されている。高齢者の一人暮らし世帯は増加傾向にあることから，心理・社会的側面への対策は今後さらに重要となろう。

一方，高齢期には先に示した適応する力や，残された時間を大切にしようとする前向きな心理的変化も起こるといわれる（池内，2021）。家族だけでなく近隣の人とのつながりや，趣味や学習，地域活動，スポーツ活動なども含む社会活動を通じた心理・社会的機能の維持向上が望まれる。健康維持の3本柱として，一般的に「運動」，「栄養」，「休養」が挙げられるが，高齢期は「休養」の代わりに「社会参加」を柱とする考え方が示されている。

3．介護予防

(1) 介護が必要となる主な要因

要介護認定の主な要因は，男女総数でみた第一位は「認知症」であり，性別では女性の第一位，男性の第二位である（内閣府）。女性の第二位は「骨折・転倒」，男性の第一位は「脳血管疾患」であることから，介護予防は，中年期からの生活習慣病予防と老年病予防が重要といえる。

これらの疾病予防は，三次予防（重症化予防・機能回復），二次予防（早期発見・早期治療）も重要ながら，一次予防（健康増進・発症予防）に重点がおかれる。発症予防では，発症を予測するリスクファクター（危険因子）が鍵となるが，生活習慣病では内臓脂肪蓄積，高血糖，脂質代謝異常，高血圧などの重積した病態であるメタボリックシンドロームが代表的なリスクとされる。老年病の予防でもリスクとなる状態の検討が進められ，低栄養，認知機能低下，転倒などは老年症候群として，早期介入のサインと考えられている。

(2) 要介護に結びつく身体症状

1）フレイル

フレイルは，要介護のリスクの高まった状態として「高齢になって筋力や活力が衰えた段階，健康と病気の中間的な段階」と定義され，75歳以上の多くはこの段階を経て生活機能障害・要介護状態に至るとされる（日本老年医学会）。フレイルの評価方法は，Friedらの示した意図しない体重減少，筋力の低下，疲労感，歩行速度低下，身体活動の低下のうち3つ以上の保有という評価が代表的である（Fried et al., 2001）。

高齢期の要介護リスクとしては，サルコペニアやロコモティブシンドロームも挙げられる。サルコペニアは，「高齢期に見られる骨格筋量の低下と筋力もしくは身体機能（歩行速度など）の低下（日本サルコペニア・フレイル学会）」と定義される。体重減少や骨格筋量の低下は低栄養とも関連し，筋量の減少を高齢期には仕方のないことと見過ごすのではなく，サルコペニアと認知することで予防に向けた取り組みに繋げることが目指される。ロコモティブシンドロームは，サルコペニアや骨粗鬆症などによる「運動器の障害のために移動機能の低下をきたした状態（日本整形外科学会）」とされる。歩行は最も基礎的な生活機能であり，歩行障害は先に挙げた社会参加の阻害要因ともなる。移動の能力を焦点とする身体状況把握の意味は大きい。

なお，サルコペニアはフレイルやロコモティブシンドロームの原因症状の一つとされるため，これらの用語の示す状態は共通した特徴を有する。

2）認知機能低下

介護予防は，要介護の主な要因を捉えて「認知症予防」や次項に示す「転倒予防」の名称でも進められている。「認知症予防」では，まずこの語の正しい理解が取り組みの第一歩となる。認知症は，現時点では治療法や予防法が確立されていない疾患である。予防に向けて運動をはじめ様々な介入が行われているが，発症予防のエビデンスは十分でなく，有効性の根拠は限定的である。また，認知症という病気が，特別に受け取られやすいことにも注意を要する。認知症は，年齢を重ねると誰もがなりうる病気であり，発症後の進行は緩徐に進む。予防は「認知症にならない」という意味ではなく「なるのを遅らせる・進行を穏やかにする」の意味となる（厚生労働省）。

本項のタイトルでは「認知機能低下」の語を示した。認知機能低下に対する運動の予防効果には，多くの研究成果がある。軽度認知障害（Mild Cognitive Impairment: MCI）は，認知症への移行リスクが高まっている状態であるが，適切な介入によりこの段階から健常に戻ることも報告されている。MCI は認知機能低下における重要な局面であり，高齢者への意識付けも含めた認知機能の簡便な評価方法も活用されている。

3）転　倒

転倒は，高齢期において骨折など重度の外傷を起こして要介護の要因となるだけでなく，高齢者で頻度が高く発生することや，精神的な悪影響があるといった問題もある。一方で，本人や周囲の認知，環境の整備により予防できる可能性も十分にある（新野, 1999）。

転倒に関わる因子として，内的要因では視覚障害などの感覚要因，認知機能などを含む高次要因，筋力・バランス・歩行能力を含む運動要因が挙げられる。また，障害物や段差などの環境に関わる外的要因もある。予防には，各要素の適切な評価と対応が求められる。

精神面へ影響では，転倒を経験すると転倒することへの恐怖（転倒恐怖感）から活動性が低下し，さらなる転倒へのリスクを高めてしまうことが懸念される。転倒予防活動では，体力などの向上だけでなく，転倒することなく日常活動を行う自信（転倒自己効力感）を高めることも目標の一つとされる。転倒のリスク評価において，過去1年間に転倒したと答えた人では，その後に転倒しやすいことがわかっており，転倒経験は転倒発生を予測する手がかりとなる。

4. 身体活動・運動

(1) 身体活動の考え方

生活習慣病予防，介護予防ともに，運動の実践は欠かせない。運動の語は，スポーツなどとしばしば混同されるが，運動処方の指針とされる American College of Sports Medicine（ACSM）のガイドラインでは，「運動（Exercise）」を「計画的に構成された反復する身体の動きで，1つ以上の体力要素を維持・向上させるために実施されるもの」と定義している。日本の健康づくり施策の指針である健康日本 21（第二次）では，運動の実践に関わる部分を「身体活動・運動」と表している。ACSM では，「身体活動（Physical Activity）」について「骨格筋の収縮によって生じる身体の動きのことであり，実質的にエネルギー消費を増加させるもの」と定義しており，「運動」はその一つとなる。健康増進に向けては，運動を含めた日常生活における身体活動量の増加が求められる。

(2) 身体活動量の基準

現代生活は自動化・情報化が進み，生活様式は日常の身体活動量を減らす方向にある。これは，エネルギー消費量減少の問題だけでなく，肉体的疲労よりも精神的疲労の比率が増すといった疲労の質の変化も引き起こしている。身体活動はレクリエーション・リフレッシュの役割も担い，身体活動量と健康に関わる研究では余暇身体活動量（Leisure-time physical activity）に注目した研究も多い。近年身体活動量については，スクリーンタイム（画面を視聴する時間）の急増も問題となっており，健康づくりにおいて身体活動量を増やす方向での対策だけでなく，座位時間を減らす方向性での対策も始められている。

身体活動量は，各活動の内容にあたる強度と従事した時間（1 回あたりの時間×頻度）で算出される。強度はメッツ（Metabolic Equivalents: METs）が基本単位とされ，身体活動が安静時（1 メッツ）の何倍に相当するかで示される。健康増進のために必要な身体活動量は，「健康づくりのための身体活動基準 2013」において，18 ～ 64 歳では「歩行と同等以上（3 メッツ以上）を毎日 60 分」とされる。運動量に着目した基準や 65 歳以上の人の基準もあり，基準をわかりやすく伝える「アクティブガイド」では，現在の自分の身体活動状況からプラス・テン（+10）を考えようという指針も示されている。

5. Life course approach

寿命の延伸は，高齢期の延長や生涯の中で高齢期の占める割合が増したことを意味する。介護予防の必要性が高まる一方，医療・栄養・社会経済的な発展を背景に生活活動の選択肢は広がり，高齢期の過ごし方の多様性は増している。寿命の延伸は，各個人がどのように死に至りたいか＝生きたいかの考えを深める余地を生み出したともいわれる。

高齢期は，それまでのライフステージの影響が蓄積する，あるいは潜在的に影響が続くなど過去からの連続的な影響を受けると考えられている。筆者らは，中高年女性の筋力において，現在の運動だけでなく青年期の運動が関連すること（Kozakai et al., 2005），過去の運動習慣が高齢期の運動習慣を予測することを示した（Kozakai et al., 2012）。日進月歩の認知症研究においても，認知症のリスクは各ライフステージで影響は異なりながら，若い時期からの生活習慣

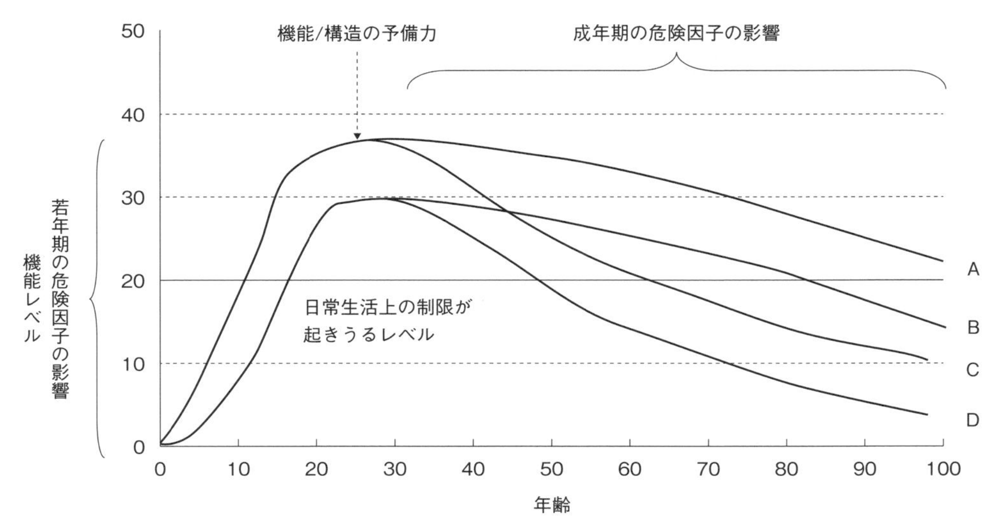

図 18-1　生涯を通じた機能変化の軌跡（Kuh et al., 2014 を一部改変）

A：若年期に急速な発育発達で予備力を高め，成年期以降に緩徐に低下した場合，B：成年期以降の低下は緩徐でも，若年期に予備力を高められていない場合，C：若年期に予備力を高めているが，成年期以降に低下が顕著となった場合，D：生涯を通じて有害な状況が続き，予備力を高められず，低下も顕著となった場合

や修正可能な身体状況が影響することが示唆されている（Livingston et al., 2020）。

生涯を通してよく活動し，健康増進に取り組むことは，長くなった人生における Healthy Ageing（WHO，2015）を達成する助けとなる（図 18-1）。

Key word

生活機能：生活機能は，食事や入浴，排泄などの日常生活動作（Activity of Daily Living: ADL）を基礎とする生活全体を遂行する能力である。

Healthy Ageing：WHO が 2015 年に提唱した老年期においても幸福感や充実感を得られるような機能的な能力を維持する，発達させるという考え方である（WHO, 2015）。

ブックガイド

■ 高齢期の特性を広く学ぶために

柴田　博ほか（2007）『老年学要論―老いを理解する―』建帛社
杉澤秀博ほか（2021）『老年学を学ぶ：高齢社会の学際的研究』桜美林大学出版会
鈴木隆雄（2019）『超高齢社会のリアル：健康長寿の本質を探る』大修館書店

■ 健康への興味を高めるために

黒木登志夫（2007）『健康・老化・寿命』中公新書

引用参考文献

池内朋子（2021）高齢者の感情と孤独. 杉澤秀博ほか編, 老年学を学ぶ―高齢社会の学際的研究. 桜美林大学出版会：東京, pp.152-158.

慶應義塾大学医学部百寿総合研究センター. 全国超百寿者研究. https://www.keio-centenarian.com/zenkoku,（参照日 2022 年 10 月 4 日）

新野直明（1999）平成 11 年度厚生労働省長寿科学総合研究「地域の高齢者における転倒・骨折の発生と予防に関する疫学的研究」報告書.

杉澤秀博（2021）老化とは何か. 杉澤秀博ほか編, 老年学を学ぶ―高齢社会の学際的研究. 桜美林大学出版会：東京, pp.2-3.

鈴木隆雄（2019）老化の実態. 鈴木隆雄, 超高齢社会のリアル：健康長寿の本質を探る. 大修館書店：東京, p.18.

鈴木隆雄（2021）老化と寿命. 杉澤秀博ほか編, 老年学を学ぶ―高齢社会の学際的研究. 桜美林大学出版会：東京, pp.54-60.

橋本修二　健康寿命の算定・評価と延伸可能性の予測に関する研究―2019 年の算定, 2010 ～ 2019 年の評価, 2020 ～ 2040 年の予測―. 厚生労働行政推進調査事業費補助金分担研究報告書. http://toukei.umin.jp/kenkoujyumyou/houkoku/R3.pdf,（参照日 2022 年 10 月 5 日）

Fried, L. P., Tangen, C. M., Walston, J., et al.（2001）Frailty in older adults: Evidence for a phenotype. J. Gerontol. A Biol. Sci. Med. Sci., 56: M146-M156.

Fries J. F.（1996）Physical activity, the compression of morbidity, and the health of the elderly. J. R. Soc. Med., 89: 64-68.

Kozakai, R., Nishita, Y., Otsuka, R., et al.（2020）Age-related changes in physical fitness among community-living middle-aged and older Japanese: A 12-year longitudinal study. Res. Q. Exerc. Sport., 91: 662-675.

Kozakai, R., Doyo, W., Tsuzuku, S., et al.（2005）Relationships of muscle strength and power with leisure-time physical activity and adolescent exercise in middle-aged and elderly Japanese women. Geriatr. Gerontol. Int., 5: 182-188.

Kozakai, R., Ando, F., Kim, H., et al.（2012）Regular exercise history as a predictor of exercise in community-dwelling older Japanese people. Journal of Physical Fitness and Sports Medicine., 1: 167-174.

Kuh D., Cooper R., Hardy R., et al.（2014）A life course approach to healthy ageing. Oxford University Press. pp.5-8.

Livingston, G., Huntley, J., Sommerlad, A., et al.（2020）Dementia prevention, intervention, and care: 2020 report of the Lancet Commission. Lancet, 396: 413-446.

WHO（2015）World report on Ageing and Health. https://apps.who.int/iris/bitstream/handle/10665/186463/9789240694811_eng.pdf?sequence=1&isAllowed=y,（参照日：2023 年 6 月 29 日）.

第19章 体育・スポーツ政策

本章と関連する章 【第 1 章】【第 2 章】【第 3 章】【第 6 章】【第 10 章】【第 17 章】【第 21 章】【第 22 章】

予習課題

①体育・スポーツに関する問題で，社会で対応して解決すべき問題は何があるかを考えてみよう。
②①で挙げた問題を解決するのは誰の役割や責任なのかを考えてみよう。

1. 公共的問題と政策

(1) 社会で解決すべき問題とその処方箋としての政策

私たちは日々の生活において様々な問題に直面する。これらの問題は，個人や特定の集団で解決すべき問題と社会において解決すべき問題に分けることができる（足立，2009）。このうち，個人や個別の集団で解決することが難しく，社会で解決すべきであると認識された問題を公共的問題（政策問題）という。公共的問題の例として，人口減少，少子高齢化，年金問題，教育，貧困，エネルギー問題，農業保護，災害対策，地域交通網の整備などが挙げられる。このような社会において解決すべき問題についての対応を定めるものが「政策」である。

一般的に，政策とは，ある問題を解決するための基本的方針とその具体的手段までを含むものである。また，国や地方自治体といった政府部門が公共的問題を解決するために定める政策を「政府政策」ということがある（松下，1991）。公共的問題を解決するために国や地方自治体が定める政策は，具体的には，法律・条例，予算，行政計画，行政命令，政治家の演説や発言といった多様な形式で表される（秋吉ほか，2020）。

(2) 体育・スポーツ政策の具体例

体育・スポーツ政策の具体例としては様々なものがある。以下では，日本における体育・スポーツ政策の例として，法律・条例および行政計画にあたるものを概説する。

法律・条例としては，スポーツ政策の基本的な方針を定めた「スポーツ基本法」がある。スポーツ基本法は，1961 年に制定されたスポーツ振興法を全部改正し，2011 年 6 月 24 日に公布された。スポーツ基本法は，スポーツに関する基本理念を定め，国および地方公共団体の責務並びにスポーツ団体の努力等を明らかにし，スポーツに関する施策の基本となる事項を定めている。体育・スポーツに関する法律のその他の例として，「独立行政法人日本スポーツ振興センター法」，「スポーツ振興投票の実施等に関する法律」，「スポーツにおけるドーピングの防止活動の推進に関する法律」などが挙げられる。

地方自治体（都道府県や市区町村）においては，スポーツに関する条例が定められることがある（吉田・吉田，2017）。条例では，スポーツに関する基本理念，都道府県や市町村の責務，市民やスポーツ団体等の役割などが定められており，地域の実情に応じてスポーツに関する政策の展開を図る体制が整えられている。

行政計画については，スポーツ基本法に基づいて文部科学大臣が定めることとされている「スポーツ基本計画」がある。スポーツ基本計画は，5 年間を計画の対象期間として計画が定められている。2022 年時点では，2022 年度から 2026 年度を対象期間とする第 3 期スポーツ基本計画が策定されている。

地方自治体においては，地方の実情に即して地方自治体が策定するよう努めなければならない「地方スポーツ推進計画」がある。スポーツ庁の調査によると，2018年8月1日時点で，都道府県については47のうち43，指定都市については20のうち20，指定都市以外の市区町村1,721のうち545の地方自治体がスポーツ推進を目的とした単独の計画を策定している（スポーツ庁，2018）。

スポーツ基本法，スポーツ基本計画，地方スポーツ推進計画において対応することとされている諸問題が，体育・スポーツに関する公共的問題として捉えられる。例えば，スポーツ実施の機会創出，国際競技力の向上，スポーツを通じた健康増進の推進，スポーツの推進のための場・環境・人材の確保，スポーツを通じた共生社会の実現，スポーツの成長産業化の推進，スポーツ実施者の安全・安心の確保，スポーツを通じた国際交流・協力，スポーツによる地方創生・まちづくりなどである。

(3) 政策の階層性と目的手段関係

政策には，問題を解決するための方針から問題を解決するための具体的手段までが含まれる。そして，抽象度の高い問題解決の方針から具体的手段までを含む政策は階層性をもつものとして捉えられる。そして，この階層性は，「政策」，「施策」，「事業」という三層構造として整理されることが多い（真山，2001；秋吉ほか，2020）。

まず，「政策」とは，特定の問題に対してどのような理念や方向性で解決に取り組むのかを示したものである。政策は具体的な解決策を示すものではなく問題解決の基本的方針を示すものであり，政策で示された方針が具体的な解決策のあり方を規定することになる。

次に，「施策」とは，政策で示された理念や基本的方針を実現するための具体的方針である。政策で対応しようとする問題は，複数の具体的活動が体系的に組み合わされることによって解決が目指される。施策は，それらの具体的活動を機能，目的，分野などによっていくつかのグループにまとめたものである。

最後に，「事業」とは，施策で提示された具体的方針を実現するための具体的活動や手段を指す。国や地方自治体が公共的問題を解決するために実際に執行している仕事のことである。

政策は問題解決の基本的方針という抽象的なものから問題解決のための具体的活動までを含む概念である。そのため，政策について議論するときは，政策，施策，事業のいずれを念頭に置いて議論が行われているのかに注意する必要がある（真山，2010）。

また，政策，施策，事業の間には目的手段関係がある。政策とは特定の問題を解決する基本的方針を示したものであり，政策を実現するための手段として施策が位置づいている。また，政策を実現するための具体的方針である施策を実現するために，具体的活動である事業が手段として位置づいている。政策，施策，事業はそれぞれが目的と手段の関係にあり，この目的手段関係の連鎖によって，問題の解決が目指されるという関係にある。そして，政策は問題解決の方向性やねらいを表したものであり，解決の具体的手段である事業の企画・立案に先立って定められるものである（真山，2001）。

体育・スポーツ政策の具体例において政策，施策，事業の目的手段関係を考えてみる。ここでは，第3期スポーツ基本計画（2022年度から2026年度を対象期間とする）における「国際競技力の向上」を例として取り上げる。まず，「政策」に相当するのは，「主要国際大会において過去最高水準の金メダル獲得数，メダル獲得総数，入賞数及びメダル獲得競技数等の実現を図る」ことである。そして，この政策を実現するための「施策」に相当するのは，「①中長期の強化戦略に基づく競技力向上を支援するシステムの確立」，「②アスリート育成パスウェイの構築」，「③スポーツ医・科学，情報等による多面的で高度な支援の充実」，「④地域における競技力向上を支える体制の構築」の4つの施策群である。そして，それぞれの施策を実現するための具体的活動である「事業」が複数存在する。例えば，③スポーツ医・科学，情報等による多面的で高度な支援の充実を実現するための具体的活動として，ハイパフォーマンススポーツに関する情報収集・データ分析の充実，パラリンピック競技の用具をはじめとした競技用具等に関する研究の実施，メンタルトレーニングの普及啓発を含む心理面のサポートの充実などである。このように，上位の目的である政策を実現するための手段として具体的活動の束である複数の施策があり，さらに個々の施策を実現するための手段として具体的活動である複数の事業があるという目的手段関係の連鎖がある（図19-1）。

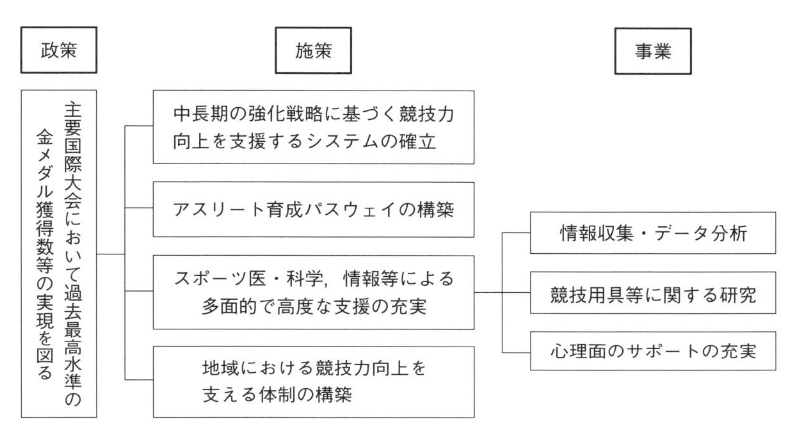

図19-1　国際競技力の向上における政策・施策・事業の関係図（概略）
（第3期スポーツ基本計画に基づき作成）

2. 政策過程

政策はある公共的問題を解決するために策定される。そして，策定された政策に基づいて解決策が実行され，実行した結果として目的が達成されたかどうかが判断されることになる。このような政策目的の達成に関わる一連の過程を政策過程と呼ぶ。そして，政策過程は，(1) 政策課題の設定，(2) 政策案の作成，(3) 政策決定，(4) 政策実施，(5) 政策評価という複数の段階として形式的に整理することができる（真山，2001）。

(1) から (3) は，対応する問題を特定し，政策を作り上げる段階である。政策が作られる前提として，社会に存在する問題の存在が認識される段階がある。問題が認識されると，その問題について国や地方自治体等が対応すべきかどうかが判断される。対応すべき問題であると判断されると，問題解決のための政策案が練られることになる。そして，作成された政策案を採用するかどうかが審議され，正式な決定手続きを経ることになる。

(4) は，一定の手続きを経て決定された政策に従い，政策の目的を達成するための具体的な活動が実際に実行される段階である。実施の段階においては，あらかじめ決定された政策が形を変えながら実施されることがある。そのため，当初の予定通りの目的を達成することができなかったり，予期しない効果が生じたりすることがある。

(5) は，政策の定めた目的が達成できているかどうか，期待された成果が上がっているかどうかの評価が行われる段階である。そして，評価に基づいて，政策を修正したり，終了したりするといった判断が下されることになる。

3. 体育・スポーツ政策に関わる組織・団体

以下では，体育・スポーツ政策を担う主要な組織・団体について概説する。

(1) 中央行政組織

日本における国全体に関わる体育・スポーツ政策の指針を定めたり，指針に基づいて施策を展開したりする中心的な中央行政組織は，スポーツ庁である。スポーツ庁は，文部科学省の外局に位置する組織であり，2015年10月に設置された。スポーツ庁が設置される以前は，文部科学省（旧文部省を含む）の内部部局であるスポーツ・青少年局などが体育・スポーツに関する政策の主要な担当組織であった。

ただし，日本の体育・スポーツに関する政策をスポーツ庁が単独で担っているわけではない。例えば，経済産業省はスポーツ産業に関わる政策，厚生労働省は健康増進，障害者スポーツ，高齢者スポーツに関わる政策，国土交通省は都市計画・まちづくりにおけるスポーツやスポーツツーリズムに関する政策を担当するなどしている。これらの行政組織は，当該省庁の担当する政策分野の目的を達成するための手段としてスポーツを位置付けていると考えられる。

(2) 独立行政法人

独立行政法人とは，各府省の行政活動から政策の実施部門のうち一定の事務・事業を分離し，業務の質の向上や活性化，効率性の向上，自律的な運営，透明性の向上を図ることを目的として導入されている制度である。体育・スポーツ政策に関する独立行政法人として，日本スポーツ振興センター（Japan Sport Council：JSC）がある。JSCは，国立競技場をはじめとするスポーツ施設の運営，災害共済給付や災害事故情報の調査・分析，国際競技力向上のためのスポーツ医・科学研究・支援，スポーツインテグリティの保護・強化，スポーツ振興投票の実施，スポーツ振興のための助成など，体育・スポーツに関わる幅広い政策に携わっている。

(3) 地方自治体

地方自治体では，スポーツに関する事務は教育委員会または首長部局によって担われている。ただし，学校体育に関する事務は教育委員会によって担われている。また，中央行政組織と同様に，スポーツを主に担当する部署以外でも，スポーツに関わる事務が行われている。例えば，神奈川県横浜市では，スポーツに関する事務は主に市民局スポーツ振興課が担当しているが，障害者のスポーツ活動に関する事業は健康福祉局が行っている（2022年度時点）。

(4) 民間スポーツ組織・団体

現実の社会においては，国や地方自治体以外に，民間スポーツ組織・団体も体育・スポーツに関する公共的問題を解決する役割を担っている。

まず，特定の競技種目に限定されないスポーツの普及・振興に関する全国的な組織・団体が挙げられる。具体例として，公益財団法人日本スポーツ協会（Japan Sport Association：JSPO），公益財団法人日本オリンピック委員会（Japan Olympic Committee：JOC），公益財団法人日本パラスポーツ協会（Japanese Para-Sports Association：JPSA）などである。

次に，特定の競技種目を全国的に統括する組織・団体である国内競技連盟が挙げられる。例えば，公益財団法人日本陸上競技連盟，公益財団法人日本バスケットボール協会，公益財団法人全日本柔道連盟などである。

さらに，体育・スポーツに関する政策の中でも専門的な分野を担当する組織・団体が挙げられる。例えば，アンチ・ドーピング活動を専門的に担う公益財団法人日本アンチ・ドーピング機構（Japan Anti-Doping Agency：JADA）や，スポーツに関する紛争解決を専門的に担う公益財団法人日本スポーツ仲裁機構（Japan Sports Arbitration Agency：JSAA）である。

地域レベルにおいては，地域のスポーツ協会（例：公益財団法人沖縄県スポーツ協会），地域の競技団体（例：一般社団法人愛知県バレーボール協会），学校，地域スポーツクラブなどが体育・スポーツに関する政策の具体的取り組みを実践する主体となる。

このほか，体育・スポーツに関する公共的問題の解決には，国際オリンピック委員会（International Olympic Committee：IOC），世界ドーピング防止機構（World Anti Doping Agency：WADA），スポーツ仲裁裁判所（Court of Arbitration for Sport：CAS）など国際的な組織・団体も関係する。

(5) 政策ネットワーク

体育・スポーツに関する政策は，スポーツ庁をはじめとする中央行政組織，独立行政法人，地方自治体，民間スポーツ組織・団体，国際的な組織・団体など，政府部門と民間部門の多様な主体が関与している。また，このような主体は，国際レベル，国内レベル，地域レベルといった異なるレベルにわたって存在している。

政策過程においては，多様な主体が関係することになる。このように，「特定の政策プロセスにおいて何らかの影響を及ぼし得る関係者が，各々の目的を達成するために他の関係者に働きかけたり，交渉したり，さらには契約や取引を結んだりといった組織間相互作用のネットワーク（相互の結びつき）を形成する構造や動態」（中村，2011，p.125）を政策ネットワークと呼ぶ。

政策ネットワークは，各関係者が資源（財源，専門的知識，人的資源，正統性など）を用いることで形成される関係性である。また，政策ネットワークは，ある特定の政策をめぐる場合でも，政策課題の設定，政策案の作成，政策決定，政策実施，政策評価といった時系列を経るごとに構造が変容していくことがある（真山，2011；中村，2011）。

政策ネットワークは，何らかの法律や制度によって設定されることがある。例えば，日本国内におけるドーピング活動を防止するためのアンチ・ドーピング政策においては，スポーツにおけるドーピングの防止活動の推進に関する法律が，国，JSC，JADA，スポーツ競技会運営団体等が相互に連携・協働していくことを定めている。

政策は単独の組織・団体によって作られたり，実施されたりしていくものではない。そのため，ある問題に対応することがどのようにして決まるのか，問題解決のための政策がどのようにして作り上げられ，決定されるのか，決定された政策がどのようにして実施されていくのかといったことを明らかにしていく上で，どのような組織・団体が，どのような資源を持ち寄り，相互にどのような影響を及ぼし合うのかといったことに注目する必要がある。

4. 体育・スポーツ政策に関する研究の方向性―「of の知識」と「in の知識」

体育・スポーツ政策に関する研究はどのような知識を蓄積していく必要があるのだろうか。体育・スポーツ政策に関する研究の方向性を考える上で参考になるのが，公共政策学における「of の知識」と「in の知識」の考え方である（秋吉ほか，2020）。「of の知識」とは政策過程の構造と動態に関する知識であり，政策がどのように作られたり，実施されたりしているのかを解明することに関わるものである。一方，「in の知識」とは政策決定に利用される知識であり，問題分析や政策案の効果分析などを行うことによって生み出されるものである。体育・スポーツ政策に関する研究の目的の1つが政策問題の解決や政策決定の合理化にあると考えるならば，体育・スポーツ政策の政策過程を解明して政策過程の合理化を図る「of の知識」についての研究と，政策決定に利用する知識を生産して政策内容の改善を図る「in の知識」についての研究を蓄積していくことが求められる。

Key word

政策：政策とは，ある問題を解決するための基本的方針とその具体的手段までを含むものであり，特に国や地方自治体といった政府部門の政策を政府政策ということがある。また，政策は，問題解決の方針である「政策」，政策を実現するための具体的方針である「施策」，施策を実現するための具体的活動である「事業」という階層性をもつものとして捉えられる。

政策過程：政策目的の達成に関わる一連の過程のこと。政策過程は，(1) 政策課題の設定，(2) 政策案の作成，(3) 政策決定，(4) 政策実施，(5) 政策評価という複数の段階に分けて捉えられる。ただし，このような図式化はあくまで現実の政策過程を理解しやすくするためのものであり，現実の政策過程は図式化されたように単純に進んでいるとは限らない。

政策ネットワーク：特定の政策プロセスにおいて何らかの影響を及ぼし得る関係者が，資源を持ち寄り，各々の目的を達成するために他の関係者に働きかけたり，交渉したり，さらには契約や取引を結んでいる関係性のこと。体育・スポーツ政策には，国や地方自治体といった政府部門だけでなく，民間スポーツ組織・団体も関与している。そして，それらの主体が相互に関わり合うことによって政策が作り上げられたり，実行されたりしている。

ブックガイド

■ 体育・スポーツ政策を広く学ぶために

菊　幸一・齋藤健司・真山達志・横山勝彦編著（2011）『スポーツ政策論』成文堂
成瀬和弥・真山達志編著（2023）『地方におけるスポーツ価値実現の実像』晃洋書房
真山達志・成瀬和弥編著（2020）『公共政策の中のスポーツ』晃洋書房

■ 公共政策学を学ぶために

秋吉貴雄（2017）『入門公共政策学』中央公論新社
秋吉貴雄・伊藤修一郎・北山俊哉（2020）『公共政策学の基礎（第3版）』有斐閣

引用参考文献

秋吉貴雄・伊藤修一郎・北山俊哉（2020）公共政策学の基礎（第3版）．有斐閣：東京．
足立幸男（2009）公共政策学とは何か．ミネルヴァ書房：京都．
スポーツ庁（2018）「地方スポーツ推進計画」の策定状況調査結果について．https://www.mext.go.jp/sports/b_menu/toukei/chousa04/sports-suishin/kekka/__icsFiles/afieldfile/2018/10/31/1410618_001.pdf，（参照日 2022年12月20日）．
中村祐司（2011）スポーツ政策ネットワーク．菊幸一ほか編著，スポーツ政策論．成文堂：東京，pp.125-132.
松下圭一（1991）政策型思考と政治．東京大学出版会．
真山達志（2001）政策形成の本質：現代自治体の政策形成能力．成文堂：東京．
真山達志（2010）政策提案と政策学．真山達志ほか編著，地域力再生の政策学：京都モデルの構築に向けて．ミネルヴァ書房：京都，pp.19-30.
真山達志（2011）政策研究とスポーツ．菊幸一ほか編著，スポーツ政策論．成文堂：東京，pp.3-17.
吉田勝光・吉田隆之（2017）文化条例政策とスポーツ条例政策．成文堂：東京．

第 3 部

応用領域

第20章 コーチング

本章と関連する章 【第2章】【第4章】【第7章】【第8章】【第9章】【第12章】【第13章】【第15章】【第21章】

予習課題

①コーチングの対象となる学習者はどのような人たちなのか具体的に考えてみよう。
②コーチングに必要な知識やスキルは何かを具体的に考えてみよう。

1. 我が国における学問としての「コーチング」の成り立ち

第13章の体育方法で述べた通り，1979年に体育方法から体育科教育が分離して以降，体育方法という領域は，運動技術ないし運動方法学の研究として発展・深化した。具体的には，生徒に教材を習得させるための学習方法に関する研究，例えば学習内容の提示法，運動やゲームが行える能力を系統的に習得させる方法，視聴覚機器やイメージトレーニングの利用法，評価法などに関する研究がこれにあたる。このように，教育教材の指導方法に関する一般理論として発展した運動方法学は，その後体育の授業で用いられる運動教材が多様化するのに伴って，器械運動方法学，陸上競技方法学，水泳方法学，スキー方法学のような個別の運動領域における教材の指導方法を研究する領域へと分化していき，その後，学校体育の枠組みを超えてスポーツ方法学へと発展していった（日本体育学会，2006，p.612）。

我が国における「コーチング学」は「スポーツ方法学」の流れを汲む。1973年に当時の日本体育学会における体育心理専門分科会から日本スポーツ心理学会が，1978年に体育原理専門分科会から日本体育・スポーツ哲学会が設立されるなど，1970年代から80年代にかけてそれぞれの専門分野で個別の独立学会を立ち上げる気運が高まった。体育方法専門分科会としては，1988年に分科会会員の要望に応えるかたちで「体育方法学研究」の創刊号を発刊した（朝岡，2012）のが契機となり，翌1989年に600名を超える体育方法専門分科会の有志により，日本スポーツ方法学会が設立された。それに伴い，体育方法学研究第2号は「スポーツ方法学研究」に改称して，体育方法専門分科会と日本スポーツ方法学会の連名で発刊され，さらに2010年3月に，学会名をそれまでの日本スポーツ方法学会から「日本コーチング学会」に，機関誌名をそれまでのスポーツ方法学研究から「コーチング学研究」に改称して現在に至る。

2. コーチの役割とコーチ養成の課題

(1) コーチの役割

コーチは，選手・チームが掲げるゴールへ到達できるよう，「導いていく人」でなければならない。そのためには，ゴールがどこにあるのか，そのゴールへ到達するにはいくつのルートがあり，それぞれにどのような違いがあるのかを見通しをもって考えられる人でなければならず，それはさながら，登山ガイドのようである。コーチングの対象は人間であり，その時々でゴールとルートが変化し，そもそもルートがどこにあるのかがわからないという場面に遭遇することもある。その意味では，大海原に漕ぎ出す一艘の船の水先案内人といえるかもしれない。

良好なコーチング実践を行うには，ある特定領域の専門家ではなく，各種の能力をバランスよく身に付け，目的に応じて利用できなければならない。あなたはコーチとして現場に立つとき，親方や職人のようにわざ（技）を教え，科学者のように動作や心肺機能を分析し，栄養士のように食事内容を考え，アーティストのように鼓舞するかもしれない。教育者として選手に諭し，カウンセラーとして選手の声に傾聴し，コメディアンのように場を和ませることもあるだろう。コーチは，単に，いろいろなことを知っているだけの博学者ではなく，現場で生じる様々な問題に対して，実践的見識と実践的思考を駆使し，反省的省察と創造的探究を相互循環させることのできる「知恵者」でなければならない（図子，2014）。

(2) 大学におけるコーチ養成の課題

スポーツ界では，勝利至上主義のもと，画一的なコーチング，長期展望を持たない短絡的な早期専門化，命を危険に曝しても勝つことを目指すドーピングなどの問題が存在する。そのことが，多数のバーンアウト選手を生むほか，競技力だけ高く人間力（社会の一員として自分も周りも幸せにし，豊かに人生を送るための生きる力）が大幅に欠如したバーバリアンアスリートの輩出につながる危険性がある（図子，2012，2014）。また，このアスリートがコーチとなって起こす体罰，セクシャル・ハラスメント，パワーハラスメント，あるいは金銭トラブルなどの社会的な問題は，スポーツの価値を著しく貶めている。図子（2014）は，これらの渦中にあるコーチのほとんどは体育系大学を卒業した人々，すなわち大学教員が教育した人材であり，大学のコーチから受けた「コーチングされた体験」が，その後の「自ら行うコーチング体験」に強く影響している可能性を指摘している。実際に，体罰を受けた経験のあるアスリートは「体罰が必要」と肯定的に考えており，加えて，体罰を受けた経験のあるアスリートは受けた経験のないアスリートより，将来スポーツ指導者になることを強く望んでいる（全国大学体育連合，2014）。この問題の解決には，体育系大学あるいは体育・スポーツ学部や学科を擁する大学全体で，競技力向上を目指した指導力はもとより，自他が幸福にいられるための人間力，そして高い倫理観によってスポーツ文化を発展的に創造できるコーチの育成が求められる。

■ 3. コーチ養成のためのコーチング理論

(1) コーチング・スタイル

どのようなコーチング・スタイルがよいかについては，その時代ごとに様々議論されてきている。例えば，トップダウン型は，上に立つ人の考えや意見を効率よく，かつ正確に下に伝えるのに効果的である一方，選手が思考を止めて受動的な姿勢になり，指示待ちやコーチに対する不必要な服従，過度の依存をもたらす危険性がある。反対に，ボトムアップ型は，選手自身に考えさせることで思考力と実行力が育つため，プレーの成功や試合の勝利などで自己効力感や有能感が高まる一方，成果が出るのに時間がかかることや，選手とコーチあるいはチーム全体で合意形成を得るのが困難となる（小井土，2019）。

近年，Learner-centered Teaching（Weimer, 2002）や Athlete-centred Coaching（Kidman and Lombardo, 2010）のように，学習者（アスリート）を主体とした学びや指導の重要性が注目されている。これらは，学習者（アスリート）が，自らが何を学ぶべきかを明確に認識し，その解決のために能動的に学びを深め，学習者（アスリート）の経験や理解度にふさわしい知識や指導が学習者（アスリート）の求めに応じて指導者（コーチ）から提供される教育方法を指す。学習者が幼児の場合は，モンテッソーリ教育やレッジョ・エミリア・アプローチが有用なヒントとなる。幼児は歩くことを教えなくても自然と歩こうとしたり，高いところに上ったり，自由な発想で遊びを考えたりして学びを深める。つまり，子どもには生来，自立・発達していこうとする力（自己教育力）があり，その力が発揮されるには発達に見合った物的・人的環境が必要となるという考え方が「モンテッソーリ教育」である。また，幼児は，発育や発達の速度の個人差が大きく，かつ興味の対象やできることにそれぞれ違いがある上に，大人のようには自分の考えを言語化できない。よって，子どもひとりひとりの個性を大切にし，子どもたちの好奇心に従って様々な方法で学びを深めようとするのが「レッジョ・エミリア・アプローチ」である。学習者あるいはアスリートを中心に考えるということは，老若男女の別や障害の有無，技能レベルや体力レベルなどを考慮し，学習者（アスリート）の学びが最適化されているかどうかに意識を払った教育やコーチングを行うことを意味する。コーチが教えたからといって選手が学ぶわけではない。むしろ，選手が学んだ時にコーチは教えたといえる（伊藤，2017）。

(2) 一般理論と個別理論

学問としてのコーチングは，指導する行為そのものに限らず，それぞれの運動をどのように考えたら解決できたのか，あるいは失敗したのかといった理論に関する内容を含む。このうち，サッカー方法論，バレーボール方法論，水泳競技方法論，陸上競技方法論などのように，個別のスポーツ種目の具体的な指導方法や理論は「個別理論」とされ，ここでの知識，経験，スキルはそれぞれのスポーツ種目を教える際の核になる高い専門性を有する（図子，2014）。我が国では，体育方法，スポーツ方法学，コーチング学へと変遷する中で，スポーツ科学者が，「基礎から応用」あるいは「分化と統合」という視点で運動課題を捉え，演繹的な手法で科学研究を展開してきた。そのことにより，それぞれのスポーツ種目の個別理論，言い換えればある枠組みの中で特定の部分にしか当てはまらない「各論」は急激に増加したが，それらは 1 つのまとまりとして体系立てられずにいるという課題もある。

一方で，コーチング学には総論としての「一般理論」が存在する。この一般理論は，1970 年代の東ドイツとソビエト連邦で発表されたトレーニング学に端を発する。トレーニング学は，個別のスポーツ種目の指導理論の中からそこに通底する問題とその解決方法を帰納的（複数の事実や事例をならべ，これらに共通する情報やルールを抽出して一般的・普遍的な規則や法則を見つけ出そうとする）に集約し，スポーツの「練習（学習）と指導に関する一般理論」として体系化を目指した（朝岡，2011）ものである。朝岡（2011）は，スポーツの「練習（学習）と指導に関する一般理論」の中核的研究分野として，「経営管理方法論」，「トレーニング方法論」，「動きつくり方法論」の 3 つを挙げてその重要性を示した。これらは言い換えれば，「トレーニング計画論」，「体力トレーニング論」，「バイオメカニクス・スポーツ運動学」となる。ここから先は，この 3 つの論について事例を交えて解説する。

(3) トレーニング計画論

アスリートは，目標とする大会で最高パフォーマンスを発揮するためにトレーニングに取り組み，競技力を最高の状態に作り上げていくことが求められる。そのためには，いつ，どの大会で，どのような成績を目指すのかを明確に決定し，そこから逆算して，いつ，どのようなトレーニングを，どのぐらい取り組むのかを計画する必要がある。その際に役立つのが，ソビエトのマトヴェーエフが 1972 年にドイツ語で発表した「一定のトレーニング周期の枠内に於けるトレーニングの構成と内容の合目的的で周期的な変化」の理論（村木，1999）をもとにした「ピリオダイゼーション」の考え方である。ピリオダイゼーションとは，マクロサイクル（macrocycle），メゾサイクル（mesocycle），ミクロサイクル（microcycle）という時間による期分けと，準備段階（preparatory phase）（一般的準備：general preparation・専門的準備：specific preparation），試合段階（competitive phase），移行段階（transition phase）という内容による期分けから構成される（図 20-1）。

	年間計画（ソビエト注）では年間マクロサイクル）				
トレーニング・フェーズ（ソビエトではマクロサイクル）	準備段階		試合段階		移行段階
サブフェーズ	一般的準備	専門的準備	試合前	試合	移行
マクロサイクル（ソビエトでは mesocycle, メゾサイクル）					
ミクロサイクル					

注）原著の表記に従った。

図 20-1 ピリオダイゼーションに基づく年間計画（シングルサイクル）（Bompa, 1999 をもとに作成）

マクロサイクルは1年間，メゾサイクルは2週間から6週間，ミクロサイクルは1週間と規定するのが一般的で，とりわけメゾサイクルはトレーニングの目的やスポーツ種目の特性に応じてアレンジされて変化する。図 20-1 は，1年間で「準備段階」「試合段階」「移行段階」を1周期として構成する伝統的なシングルサイクルの例を示している。しかしながら，近年は，各スポーツ種目において試合数が増加し，その中で目標とする試合に向けた万全の準備をするために，1年間を2周期や3周期で構成するダブルサイクルやトリプルサイクル，複数のサイクルから構成されるマルチサイクルを採用したものなどが見られる。ピリオダイゼーションは，特に陸上競技や水泳競技などの個人種目における高度な実践活動を通じて生み出された経験理論と教育学および医学・生理学の基礎的研究成果の応用によって発展した（村木，1999）が，その後サッカーほか多くの種目に応用され，今日でも世界各国が採用する最も基本的な理論である。

(4) 体力トレーニング論

スポーツパフォーマンスに関わる体力は，運動の発現に必要な筋力と瞬発力（パワー），運動の持続に必要な全身持久力と筋持久力，運動の調整に必要な平衡性，敏捷性，巧緻性，柔軟性などがある（尾縣，2017）。また，筋力は筋肉が収縮するときに発揮される張力のことを指すが，その収縮様式は等張性筋収縮（アイソメトリック：筋肉の長さを変えないで力を発揮する）と，等張性収縮（アイソトニック：筋肉が伸び縮みしながら力を発揮する）の2つに分けることができる。さらに，等尺性筋収縮は，短縮性筋収縮（コンセントリック：筋肉が縮みながら力を発揮する）と，伸張性筋収縮（エキセントリック：筋肉が伸ばされながら力を発揮する）に分けられる。筋力は筋繊維組成，筋肉の断面積，筋肉を支配している神経系の働きによって決定される。このうち，筋繊維組成についてはトレーニングによって一定の変化は起こるものの，遺伝的要素の影響が大きく生得的なものである。したがって，筋力を増加させるには，トレーニングにより筋繊維を太くする（筋肥大）ことと筋繊維を支配する神経を増やす（運動単位増加）ことが求められる。

トレーニングには3つの原理がある。「過負荷の原理」とは，筋力や体力を向上させるには，すでにその時点で有している能力以上の負荷をかけなければならないことを指す。一定期間，トレーニングが経過すると，次第にその負荷に身体が慣れてくるため，さらに強い負荷をかける必要がある。「可逆性の原理」とは，トレーニング習慣がなくなると，身体は元の状態に戻ってしまうことを指す。ある一定の期間に集中的にトレーニングをして体力を高めても，獲得した能力を永遠に保持できるわけではない。「特異性の原理」とは，トレーニングの仕方で効果が変わることを指す。同じ動作でも速く動かすか遅く動かすかで得られる効果が異なることに注意を払わなければならない。

また，5つの原則も重要である。「漸進性の原則」とは，トレーニングは徐々に負荷を高めて行うという考え方である。一気に強い負荷をかけると怪我のリスクが高まるので注意が必要である。「反復性の原則」とは，トレーニングは計画的・継続的に取り組むべきという考え方である。トレーニングで得られた効果は短期間で消失するので繰り返し行う必要がある。「全面性の原則」とは，トレーニングでは身体全体を満遍なく鍛えるという考え方である。例えば，ボクシングで強いパンチを打つには下半身の踏ん張りが，サッカーで力強いキックを蹴るには上半身の強さが必要である。スポーツは無数の動作とそれに伴う筋発揮が相互に影響して全体として統合されてパフォーマンスとして表出する。腕だけ，あるいは脚だけ鍛えても理想とするようなパフォーマンスは発揮できない。「個別性の原則」とは，トレーニングは個人の状況に応じたやり方や負荷設定をするという考え方である。人はそれぞれ体組成や筋質，手足の長さ，関節可動域，年齢，経験，性別がまったく異なる。「意識性の原則」とは，トレーニングは，今どの筋肉を動かしているのか，なぜその筋肉を動かしているのかを意識すると効果が高まるという考え方である。トレーニングの目的や方法を正しく理解し，トレーニングで高めようとしている体力は，実際のスポーツ場面で，いつ，どのような局面で必要なのかを考える必要がある。

体力トレーニング論は，主に医学・生理学の基礎的研究成果に基づく応用理論であるので，より理解を深めたい場合は，第8章にあたることをお勧めする。

(5) スポーツ運動学

今日のコーチング学で取り扱われる「運動学」は，大別すると，自然科学的分析を用いるバイオメカニクスと，東ドイツのマイネルの理論を継承した金子による現象学的運動分析を用いる「発生運動学」の2つに分かれる。バイオメカニクスについては第9章で詳しく扱われているので，ここでは発生運動学について解説する。

例えば，たまたままぐれで上手にできてしまった「バク転」と，できるという確信をもって上手に行われた「バク転」は，バイオメカニクスの視点で見れば，関節角度，加速度，重心位置といった数値は同等であり，そこに差を見出すことは不可能である。こうした事象の違いを捉えて，運動のもつ意味を明らかにしようとするのが「発生運動学」である。スポーツの技術を習得するには，「こういう感じでやる」という「運動感覚意識」（金子，2002）が重要な役割を果たすが，それにはコツとカンが大きく関わる。

コツとは，身体中心化作用を持つ運動感覚のことであり，学習者自身の身体の中に存在し，求心的な志向体験をもつ身体能力である。一方，カンとは，状況投射化作用を持つ運動感覚のことであり，学習者の身体とそれを取りまく情況との関わりの中で，動き方を選び，判断して実行する遠心的な志向体験を持つ身体能力である（金子，2007）。端的に言えば，学習者の意識が身体の内側を向くときに発生するのがコツで，外側を向くときに発生するのがカンである。具体例を示すと，サッカーのペナルティシュートでは，ゴールキーパーは，キッカーの助走のとり方，身体の向き，表情などを観察してカンを働かせる。同時に，足元の芝の感触を確かめながらどの方向に跳ぶか，身体の構え方はどうするかなど自身の動きのコツに意識を向けるだろう。運動中はコツとカンが同時に作動するが，人間の意識はどちらか一方にしか向かない。よって，同時に感じることはなく，プレーの一瞬一瞬で反転して入れ替わる特徴がある。

最後に，動きを変容させる2つの要因である「体力」と「技術」の向上過程の違いに触れる。体力トレーニングにより身体が疲労すると体力は低下する。トレーニングが終了すると徐々に回復へ向かうが，この際に適切な休息が取られれば，体力は元の水準より少し引き上がった状態を獲得することができる。これを「超回復」という。超回復後は，以前より少し大きい負荷をかけるようにして，疲労から超回復までのサイクルを絶えず循環させると，徐々に体力が向上する。超回復後，適切な負荷を身体にかけなければ，体力は維持さえすれども向上はしない。トレーニングを怠れば，体力は元の水準を下回り低下する（図20-2左）。

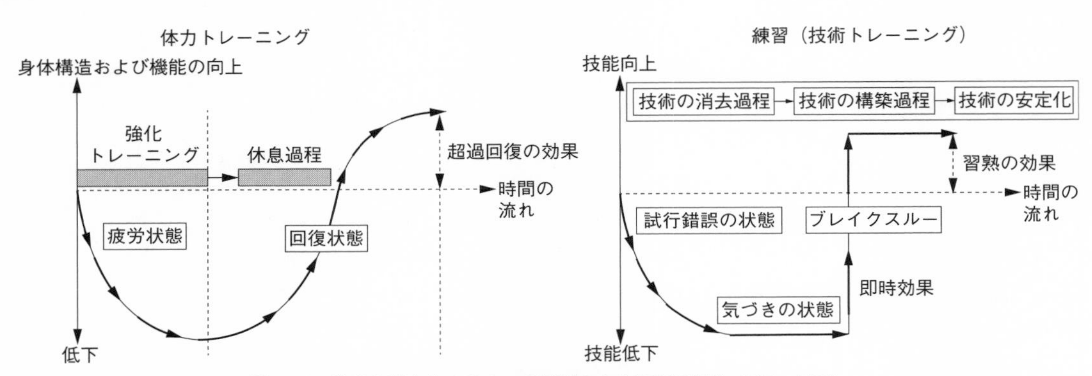

図 20-2 動きを変容させる2つの要因の向上過程の相違（図子，2003）

一方，技術トレーニングにより新たな動きを習得しようとすると，それまで安定していた動きは失われ，一時的な不器用状態になるので技術は低下する。しばらく混沌とする状態が続くことになるが，やがて少しずつコツをつかみ始める。そして，ある時を境に，突然，ブレイクスルーして動きが変わり，トレーニング効果が即時的に出現する。ブレイクスルー後は，多少おぼつかない時間が続くが，やがて安定する。ひとたび自転車に乗れるようになれば，その後，長い間乗らなくてもまたすぐに乗れるように，一度獲得した技術は定着する（図20-2右）。

Key word

国際コーチングエクセレンス評議会：英語の正式表記は，International Council for Coaching Excellence（ICCE）であり，世界のスポーツコーチング発展を牽引・支援していくことを目的として1997年に設立された非営利の国際組織のこと。

FTEMフレームワーク：2013年にオーストラリア国立スポーツ研究所（Australian Institute of Sport: AIS）が発表したアスリート育成パスウェイの国際的枠組みである。FTEMは，Foundation（ファウンデーション：土台となる遊び・動作・スポーツ），Talent（タレント：スポーツタレントの顕在化と育成および実績），Elite（エリート：シニア代表への選出と成功），Mastery（マスタリー：シニア代表での継続的な成功）から成り，アクティブなライフスタイル，スポーツへの参加，スポーツでの成功という3つの重要な成果を統合して，スポーツとアスリート育成を根拠に基づき包括的に取り組むことを目的としている。それ以前に示されたタレント発掘・育成（talent identification and development: TID）モデルや長期的アスリート育成（long-term athlete development: LTAD）モデルの代用品ではないことには注意が必要である。

ブックガイド

■ コーチング学の理解を深めるために

日本コーチング学会編（2017）『コーチング学への招待』大修館書店
日本コーチング学会編（2019）『球技のコーチング学』大修館書店

■ 幼児との関わり方の理解を深めるために

大宮勇雄（2010）『学びの物語の保育実践』ひとなる書房

引用参考文献

朝岡正雄（2011）ドイツ語圏における発展過程から見たコーチング学の今日的課題．体育学研究，56：1-18.
朝岡正雄（2012）体育方法専門分科会の「来し方」・「ゆく末」について．コーチング学研究，25：191-194.
伊藤雅充（2017）コーチとコーチング．日本コーチング学会編，コーチング学への招待．大修館書店：東京，pp.12-25.
尾縣　貢（2017）体力トレーニング．日本コーチング学会編，コーチング学への招待．大修館書店：東京，pp.149-182.
金子明友（2002）わざの伝承．明和出版：東京.
金子明友（2007）身体知の構造―構造分析論講義―．明和出版：東京.
小井土正亮（2019）心的・知的能力のトレーニングのオーガナイズとポイント．日本コーチング学会編，球技のコーチング学．大修館書店：東京，pp.168-179.
図子浩二（2003）スポーツ練習による動きが変容する要因―体力要因と技術要因に関する相互関係―．バイオメカニクス研究，7(4)：303-312.
図子浩二（2012）体育方法学研究およびコーチング学研究が目指す研究のすがた．コーチング学研究，25(2)：203-209.
図子浩二（2014）コーチングモデルと体育系大学で行うべき一般コーチング学．コーチング学研究，27(2)：149-161.
全国大学体育連合（2014）運動部活動等における体罰・暴力に関する調査報告書.
日本体育学会監（2006）最新スポーツ科学事典．平凡社：東京.
村木征人（1999）トレーニング期分け論の形成・発展と今日的課題．体育学研究，44：227-240.
Bompa, T. O. (1999). Periodization training for sports. Human Kinetics: Champaign.
Kidman, L. and Lombardo, B. J. (Eds). (2010) Athlete-centred coaching: Developing decision makers (2nd ed.). IPC print resources: Worcester.
Weimer, M. (2002) Learner-centered teaching: Five key changes to practice. Jossey-Bass: San Francisco.

第21章　運動部活動

本章と関連する章　【第１章】【第２章】【第５章】【第６章】【第７章】【第10章】【第15章】【第19章】【第20章】

予習課題

①現在の運動部活動におけるよい点とわるい点を考えてみよう。
②運動部活動を地域に移行するためにはどうするべきか考えてみよう。

1. 運動部活動の【創成期】から【普及期】

(1) 運動部活動の【創成期】

運動部活動が，日本においてどのように成立し，制度化されてきたのかというと，東京大学が起源とされている。当時，東京大学では正課体育が設けられていなかったが，学生の自発的なスポーツ活動が奨励されており，明治10（1877）年創立後，明治16（1883）年に学生の陸上運動会が実施され，翌年には水上運動会として漕艇大会が行われている（髙橋，2002）。現在でいう陸上競技部と漕艇部が活動していたのである。その後，明治20（1887）年に東京商業学校（現在の一橋大学），明治26（1892）年に慶應義塾，明治29（1896）年に高等師範学校（現在の筑波大学），明治31（1898）年に京都帝国大学（現在の京都大学）と，次々に設立され，大学において運動部が盛んに実施された。

明治維新後，明治5（1872）年に学制が公布，全国を8つの大学区に分け，中学校と小学校を置き，国民皆学を目指した。そして，3回の改正を経て，明治19（1886）年からは，学校令が公布され，初等・中等・高等の学校種別を規定した。全国各地に学校が飛躍的に設置されていくのと同様に運動部活動も盛んになり，校友会雑誌から対抗戦などが実施されたことが記録されている（安東，2009）。当時の運動部活動も，現在と同様に学校教育の公的なカリキュラム（いわゆる正課活動）ではなく，学校や地域によってかなり状況が異なっていたものの，ほとんどの学校に設置されていた（安東，2009）。

明治創成期の中学校における運動部活動は，「校友会」のほか「学友会」などと称して活動していたが，意味上の区別はなく，教科外，正課外活動であり，生徒の学校生活を補完する活動として実施されていた。また，画一的，注入的な戦前の学校生活において，生徒の自主活動を認めその運営も生徒中心に進められた唯一の場であったとされている。また，そのほか教育効果として，異年齢集団の学習効果，地域のスポーツの興隆，文化の向上，生徒の生きがい，学校に来る喜びを挙げている。これらの教育効果は，現在の運動部活動に通ずるものである。

しかしながら，学校は部活動が進展するにつれてその教育的価値を認識し，適正管理下に統合しようとしたこと，健康の保持増進目的から精神面の鍛錬に重点が移動していったこと，正課授業への専念が損なわれると危惧したことなどを挙げている（渡辺，1997）。このようなことは，まさに今に始まったことではないことがわかる。当時も熱心に指導するあまり，過剰なトレーニングを実施してみたり，正課の授業が疎かになったり，その結果部活動を指導する余力も意欲もなくなったりと，近年においても見られる状況があった。当時の校長たちは，部活動が無秩序に発展することを恐れ，文部省もそのような現状に対して，部活動は正課活動を補完していくという方策を取ったのである。

(2) 運動部活動の【普及期】

大正期に入ると，対外試合が活発になり，過熱化も冷めることなく，1926（大正15）年には，文部省による「体育運動の振興に関する訓令」が出され，対外試合について，学校長の承認を経てから参加させる，勝敗のみにとらわれない，同一生徒の参加する回数を適当にする，選手や応援者の学業に支障がないようにする，そして，多額の費用がかからないようにする，といったことが求められた。また，高校野球においても夏の甲子園大会が開催され，追って，春の選抜大会も開催されるようになった。そして，国民体育大会の前身である明治神宮競技大会の開催，既にオリンピック出場は果たしていたが，日本スポーツ協会の前身である大日本体育協会が設立されるなど，一気に競技化に傾倒して行く様相であった。柔道の創始者であり，高等師範学校校長，そして，日本の体育の父と呼ばれる嘉納治五郎は，こうした過熱化する運動部活動にどのような見解を持っていたかは明らかではないが，身体形成の観点からは，競技運動について批判的であり，あくまでも日常的に気軽に運動できることを重要視していた。

2. 運動部活動の【復活期】から【安定期】

(1) 運動部活動の【復活期】

昭和期に入ると，金融恐慌や世界大恐慌に端を発した経済不況に加え，満州事変，日中戦争開始と，学校教育活動にも軍国主義的基盤が整備されていくこととなる。次第に自由主義的な潮流が弾圧されるようになり，国家総動員法が発令され，学校内における軍事教練が強化される。文部省から「学校報国団ノ組織ニ関スル要綱」が出され，ほとんどの学校で部活動（当時一般的総称の校友会）は学校報国団に改組された。特に運動部の多くは大会の中止などもあり，競技的要素は薄められ鍛錬部と変化し，武道・戦闘能力の増加に役に立つような国防的競技に重点が置かれることとなった。国民学校令が公布されると，体育は，これまでの「体操科」であったものが「体練科」に改められ，「身体ヲ鍛錬シ精神ヲ錬磨シテ闊達剛健ナル身体ヲ育成シ献身奉公ノ実践力二培ヲ以テ要旨トス」として，体操と武道の内容が毎日1時間設定され，国防力の増強を目指した。さらに，「陸軍現役将校学校配置令」が施行されていたこともあり，学校における軍事教練は，本格化していくこととなった。

1945（昭和20）年8月15日に日本は終戦を迎えた。その後，アメリカが日本を占領したとき，すでに軍国主義一掃の方策はまとまっており，解体すべき省庁のリストはできていた。文部省は当然候補に挙がっており，それは，他ならぬ軍国主義教育の根幹であると捉えられていたためである。しかしながら，戦後の教育行政をいち早く方針転換し，解体されず存続することとなった。文部省は，運動部活動での戦前の軍事目的の統制が撤去され，課外運動としての校友会運動部の適正な組織運営は，民主主義的体育振興の原動力としてその機能が期待された。また，アメリカの理解や解釈を元にして，スポーツを学校教育として，スポーツマンシップの醸成や民主主義的態度の形成につながるものとした。これによって，自省の存続も維持することができたものの，結果的には，現場では具体的な指導の方法論が浸透するまでには至らなかった。そのため，「ただスポーツをすればよい」といった「スポーツおぶさり論」が生じることになった（草深，1986ab；内海，2009）と指摘するように，戦後依然として具体的な方法論は成熟させられないまま，体育や運動部活動の存続を維持するかたちとなった。こうしたことが，今日まで，課外活動でありながら過熱する，グレーゾーンによる様々な問題を引き起こす元凶となったといえる。

1948（昭和23）年に全国高等学校体育連盟（高体連）が設立されたが，同年には，文部省は，学徒の対外試合について，中学校，高等学校での対外試合を制限するよう統制が行われている。しかし，高等学校の全国大会は年1回認められており，結果的には戦後のGHQ民主化政策の下でも競技力の向上姿勢は抜け切るはずもなく，文部省の意図と学校現場との乖離，あるいはスポーツのもつ競技性が現れる結果となっている。一方，日本中学校体育連盟（中体連）は，高体連創設に遅れること 7 年，1955（昭和 30）年に発足した。発足した約 5 ヶ月前には，文部省より「対外競技の基準」が通達され，「校内競技に重点」が置かれていた中学生の対外競技が「都道府県内の競技会」に広められている。この後，中学生の全国大会も年 1 回認められることになった。アメリカの対日政策の転換や，競技団体からの要求もあった（八木，2007）が，このように，学校指導要綱においては「スポーツを重視して体育の社会性を強調すること」，「課外体育を重視すること」となっており，その上，「教育上望ましくない結果を招来するおそれがある」としてわざわざ文部省通達を出しながら，なし崩し的に対外競技基準が緩和され，高体連も中体連も大衆化するはずであったスポーツの競技化に加担するかたちとなった。

(2) 運動部活動の【安定期】

1960（昭和 35）年代の高度経済成長期は，生産の拡大とともに所得が増え，自由になる金銭も増えた時期であった。新たな遊びや余暇活動として，スキーやボウリングなどが盛んになり，職場から離れ，より自由で個人的な余暇を求める「レジャー」が登場することとなった。新幹線の開通や高速道路網の整備などと合わせて，全国を旅行し余暇活動をレジャーとして満喫した。スポーツにおいては，戦後復興から 1964（昭和 39）年にオリンピックを東京で開催することとなり，競技力向上にも拍車がかかった。その結果，夏季オリンピックにおいて過去最多の金メダル 16 個を含む合計 29 個のメダルを獲得した。これは，2020 東京大会の 27 個に次ぐ，金メダル獲得順位ともなる成績であった。

こうした競技力の多くを学生が支えており，運動部活動が競技力養成機関かのような位置付けとなり，多くの議論がなされた。野口（1960）は「素質の優れた生徒や青年を発見したならば，組織を通じて推薦すること」や，森（1961）は「直接オリンピック競技によい成績をあげるために，選手強化に協力すること」として，運動部活動をスポーツとして推進しようとするものであった。本間（1960）は「学校体育とオリンピック選手の育成は決して相対立する性質ではない」と，教育でもあると意味づけている。一方で「一部の選手養成に重点が置かれ，一般生徒の機会や指導が疎かになる」として問題視され，学校の教育活動ではないとする議論も多く，最終的には，1970 年代に，大衆化路線へ振れていくのである。

しかしながら，こうした動きは，運動部活動を教育として捉え，学校と教師がどのように向き合うべきか，本来あるべき姿を問う時期であった。その結果，1969・70（昭和 44・45）年の学習指導要領には，課外活動ではなく正課内における特別活動として必修クラブが新たに設置されたが，必修クラブと課外活動の部活動の併設により，教師の休日の出勤や超過勤務の保障が問題視されるようになった。その結果，教員手当の問題や部活動の社会体育への移行がクローズアップされたが，結局は学校が引き受けることとなった。

3. 運動部活動の【混迷期】そして【地域移行】

(1) 運動部活動の【混迷期】

1990（平成 2）年代に入ると，折からのバブル経済や平成景気は勢いが衰え，消費税の導入もあり，一気に深刻な不況に陥った。不況対策として企業においてはリストラが敢行されるなど，これまでの年功序列式や終身雇用制度も崩壊し始め，雇用不安定な状況が出現した。完全失業率は上昇の一途を辿り，バブル経済の崩壊が様々なかたちで一気に放出された。これまでプロ野球も，多くの観客を入れ，入場料を徴収して，プロスポーツではないが，企業スポーツも 1970・80（昭和 45・55）年代では隆盛し，実業団リーグ等を開催してきた。しかし，当時のプロ野球球団においては，企業スポーツの延長線上にあったかのように，一企業が高給選手を多く抱えることができれば，ガラガラの観客席のパシフィックリーグでも存続が可能であったし，鉄道会社や新聞社など，地元の大企業が経営し，興行，余興，出し物，見せ物といった状況であった。

運動部活動では，多様なあり方が検討され，「学校スリム化」論として，将来的には運動部活動を学校から地域に移行すべきと，日本教職員組合が基本的な見解を示し（日本教職員組合権利確立対策委員会編，1989），1995（平成7）年には経済同友会も，スリム化の対象のひとつとして，運動部活動を挙げ地域社会への引き受けを主張している。中央教育審議会も，学校スリム化の項目のなかで，そして，保健体育審議会においても，運動部活動を地域社会へ移行させる方向性を触れており，かつての議論が再燃している。こうした議論を受けて，文部省は，1995（平成7）年に「総合型地域スポーツクラブ」モデル事業として全国19クラブを指定し開始している。しかし，中体連や高体連の大会に出場するためには，学校の部活動に所属していなければならず，総合型地域スポーツクラブは参加できない。クラブが参加できる大会があるものの，参加数が極端に少ないばかりか，近隣でクラブ同士試合やゲームを行うことすら難しい状況にある。こうした問題の他にも，拠点となる活動場所が確保できなかったり，指導者のなり手不足，そもそもクラブとして運営することが継続されないなど，課題は山積ばかりか，クリアすることさえ困難な状況であり，運動部活動が地域社会へ移行されることはなく，学校への位置付けが続いた。

教員の過重労働については，2013（平成25）年OECDによる国際教員指導環境調査の結果において，日本の教員の1週間あたりの勤務時間は参加国平均38.3時間であるのに対して，最長の53.9時間であった。このうち，課外活動の指導に使った時間が，参加国平均2.1時間であるのに対して，最長の7.7時間であった。ベネッセ教育総合研究所（2017）による教員の勤務実態によると，1日の勤務時間は中学校12時間30分，高校11時間33分であり，年々増加傾向であることが示されている。文科省（2017）による教員勤務実態調査によると，1日あたりの学内勤務時間は，中学校のみであるが11時間32分と報告されている。いずれにしても，1日8時間は超えており，残業時間1日あたり3時間30分としても，週5日で17時間30分となり，4週間として70時間となり，労働基準法で定められた時間外労働規定上限45時間をはるかに超えることとなる。こうした現状に鑑み，文部科学省は，2019（平成31）年1月に「公立学校教師の勤務時間の上限に関するガイドライン」を示した。

一方で，2008（平成20）年文科省は「脱ゆとり教育」として，これまで大幅に削減された授業時間を再度拡充し，小学校6年間では278時間，中学校3年間では105時間増加している。こうしてみると，あたかも，部活動指導の時間のみが過重労働をもたらす要因であるかのように論じられているが，部活動による平日の指導時間が大幅に増えているわけではなく，多くは土日に費やした時間である。文科省の教員実態調査においても，平日の部活動時間は2006（平成18）年の34分から2016（平成28）年は41分と7分増に過ぎない。むしろ，2013（平成25）年OECD調査結果においても，一般事務作業に使った時間が5.5時間であるように，平日で勤務時間が増加しているのは，「授業」「授業準備」「成績処理」「学年学級経営」である。教員数が減り，仕事量が変わらなければ，一人あたりの仕事時間が増えるのは必然である。部活動のみが教員の過重労働の要因ではなく，あくまで様々な要因が重なり合った結果であるといえる。

(2) 運動部活動の【地域移行】と今後

こうした現状に対して文部科学省は，これまでも外部指導員活用や複数合同チームの大会参加等で対応してきた。外部指導員を活用することで，教員の指導時間が肩代わりされたり，より専門的な指導が受けられるなどメリットも多いが，技術指導のみで生活指導などがなされない，学校生活との一貫指導ができないなどデメリットも指摘されている。また，複数合同チームについては，勝利至上による合同チームとならないようなルール作りをしているが，練習場所への移動や時間確保や調整が難しく，効率的ではないなどの問題もあるものの，合同チーム数は 2002（平成 14）年の中体連における合同チーム数が 330 チームであったのに対して，2020（令和 4）年では，2,119 チームへと増加の一途である。

そして，2018（平成 30）年 3 月にスポーツ庁は，「運動部活動のあり方に関する総合的なガイドライン」として，平日 1 日，土日 1 日以上の休養日，1 日の活動時間は平日 2 時間程度，休業日は 3 時間程度とし，校長はこれらの運用を徹底する旨，示している。さらに，2022（令和 4）年 7 月，「運動部活動の地域移行」について，2023（令和 5）年度以降，休日の部活動の段階的な地域移行を図り，2025（令和 7）年度末を目途に可能な限り早期の実現を目指すとしている。この地域移行については，課題も山積しており，そもそも地域クラブと連携を図るのか新設するのか，活動場所の確保や指導者の確保，大会の参加基準の緩和，会費や保険，競技団体あるいは企業や支援者との連携など，数え切れない。そもそもいち中学校レベルで解決できるレベルではなく，そうだとしても，時間を要して調整が必要となり，どこまで早期に実現できるかは，国や自治体も相当注力しなければならない。

また，これまでの運動部活動の活動様態を，すべてそのまま地域移行することは困難である。受け入れに積極的な地域スポーツクラブとしても，山積する課題をどうクリアすべきか，指導

表 21-1　運動部活動の教育と競技の狭間の揺れ動き（まとめ）

	教育　←　運動部活動の揺れ動き　→	競技
明治【創成期】	学校における課外活動	
1872（明治 5）年	自由意志自発的活動	
1893（明治 26）年	高等師範学校校長	
	嘉納治五郎による	
	“教育的に”課外活動の奨励	日本人オリンピック初出場（M45）
大正期【普及期】		第 5 回ストックホルム大会
	課外のスポーツに関する訓令（T13：文部省訓令）	極東選手権大会出場（T2）
	自主的活動で教育的配慮を怠らない注意	明治神宮大会開催（T13）
		（国民体育大会）開催
昭和初期	野球統制令（S7：文部省訓令）全国大会を 2 回に“制限”	
軍事体制期	国家総動員法（S13）	
	学校報国団へ改組（S15）	
戦後直後		
1945（昭和 20）年	対外競技の基準（S21：文部省通達）“民主主義的”体育振興の原動力，具体的な全国大会回数には“触れていない”	
【復活期】	学徒の対外試合について（S23：同通達）	
	“対外試合よりも校内競技”，“地方大会に重点・全国大会は年 1 回”	
	学徒の対外競技について（S29：同通達）	
	中学生の対外競技が府県内，宿泊なしの範囲になる	
	学徒の対外運動競技について（S32：同通達）	
	高校の競技会においては教育関係団体以外の団体も可へ	
高度経済成長期	学徒の対外運動競技について（S36：同通達）	スポーツ振興法制定（S36）
1964（昭和 39）年	競技団体から基準緩和の要請が高まる	東京オリンピック開催（S39）
【安定期】	児童生徒の運動競技の基準（S44：同通達）	
	学校教育活動としての対外運動競技と学校教育活動以外の対外運動競技に分けられ，中学生でも競技水準が高く選抜して行う全国大会出場は，学校教育活動内外でそれぞれ年 1 回ずつ認められた	
	児童・生徒の運動競技について（S54：同通達）	
1990（平成 2）年	高校生の全国大会が年 2 回まで認められた	
バブル経済崩壊	児童生徒の運動競技について（H13：同通達）	
【混迷期】	対外競技の基準廃止，中学生は年 1 回程度，高校生は年 2 回程度と制限がなくなった	
	複数校合同チーム参加（H14：高体連，中体連）	
	部員数減少に伴い，勝利至上主義でない複数校合同チームの参加を認める	
	部活動指導員（外部指導員）制度化（H27：スポーツ庁）	
	運動部活動のあり方に関する総合的なガイドライン（H30：スポーツ庁）	
2018（平成 30）年	週 2 日以上の休養日設定，平日 2 時間程度休業日 3 時間程度の練習時間，参加資格の在り方，大会規模日程等の見直し	
2022（令和 4）年	運動部活動の地域移行（R4：スポーツ庁）	
【地域移行】	R5 年度以降休日の部活動の段階的な地域移行を図り，R7 年度末を目途に可能な限り早期の実現を目指す	

者謝金や資金は担保されず，かといって，そのまま会費に転嫁するのであれば，生徒や家庭の負担が増加する。近年，プロサッカーJリーグチームなどによるジュニアやアンダーカテゴリーチームはできており，バスケットボールやバレーボール，古くは柔道や剣道，水泳や体操競技といったクラブや教室が存在している。これらの多くは会費や月謝を支払い活動が成立しているが，そもそも活動目的や主旨，ニーズやウォンツが合致して初めて活動が継続されるものである。地域スポーツクラブも同様であり，合致しなければ退会やドロップアウトが頻発し，この地域移行が運動部活動だけでなく，青少年のスポーツ環境にマイナスとなりかねない。また，経済的運動格差を助長させることにもつながる。近年では，ひとつの競技に固執せず，その日に集まったメンバーでスポーツを行ったり，季節や種目を変えたり，eスポーツなど，多様な活動形態も生まれている。まさに，運動部活動の大きな転換点となっている。

Key word

部活動：部活動の位置づけは，学習指導要領において，あくまで生徒の自主的，自発的な参加により行われる活動であり，教育課程外であり義務ではないが，学校教育の一環として教育課程との関連が図られるよう留意することとされている。部活動は，教育課程外においてスポーツ等を行う組織である。そして次の条件を満たすものである。「自主性」，「継続性」，「公認性」（関，2023，P.91）。

競技化：競技化自体は，競技に特化していく様子と捉えられる。運動部活動は，教育的価値と競技性の狭間で，文部省通達等，社会情勢により常に揺れ動かされながらも，競技化する方向へ振れ戻ることを理解しておきたい。

ブックガイド

■ 運動部活動を学ぶために

神谷　拓（2015）『運動部活動の教育学入門』大修館書店
関　朋昭（2015）『スポーツと勝利至上主義』ナカニシヤ出版
友添秀則（2016）『運動部活動の理論と実践』大修館書店
中澤篤志（2014）『運動部活動の戦後と現在』青弓社

■ 運動部活動をより深く理解するために

青柳健隆・岡部祐介（2019）『部活動の論点』旬報社
内田　良（2017）『ブラック部活動』東洋館出版社
尾見康博（2019）『日本の部活』ちとせプレス
佐藤博志他（2019）『ホワイト部活動のすすめ』教育開発研究所
猿橋善宏（2020）『部活はそんなに悪者なのか』インプレス
中小路徹（2018）『脱ブラック部活』洋泉社

引用参考文献

安東由則（2009）明治期における中学校校友会の創設と発展の概観．武庫川女子大学教育研究所研究レポート，39：31–57．
内海和雄（2009）スポーツ研究論．創文企画：東京．
草深直臣（1986ab）スポーツの自由と現代上巻・下巻．青木書店：東京．
国立教育政策研究所編（2014）教員環境の国際比較—OECD 国際教員指導環境調査（TALIS）2013年調査結果報告書．明石書店：東京．
関　朋昭（2023）スポーツと部活動．スポーツ原論．ナカニシヤ出版：京都，pp.77-93．
髙橋義雄（2002）旧制大学・旧制高等教育諸学校のスポーツ活動—名古屋大学の前身校を事例として—　名古屋大学史紀要，10：1-22．
永谷　稔（2020）学校運動部活動の構造変化—体育とスポーツのダイナミズム—．北海学園大学経営学会経営論集，17(3)：

29-115.
日本教職員組合権利確立対策委員会編（1989）部活動を見直そう．
日本体育協会（2014）学校運動部活動指導者の実態に関する調査．日本体育協会：東京．
野口源三郎（1960）選手強化対策と学校体育．学校体育，13(5)：8-13.
ベネッセ教育総合研究所（2017）第6回学習基本調査DATA BOOK 教員の勤務実態と意識．ベネッセ：東京．
本間茂雄（1960）オリンピック選手の養成と学校体育．新体育，30(6)：8-9.
森　清（1961）オリンピック大会と学校体育の協力．学校体育，14(5)：10-14.
文部科学省（2017）教員勤務実態調査（平成28年度）の分析結果．文部科学省：東京．
八木崇仁（2007）修士論文，学校運動部と競技団体の連携に関する一研究，早稲田大学大学院スポーツ科学研究科．
渡辺誠三（1997）中等学校における部活動の発祥と位置づけ．日本特別活動学会紀要6，35-47.

第22章 女性スポーツとジェンダー

本章と関連する章 【第1章】【第2章】【第6章】【第15章】【第19章】

予習課題

①性による違いは，個の違いより大きいのか考えてみよう。
②競技を男女別に行う場合に生じる，マイナス面について考えてみよう。

この章では，女性学（Women's Study）の文脈からスポーツについて論述する。女性学は，現在のあらゆる学問を「女性」視点で問い直すことから始まった学問分野である（内海崎，1999）。スポーツに関わる「女性学」では，女性の活動を阻む権力構造，競技スポーツにおける男性の優位性，性別二元論などのトピックスが分析されてきている。

1. ジェンダーとは

性には4つの要素があるとされる。それらは，生物学的な性（Sex），自身をどの性と自覚するかの性自認（Sexual Identity），性の対象がどの性であるかの性的指向（Sexual Orientation），そして性に付随して社会から求められる有り様としてのジェンダー（Gender）である。過去にはすべての者が男性と女性に二分されるとする「性別二元論」を前提に，これらの領域の組み合わせが一様であると考えられていた。つまり，生物学的性が女性の場合は，性自認も女性であり，女性としての役割や行動が求められ，性的対象は異性である男性，一方，生物学的男性の場合はすべて逆であり，性自認は男性，男性の役割や行動を求められ，性的対象は女性とされた。しかし，現在では，このパターンは「シスジェンダー」と呼ぶひとつの形態であり，多様な他の組み合わせを持つ人々の存在が認知されるようになった。さらには，生物学的性は出生時に与えられた性であり，実際には生物としてのヒトが完全に二分できないことも明らかとなっている。しかしながら，シスジェンダーが「普通」であり，それ以外の者を希少な存在として不可視化する傾向は根強い。

これらの性を表す用語の中で，ジェンダーは近年になってから発見され，名付けられたものである。伊藤（2015）は，ジェンダーが以下のように発見されたと説明している。まず，文化人類学者のマーガレット・ミードがニューギニア地域のフィールド研究で，住民の種族による男女の気質や役割が異なることを見出し，それらが文化や人々が生活する社会によって作られることを明らかにした。その後の研究でも，男女に違いがない社会や男女の資質の違いが異なる社会が発見されていった。このことから，生物学的性である「セックス」とは異なる用語の必要性が生じ，「性別による固定的な枠付けに関わる言葉として，このジェンダーという言葉は使われるように」（伊藤，2015）なったのである。生物学的性には無意識，無自覚のまま同じ性のジェンダーが伴うと考えられてきた時代には，それが他者からの期待で形成されるものと気づかれていなかった。つまり，ジェンダーは生まれたときに与えられる生物学的性，自我が形成される中で自覚される性自認，性的情動が形成される思春期に気づかされる性的指向とは異なり，出生時から常時，周囲から刷り込まれていく「文化」の影響を強く持つ概念なのである。

ジェンダーは女性のおかれている役割や位置づけが「生得的」なものではなく，「社会的」に作られたものであることを説明する役割を果たす用語であった。それは「家父長制」に基づき，女性が男性の下位に位置づけられてきた階層構造は，社会の在り方で変えられることへの気づきでもある。それでは，「女性とスポーツ」の文脈において，どのような実態があり，何が課題とされているのかを見ていこう。

■ 2. 女性のスポーツ参加とジェンダー

(1) 文化としてのスポーツの特殊性

スポーツはその活動において性別を問う，性別二元論を前提とした文化であるといえる。スポーツが身体に関わる文化であることから生じる，避けられない課題とされてきた（來田，2015）。特に，「狭義のスポーツ」である競技スポーツにおいて，その特徴は明確に表れている。競技大会に出場するためには，まず競技組織への登録が求められ，その登録には性の区分が伴われる。競技者はこの手順を当たり前のこととして受け入れ，そこに「女性スポーツ」というカテゴリーが成立している。

オリンピック大会は世界中から最も注目を集める競技スポーツ大会であり，その動向がスポーツの在り方に与える影響は大きい。現代のオリンピック大会は，古代オリンピック大会を近代に蘇らせたもので，古代の大会は男性競技者のみの参加による祭典であったことは広く知られている。さらに，大会創始者のクーベルタン男爵は，男子だけのエリート教育を行うイギリスのパブリックスクールの活動に触発されたことから，大会への女性の参加には否定的であった（來田，2020）。しかし，オリンピックがメガスポーツイベントに発展していく間に，女性を対象とした競技や種目も徐々に増加していった。

(2) 競技の場への女性の進出―競技における女性の場の拡大

現在のオリンピック大会では，女性と男性の競技者数は，ほぼ同数となっている。女性の参加は第2回大会から始まってはいるが，男性中心の中，わずかに選ばれた競技だけに留められていた。女性の大会への参加の動きについては，來田（2014）に詳しいが，陸上競技を中心とする女性たちの行動と要求から始まり，IOCの中でも1970年代から徐々に男女平等への議論が進んでいったとされる。この時期は，国連での女性の権利条約の採択など，国際的動向とも呼応する。表22-1（pp.156-157）は，夏季大会を取り上げ，いつから，どのような競技や種目に女性が参加できるようになったのかを表している。多くの競技が男性のみで行われていたものに，女性の種目が加えられたこと，近年は新規に採用される時から男女両方の種目がおかれていることがわかる。このうち，ヨットと馬術は男性だけの種目として採用され，その後，女性も男性と競い合う形で参加し，その形態が長く続いた競技である。現在，ヨットは男女別の種目となっているが，馬術は男女混合のままである。また，新体操とアーティスティックスイミング（シンクロナイズドスイミングから名称変更）は，女性のみの競技種目として採用され，現在も男性は参加できない。アーティスティックスイミングは，男女ペアや混成チームの種目を採用する動きがあるが，新体操では，まだ具体的な提案は見られない。

IOCの近年の動きとして，「オリンピック・アジェンダ2020」（2014年発表）による「性的指向にもとづく差別の禁止」や「ジェンダー不平等の解消」などへの取り組みがあり，「IOCジェンダー平等再検討プロジェクト」（2017年3月開始）では，幅広い領域において評価項目，具体的な目標，タイムラインが設定されている（來田，2020）。

(3) 女性種目に参加できるのは誰か

IOCは男女同数の競技者が参加できるようにオリンピック大会を変革し，男女平等を推進するメッセージを世界中に伝える役割を果たしている。前述したように，その方法の多くが性別に関わらず競技に参加できる変更ではなく,「女性のためのカテゴリー」を設けることで実現してきたのである。その結果，競技者は参加するためにどの区分に属するのかを問われることになった。競技に参加する第一歩として，性別による競技団体への登録はここに繋がる。そして問われるのは，後から設けられた女性種目への参加条件,「本当の女性なのか」である。ここには，スポーツは男性が上位で女性が下位とする階層構造の前提が見える。

競技者に対する「性別確認検査」の方法については，時代による議論と変遷がある（來田，2017；建石，2017)。検査が実施された最初の記録は，1966 年の欧州陸上競技選手権大会であったが，その方法は視認による身体的特徴の確認と医師によるものであったとされる。これは屈辱的な方法として問題視され，次に採られたのは性染色体の確認である。口内の皮膚片から調べられ，女性としての XX か男性としての XY かで明らかになるはずであった。ところが，伊藤（2015）が説明しているように，XXX や XO，または XXY などの多様な検査結果が見出され「女性種目への参加の有無」を図る方法としての期待が失われていった。実際，染色体は男性ではあるが，男性ホルモンの分泌やその受容においては女性の範疇にある選手も見出されている。一方，女性種目に参加できないと判定されることは，女性として生きてきた日常生活，これまでの性自認やジェンダーをも脅かされることになる。このような判定を下された選手が，私生活に受ける社会的損失は計り知れない。この「性別の否定」は，重大な人権問題として認識されるようにもなり，1999 年にスポーツにおける性別判定は中止された。

その後も，競技成績によって標的とされ,「女性であることを疑われる選手」の事例がある（ミトラ，2021)。そこで指標とされたのは，男性ホルモンのテストステロン値である。国際陸上競技連盟（WA）は，この濃度が高い者は男性的であるから，女性競技者として参加できる種目を限定するという方針を決定し，男性ホルモン値の高い女性は女性種目に参加するための医学的治療を受けるよう求めている。フェアな競技は生身の競技者によるものであり，人為的な操作であるドーピングを許さない競い合いの世界で，競技参加のためにホルモン治療や手術を強要することはフェアなのだろうか。

東京 2020 オリンピックでは，男性として活動した後，性別変更を行った女性選手が初めて出場した。現在，IOC を始め，多くの競技団体が性別変更と競技参加に関するルールを作成している（來田，2017)。競技スポーツの世界でも性は不変でないことが認知され，受容されるようになったのである。一方では，国際水泳連盟（FINA）は 2022 年 6 月の臨時総会でトランスジェンダーに対する新たなルールを決定した（BBC，2022)。そこでは，男性から女性へのトランス選手が女性競技に参加できるのは，トランスの時期が 12 歳または男性としての思春期の前であることを必要としている。性自認を意識するようになる時期を鑑みると，この規則にはトランス女性を排除する意図が感じられる。FINA は，同時に誰もが参加できる場として，性別を問わない「オープンカテゴリー」を創設するとした。これは，スポーツが性別二元論の枠組みから踏み出す新たな第一歩とも思われる。しかし，男女のカテゴリーを存続させる中で，ここに参加する者は誰なのだろうか。

3. 日本の教育における現状と課題

(1) 学習指導要領における扱いの変遷

保健体育科教育，特にスポーツを扱う体育授業は，人々の体育やスポーツに対する認識を形成する重要な役割を担っている。そのような中，学習指導要領には体育授業で男女に違いのある内容が指示されていた。指導要領から男女の文字が消えたのは，小学校では 1968 年の改訂からであるが，中学，高校では 1989 年からである。この改訂は，体育科や教育界からの動きではなく，日本政府が批准した「女子差別撤廃条約」による結果である。条約が 1979 年に国連総会で採択された後，国内で効力が発生したのは 1985 年になってからであった。政府の批准までに6年を要したのは，日本の法律等に性による対応の違いが存在していたからである。大きく3つの問題が指摘されたが，そのうちのひとつが男女に違いがある教育環境であった。これは，女子だけが必修とされてきた「家庭科問題」として大きな議論を呼んだが，男女差のある履修単位数（標準）が規定されていた体育実技の問題でもあった（山西，2010）。

指導要領から男女別の表記は消されたが，男女別クラスによる授業の実施は継続されていた（山西，2010；石塚ら，2020）。教材選択に幅がある体育実技において，別クラスで行われる男女が異なった内容で学ぶことも，長らく変わらなかった。一方，男女が同一の教育を受けることは同じクラスで学ぶことであるとし，男女共修の授業形態の必要性も議論されるようになっていった。

(2) 男女共修の目指すもの

男女共修の必要性は，1989年の学習指導要領でも述べられていたが，実際には前述したように進んでいかなかった。取り扱う内容についても性別で異なったもの，特にダンスは女子だけの内容として固定化されていた。教員採用試験でも，女性受験者は実技にダンスが必修とされる傾向が見られ（前田，1997），この状況を裏から支えていたことが窺える。ところが，武道とダンスが両性に必修化（学習指導要領中学校2007年）されたことで状況が変わり始め，2017年には，「原則として男女共習で学習を行うことが求められる」と明記された。山西（2010）は，男女共習が進まない理由として，「保健体育教員が男女共習授業をポジティブに捉えてこなかった長い歴史的背景」に加えて，「新しい授業形態に対する戸惑い，自信を持って指導できないこと（例えば男性教員のダンス指導等）がある」としている。

それでは，男女共習はどのように展開されているのだろうか。佐野（2004）は，「『男女共習のなかの男女別習』が進行している」ように感じられるとしている。さらに，「男子は体育が得意」とする意識が根強いことを指摘し，「果たして『個人差』への着目はどこにいってしまったのだろうか」と共習の意義を再確認するように促している。ここで描かれているのは，男女が同じクラスで学びながら，男子には高い目標と女子を支える役割など女子とは異なった学習内容を与えられている状況であった。このように，「共習の中の別習」には，運動・スポーツにおける男性上位の階層構造が存在していることを指摘したのである。

現在の指導要領では，生徒の多様性として体力や技能と並べて「性別等」の違いに配慮する（学習指導要領解説，2017）とされている。この文面では，男女に違いがあることを前提としていると読むこともできる。そのような解釈は，同じ競技の中で男女に異なったルールや異なったポジションを与える授業（浅井，2020）や，担当教師が「男子の良さ，女子の良さに気づく」ことを授業の意図としている報告（石塚ほか，2020）などの男女共習授業の実践研究からも読み取ることができる。指導要領では男女共習の推進は「運動やスポーツの多様な楽しみ方の学習の充実」の中で述べられており，現代社会で認識が深まっている個の多様性への対応を促す意図と思われる。それは，「性差のある教育環境」を正常化（男女平等）することが目指されているのだが，共習の環境で逆に男女の違いがより強調されることも危惧される。男女共習授業を展開した土井池（1984）が指摘する，「学級集団が男子と女子でなり立っている以上，体育だけ男女別にするのはかえって不自然であるから」には説得力がある。共習をどう展開するかより前に，なぜ別にしてきたのかを問わなければならない。保健体育科に関わる教員や研究者は，競技スポーツに根深い男性上位の階層構造を，教育を通して転換する重要な機会を担っているという認識を持たなければならない。

■ 4. 生涯スポーツ社会を目指して

男性のものとして始まったスポーツは女性にも広がり，現在では男女ともが生涯にわたって親しむものと見なされるようになった。オリンピックを始め，競技スポーツの場に「女性のための場」が設けられたことは，スポーツへの女性の参加を増大する上で大きく寄与してきた。一方，女性の場への参加には女性であることの証明が求められ，その枠組みには性別二元論が根強い。さらには，男性的であると見なされた女性を競技から排除することは，男性には競技における優位性があるから公正な競技環境を保つためとの説明がなされている。スポーツには，この性別二元論と男性上位の階層構造という２つの枠組みが根底にある。しかし，近年，多くの国で性別変更（トランスジェンダー）が公的に認められ，性の４つの側面の多様さが認識されるようになった。これからの生涯スポーツ社会の実現において，新たな枠組み作りの議論が活発化することが期待される。

Key word

性別二元論：性別二元論とは，人は男女のどちらかに区分できるとする考えである。性自認や性的指向の多様性は理解され始めたが，性自認がどちらでもない者や，身体的にどちらにも一致しない者の存在は，今も十分認知されているとはいえない。

ブックガイド

■ スポーツとジェンダーの現状と課題を学ぶために

飯田貴子・井谷恵子編著（2004）『スポーツ・ジェンダー学への招待』明石書店

日本スポーツとジェンダー学会編（2016）『データでみるスポーツとジェンダー』八千代出版

■ 男性主流の世界で起こる課題を理解するために―# MeToo

ローナン・ファロー：関美和訳（2022）『キャッチ・アンド・キル』文芸春秋

表22-1 オリンピック夏季大会における性別

回		1	2	3	4	5	6[2)]	7	8	9	10	11	12[2)]	13[2)]
年		1896	1900	1904	1908	1912		1920	1924	1928	1932	1936		
競技と種目														
陸上競技		◇	◇	◇	◇	◇		◇	◇	○	○	○		
水泳	競泳	◇	◇	◇	◇	○		○	○	○	○	○		
	水球		◇	◇	◇	◇		◇	◇	◇	◇	◇		
	飛込み			◇	◇	○						○		
	アーティスティックスイミング[1)]													
テニス		◇	○	◇	○	○		○	○					
体操		◇	◇	◇	◇	◇		◇	◇	○	○	○		
	新体操													
	トランポリン													
レスリング		◇		◇	◇	◇		◇	◇	◇	◇	◇		
ウエイトリフティング		◇		◇				◇	◇	◇	◇	◇		
自転車		◇	◇	◇	◇	◇		◇	◇	◇	◇	◇		
フェンシング		◇	◇	◇	◇	◇		◇	○	○	○	○		
射撃	ライフル／ピストル	◇	◇		◇	◇		◇	◇		◇	◇		
	クレー		◇		◇	◇		◇	◇					
サッカー			◇	◇	◇	◇		◇	◇	◇		◇		
漕艇			◇	◇	◇	◇		◇	◇	◇	◇	◇		
ヨット			◇		◇	◇		◇	◎	◎	◎	◎		
乗馬			◇			◇		◇	◇	◇	◇	◇		
アーチェリー			◇	◇	○			◇						
ボクシング				◇	◇			◇	◇	◇	◇	◇		
バスケットボール				◇								◇		
ホッケー					◇			◇		◇	◇	◇		
近代五種						◇		◇	◇	◇	◇	◇		
カヌー												◇		
ハンドボール												◇		
バレーボール	バレーボール													
	ビーチバレーボール													
柔道														
卓球														
野球／ソフトボール	野球													
	ソフトボール													
テコンドー														
バドミントン														
トライアスロン														
ゴルフ			○	◇										
ラグビー			◇		◇			◇	◇					
空手														
スケートボード														
スポーツクライミング														
サーフィン														

「◇（男性）」「◆（女性）」はどちらか一方だけの競技，「○」は男女別競技，「◎」は性による区分のない競技を示す。ただし，男
1：シンクロナイズドスイミングから名称変更
2：第6回，第12回，第13回は戦争のため中止。

競技・種目の変遷（Maeda, 2016 を加筆修正）

14	15	16	17	18	19	20	21	22	23	24	25	26	27	28	29	30	31	32
1948	1952	1956	1960	1964	1968	1972	1976	1980	1984	1988	1992	1996	2000	2004	2008	2012	2016	2020
○	○	○	○	○	○	○	○	○	○	○	○	○	○	○	○	○	○	○
○	○	○	○	○	○	○	○	○	○	○	○	○	○	○	○	○	○	○
◇	◇	◇	◇	◇	◇	◇	◇	◇	◇	◇	◇	◇	○	○	○	○	○	○
	○	○	○	○	○	○	○		○	○	○	○	○	○	○	○	○	○
									◆	◆	◆	◆	◆	◆	◆	◆	◆	◆
										○	○	○	○	○	○	○	○	○
○	○	○	○	○	○	○	○	○	○	○	○	○	○	○	○	○	○	○
									◆	◆	◆	◆	◆	◆	◆	◆	◆	◆
													○	○	○	○	○	○
◇	◇	◇	◇	◇	◇	◇	◇	◇	◇	◇	◇	◇	◇	○	○	○	○	○
◇	◇	◇	◇	◇	◇	◇	◇	◇	◇	◇	◇	◇	○	○	○	○	○	○
◇	◇	◇	◇	◇	◇	◇	◇	◇	○	○	○	○	○	○	○	○	○	○
○	○	○	○	○	○	○	○	○	○	○	○	○	○	○	○	○	○	○
◇	◇	◇	◇	◇	◇	◇	◇	◇	◇	○	○	○	○	○	○	○	○	○
	◇	◇	◇	◇			◇		◇	◎	◎	○	○	○	○	○	○	○
◇	◇	◇	◇	◇	◇	◇	◇	◇	◇	◇	◇	○	○	○	○	○	○	○
◇	◇	◇	◇	◇	◇	◇	○	○	○	○	○	○	○	○	○	○	○	○
◎	◎	◎	◎	◎	◎	◎	◎	◎	◎	◎	○	◎	○	○	○	○	○	○
◇	◎	◎	◎	◎	◎	◎	◎	◎	◎	◎	◎	◎	◎	◎	◎	◎	◎	◎
						○	○	○	○	○	○	○	○	○	○	○	○	○
◇	◇	◇	◇	◇	◇	◇	◇	◇	◇	◇	◇	◇	◇	◇	◇	○	○	○
◇	◇	◇	◇	◇	◇	◇	○	○	○	○	○	○	○	○	○	○	○	○
◇	◇	◇	◇	◇	◇	◇	◇	○	○	○	○	○	○	○	○	○	○	○
◇	◇	◇	◇	◇	◇	◇	◇	◇	◇	◇	◇	◇	○	○	○	○	○	○
○	○	○	○	○	○	○	○	○	○	○	○	○	○	○	○	○	○	○
						◇	○	○	○	○	○	○	○	○	○	○	○	○
				○	○	○	○	○	○	○	○	○	○	○	○	○	○	○
												○	○	○	○	○	○	○
				◇		◇	◇	◇	◇	◇	○	○	○	○	○	○	○	○
										○	○	○	○	○	○	○	○	○
											◇	◇	◇	◇	◇			◇
												◆	◆	◆	◆			◆
													○	○	○	○	○	○
											○	○	○	○	○	○	○	○
													○	○	○	○	○	○
																	○	○
																	○	○
																	○	○
																	○	○
																	○	○
																	○	○

女別の競技の中には男女混合のペア競技を含む場合もある。

引用参考文献

浅井雄輔（2020）男女共習の教育的効果及び課題の抽出―ルールに工夫を加えた球技の授業実践から― スポーツパフォーマンス研究，12：146-163.

石塚 諭・小松理那・鈴木 剛（2020）保健体育授業における男女共習化が性との学びに及ぼす影響．宇都宮大学教育学研究紀要，70：227-289.

伊藤公雄（2015）社会学とジェンダー論の視点．伊藤公雄・牟田和恵編著，ジェンダーで学ぶ社会学．世界思想社：東京，pp.9-10.

内海﨑貴子（1999）女性学と女性学教育．日本の女性学教育．東信堂：東京，p.3.

佐野信子（2004）男女共習VS男女別習―男女共習体育授業は本当に必要だろうか？―．スポーツ・ジェンダー学への招待．明石書店：東京，pp.221-224.

建石真公子（2017）海外文献紹介 アナイス・ボウオン『スポーツ競技における女性性確認検査（性別確認検査）― X 分類の歴史―』．スポーツとジェンダー研究，15：98-106.

土井池晃（1984）中学校で男女合同の体育授業を実践してみて．体育の科学，34(6)：458-464.

パヨシュニ：井谷聡子訳（2021）世界陸上と誤った優先順位―より安全な場か，公平な競争の場か―．スポーツとジェンダー研究，19：27-35.

BBC NEWS JAPAN（2022）国際水連，トランスジェンダー選手の女子競技への出場を禁止，2022年6月20日．https://www.bbc.com/japanese/61862354，参照日2023年2月1日.

前田博子（1997）体育教員とジェンダー．学校体育，50(2)：22-24.

文部科学省（2017）中学校学習指導要領（平成29年告示）解説 保健体育編.

山西哲也（2010）男女共習体育授業の実現の可能性と問題．中国四国教育学会 教育学研究ジャーナル，6：61-68.

來田享子（2014）1960-1979年のIOCにおけるオリンピック競技大会への女性の参加問題をめぐる議論―IOC総会議事録の検討を中心に―．スポーツとジェンダー研究，12：47-67.

來田享子（2015）スポーツは性を分けて競技する必要はあるか．スポーツとジェンダー研究，13：165-168.

來田享子・田原淳子（2017）第4章トランスジェンダー／インターセックス・アスリートのスポーツ参加をめぐる課題―性別確認検査導入の経緯と近年の参加資格規程変更をめぐって―．日本体育協会スポーツ医・科学研究報告，2017(2)：35-50.

來田享子（2020）オリンピックと多様性―オリンピックは人々の属性に対する規範の持続的な再考の場になり得るか．スポーツとジェンダー研究，18：43-44.

Maeda, H.（2016）Sports Opportunity for Girls：How to Produce the Possibility．NIFSA 3rd Seminar Program Book，pp.169-170.

事項索引

さ

た

な

は

ま

や

らわ

人名索引

さ

た

な

は

ま

【執筆者一覧】（五十音順，＊は編者）

稲垣　良介（いながき　りょうすけ）修士（教育学）
岐阜聖徳学園大学教育学部教授
担当：第 15 章

大峰　光博（おおみね　みつはる）博士（スポーツ科学）
名桜大学人間健康学部教授
担当：第 4 章

北村　尚浩（きたむら　たかひろ）修士（体育学）
鹿屋体育大学スポーツ人文・応用社会科学系教授
担当：第 6 章

日下　知明（くさか　ともあき）博士（体育科学）
鹿屋体育大学スポーツ人文・応用社会科学系助教
担当：第 19 章

小坂井　留美（こざかい　るみ）博士（医学）
北翔大学生涯スポーツ学部教授
担当：第 18 章

小浜　明（こはま　あきら）博士（学術）
仙台大学体育学部教授
担当：第 3 章，第 14 章

齊藤　雄大（さいとう　ゆうた）修士（生涯学習学）
一般社団法人 HOKKAIDO ADAPTIVE SPORTS 代表理事
担当：第 17 章

真田　久（さなだ　ひさし）博士（人間科学）
環太平洋大学体育学部教授，筑波大学特命教授
担当：第 16 章（共著）

佐野　真也（さの　しんや）博士（情報科学）
岐阜市立女子短期大学准教授
担当：第 9 章

清水　幸子（しみず　さちこ）修士（教育学）
名寄市立大学保健福祉学部准教授
担当：第 11 章

関　朋昭（せき　ともあき）＊博士（経営学）
鹿屋体育大学スポーツ人文・応用社会科学系教授
担当：第 2 章

田中　美吏（たなか　よしふみ）博士（学術）
武庫川女子大学健康・スポーツ科学部准教授
担当：第 7 章

永谷　稔（ながたに　みのる）博士（経営学）
北翔大学生涯スポーツ学部教授
担当：第 10 章，第 21 章

沼田　薫樹（ぬまた　こうき）博士（体育学）
鹿屋体育大学スポーツイノベーション機構スポーツパフォーマンス・コーチング部門特任助教
担当：第 12 章

浜田　幸史（はまだ　こうじ）修士（教育学）
鹿屋体育大学スポーツ人文・応用社会科学系准教授
担当：第 1 章

堀内　雅弘（ほりうち　まさひろ）博士（教育学）
鹿屋体育大学スポーツ生命科学系教授
担当：第 8 章

前田　博子（まえだ　ひろこ）博士（学術）
前鹿屋体育大学スポーツ人文・応用社会科学系教授
担当：第 22 章

三井　登（みつい　のぼる）修士（教育学）
名寄市立大学保健福祉学部教授
担当：第 5 章

山田　理恵（やまだ　りえ）博士（体育学）
鹿屋体育大学スポーツ人文・応用社会科学系教授
担当：第 16 章（共著）

渡邉　泰典（わたなべ　やすのり）博士（学術）
仙台大学体育学部准教授
担当：第 13 章，第 20 章

図 2-1，2-2，7-2，7-3，8-4，10-1，11-4，12-1 イラスト＝大路峻生

体育・スポーツ・健康 概論

2023年 9 月30日　　初版第 1 刷発行　　（定価はカヴァーに表示してあります）

編　者　関　朋昭
発行者　中西　良
発行所　株式会社ナカニシヤ出版
〒606-8161　京都市左京区一乗寺木ノ本町 15 番地
Telephone　075-723-0111
Facsimile　075-723-0095
Website　http://www.nakanishiya.co.jp/
Email　iihon-ippai@nakanishiya.co.jp
郵便振替　01030-0-13128

装幀＝白沢　正／印刷・製本＝亜細亜印刷
Printed in Japan.

ISBN978-4-7795-1757-0